政府数字化转型理论与实践

本书编写组

中共中央党校出版社

图书在版编目（CIP）数据

政府数字化转型理论与实践 /《政府数字化转型理论与实践》编写组编 . -- 北京：中共中央党校出版社，2020.1

ISBN 978-7-5035-6727-8

Ⅰ . ①政… Ⅱ . ①政… Ⅲ . ①电子政务 — 研究 Ⅳ . ① D035-39

中国版本图书馆 CIP 数据核字（2020）第 027489 号

政府数字化转型理论与实践

责任编辑	李瑞琪　　卢馨尧
版式设计	李晓燕
责任印制	陈梦楠
责任校对	唐雪萍
出版发行	中共中央党校出版社
地　　址	北京市海淀区长春桥路 6 号
电　　话	（010）68929580（办公室）　　　（010）68929899（发行部）
	（010）68922815（总编室）　　　（010）68929342（网络销售）
传　　真	（010）68922814
经　　销	全国新华书店
印　　刷	北京金特印刷有限责任公司
开　　本	710 毫米 × 1000 毫米　1/16
字　　数	303 千字
印　　张	14
版　　次	2020 年 4 月第 1 版　　　2020 年 4 月第 1 次印刷
定　　价	32 元
网　　址	www.dxcbs.net　　　　邮　　箱：zydxcbs2018@163.com
微信 ID	中共中央党校出版社　　　新浪微博：@ 党校出版社

前 言

2019 年 10 月 31 日，党的十九届四中全会通过了《中共中央关于坚持和完善中国特色社会主义制度 推进国家治理体系和治理能力现代化若干重大问题的决定》，提出建立健全运用互联网、大数据、人工智能等技术手段进行行政管理的制度规则。推进数字政府建设，加强数据有序共享，依法保护个人信息。

加快政府数字化转型，构建数字政府，是推进国家治理体系和治理能力现代化的重要举措。

本书首先阐述了什么是政府数字化转型，国内外政府数字化转型发展历程，推进政府数字化转型的重要意义；然后分析了全球政府数字化转型态势以及美国、加拿大、德国等发达国家政府数字化转型情况，总结了我国政府数字化转型发展情况以及浙江、上海、江苏、广东等省市政府数字化转型发展经验；接着论述物联网技术、移动通信技术、大数据技术、人工智能技术及其在政府部门的应用；最后描述了政府信息基础设施，指出了政府面临的网络安全问题，介绍了网络安全技术，提出了完善政府安全基础设施的对策措施，并阐述了政务数据资源整合、共享与开放问题，论述了如何建设新型智慧城市与智慧政府。

由于研究水平、编写时间有限，书中纰漏在所难免，敬请广大读者批评指正。

本书编写组
2020 年 1 月

目　录

第一章　政府数字化转型概述

政府数字化转型是指政府部门通过应用互联网、大数据、人工智能等数字化技术创新行政管理和公共服务方式，构建数字政府，提高行政效能。加快政府数字化转型，是推进政府治理体系和治理能力现代化的重要举措。

一、政府数字化转型及其相关概念

（一）主要内涵

推进政府数字化转型，核心是发展电子政务（Electronic Government, E-Government）。电子政务的概念源自 1993 年美国总统执行办公室发布《运用信息通信技术再造政府》，该报告强调政府应运用信息通信技术（ICT）提高行政效率。2001 年 12 月，国家信息化领导小组第一次会议在北京召开。考虑我国政治体制，会上确定把 E-Government 翻译成"电子政务"而不是"电子政府"。

2002 年，联合国经济和社会理事会对电子政务定义如下：政府通过信息通信技术手段的密集性和战略性应用于公共管理的方式，旨在提高效率、增强政府的透明度、改善财政约束、改进公共政策的质量和决策的科学性，建立良好的政府之间，政府与社会，社区之间以及政府与公民之间的关系，提高公共服务的质量，赢得广泛的社会参与度。

要给电子政务下一个确切的定义，必须要先理解行政管理、公共管理等的含义。行政管理是指政府依法对国家事务、自身事务和社会公共事务进行的管理活动。公共管理是政府与非政府公共组织，在运用所拥有的公共权力，处理社会公共事务的过程中，在维护、增进与分配公共利益，以及向民众提供所需的公共产品（服务）方面进行的管理活动。可见，行政管理与公共管理是两个不同的模式。行政管理是公共管理的主角，但社会公共事务管理还需若干配角，如非政府公共组织。公共管理是包括行政管理在内的全社会开放式管理体系。就中国而言，从计划经济走向市场经济，也必然要求行政管理走向公共管理。

由于行政管理与公共管理的不同，"电子政务"概念也有狭义和广义之分。狭义的"电子政务"是指政府部门广泛采用计算机、互联网、移动通信等现代信息技术开展行政管理，利用信息化手段向企业、事业单位、社会团体和社会公众提供所需的公共产品或服务，是现代信息技术与行政管理（或政府管理）结合的产物。

广义的"电子政务"是指政府部门和非政府公共组织广泛采用计算机、互联网、移动通信等现代信息技术开展公共管理，利用信息化手段向企业、事业单位、社会团体和社会公众提供所需的公共产品或服务。广义的"电子政务"是现代信息技术与公共管理结合的产物，也可以称为"电子公务"。

目前，中国非政府公共组织的发展还处于起步阶段，但随着经济社会的转型，非政府公共组织的作用将日益重要。中国行政事业单位的改革、改制、重组正在进行，新兴的行业协会不断出现，他们也必然要利用现代信息技术手段向企业和社会公众提供所需的公共产品或服务。

从更广泛的意义上说，政务是指与国家政权有关的所有公共性事务。在中国，各级党委、人大、政协、法院、检察院的信息化也属于电子政务的范畴。

（二）相关概念

与政府数字化转型有关的概念包括政府信息化、数字政府、政府上网、虚拟政府、移动电子政务、泛在政府、智慧政府、"互联网 + 政务"等。

1. 政府信息化

政府信息化（Government Informationization）是指政府部门进行信息化建设的过程，即政府部门应用信息通信技术的过程。政府信息化的结果是使政府部门能够开展电子政务。有时候，也把开展电子政务建设称为政府信息化。

"信息化"这个词是 20 世纪 60 年代由一位日本学者提出来的，而后传到中国。1997 年召开的第一届全国信息化工作会议对信息化和国家信息化下了如下定义：信息化是指培育、发展以智能化工具为代表的新的生产力并使之造福于社会的历史过程。国家信息化就是在国家统一规划和组织下，在农业、工业、科学技术、国防及社会生活各个方面应用现代信息技术，深入开发、广泛利用信息资源，加速实现国家现代化进程。信息化六要素包括开发利用信息资源、建设国家信息网络、推进信息技术应用、发展信息技术和产业、培育信息化人才、制定和完善信息化政策。

2. 数字政府

数字政府（Digital Government）是随"数字地球"（Digital Earth）、"数字城市"（Digital City）等概念出现之后的一个新概念，是指具有数字化、网络化、智能化、可视化特征的政府。狭义的数字政府是指遥感、全球定位系统、地理信息系统等空间信息技术在政府部门的应用，特别是规划、建设、国土、农业、水利、交通、公安等部门。广义的数字政府就是电子政务。

1998 年 1 月 31 日，前美国副总统戈尔在美国加利福尼亚州科学中心发表了题为"数字地球：在 21 世纪认识我们的行星"的讲演，指出"数字地球"是一种可以嵌入海量地理数据的、多分辨率的地球三维计算机表示。之后不久，国内一些学者提出"数字城市"等概念。

"广义数字城市"是指城市信息化，"狭义数字城市"是指空间信息技术在城市各个领域中的应用。"电子政务"与"广义数字城市"的交集是城市政府各部门的电子政务。城市电子政务只是城市信息化的一部分，此外还包括经济和社会领域的信息化。"电子政务"与"狭义数字城市"的交集是空间信息技术在城市政府各部门的应用，如城市规划管理信息系统。从中国行政制度来看，国务院各部委以及省、自治区政府的"电子政务"显然不属于"数字城市"的范畴。

3. 政府上网

1999 年 1 月，由中国电信和国家经贸委经济信息中心联合 40 多家部委（办、局）信息主管部门共同倡议发起的"政府上网工程"启动。这项工程计划在 2000 年实现 80% 的政府部门上网的目标。通过"政府上网工程"，将汇集在各级政府部门的大量经济技术、政策法规等信息资源，提供给社会，促进政府部门同社会各界的沟通，优化社会资源的配置，提高国民经济运行的质量和效益。1999 年也被电子政务界称为"政府上网年"。

截至 2018 年 6 月 1 日，全国正在运行的政府网站有 22206 家。其中国务院部门及其内设、垂直管理机构政府网站 1839 家；省级政府门户网站 32 家，省级政府部门网站 2265 家；市级政府门户网站 518 家，市级政府部门网站 13614 家；县级政府门户网站 2754 家，县级以下政府网站 1183 家。

4. 虚拟政府

虚拟政府（Virtual Government）是一个与实体政府或物理政府相对应的概念，由"虚拟组织"概念衍生而来。虚拟组织指两个以上的独立的实体，为迅速向市场提供产品和服务、在一定时间内结成的动态联盟。

虚拟组织主要包括虚拟企业和虚拟政府。1991 年，美国艾科卡（Iacocca）研究所为美国国会提交了一份题为《21 世纪制造企业战略》的研究报告，在报告中富有创造性地提出了"虚拟企业"的构想，即在企业之间以市场为导向建立动态联盟，以便能够充分利用整个社会的制造资源，在激烈的市场竞争中取胜。1993 年，《商业周刊》把"虚拟企业"定义为一种新的组织形式，它运用信息技术手段把人员、资产、创意等动态地联系在一起。

虚拟政府是指通过互联网把多个政府部门连接起来，构成一个动态联合体，以共同应对跨部门事务，如行政审批、应急管理等。

5. 移动电子政务

移动电子政务是指用户可以通过移动终端和无线通信网络获取政府部门提供的信息和服务。与传统电子政务相比，移动电子政务有很多优势，如可以随时随地处理公文，可以随时随地查阅信息。领导干部即使出差在外也可以处理公文，避免等待，提高办事效率。办公人员可以摆脱网线的束缚，进行移动办公。执法人员可以开展移动执法，利用无线网络调阅后台数据，进行现场处理，而不必跑回办公室调阅信息。

2009 年 1 月，工业和信息化部向中国移动颁发了 TD-SCDMA 制式的第三代移动通信（3G）牌照，向中国电信颁发了 CDMA2000 制式的 3G 牌照，向中国联通颁发了

WCDMA 制式的 3G 牌照。2013 年 12 月，工业和信息化部向中国移动、中国电信和中国联通颁发了 TD-LTE 制式的 4G 牌照。2015 年 2 月，工业和信息化部向中国电信和中国联通颁发了 LTE-FDD 制式的 4G 牌照。2019 年 6 月，工业和信息化部向中国移动、中国电信、中国联通和中国广电颁发了 5G 牌照。随着移动互联网的发展和智能手机、平板电脑等智能终端的普及，移动办公、移动执法等移动电子政务将快速发展。2019 年 11 月 3 日，第六代移动通信（6G）技术研发工作启动会在北京召开，会议宣布成立国家 6G 技术研发推进工作组和总体专家组。

2002 年，美国费城首先提出建设"无线城市"，之后全球约有 1000 多个城市掀起"无线城市"建设高潮。近年来，全国各地掀起了建设"无线城市"的热潮。2008 年以来，北京、天津、青岛、上海、南京、厦门、深圳、广州等许多城市都实施了"无线城市"建设计划。"无线城市"建设为移动电子政务发展奠定了很好的基础。

由于携带方便、价格比电脑低、操作简单等原因，我国手机普及率远远高于电脑普及率，使用手机上网的人数快速增长。推行移动电子政务，更方便老百姓办事和获取政府信息。

6. 泛在政府

2004 年 3 月，韩国政府制定了 u-Korea 发展战略。"u"是英文 ubiquitous 的缩写，意为"无所不在"。u-Korea 战略是一种以无线传感器网络为基础，把韩国的所有资源数字化、网络化、可视化、智能化，以促进韩国经济发展和社会变革的国家战略。

建设泛在城市（u-City）是 u-Korea 发展战略在韩国城市的具体实施。将泛在城市（u-City）概念引入电子政务领域，就是泛在政府。泛在政府（Ubiquitous Government, U-Government）是指用户通过无线通信网络、无线传感器网络等泛在网络，随时、随地地获取政府信息和公共服务。

7. 智慧政府

2009 年 1 月，IBM 公司首席执行官彭明盛（Sam Palmisano）提出了"智慧地球"（Smarter Planet）概念，得到了美国总统奥巴马的积极回应。之后，IBM 公司在中国频繁举办活动，建议中国城市的政府部门建设"智慧城市"。

智慧政府（Smarter Government）是从"智慧地球""智慧城市"衍生出来的概念，指政府部门通过应用物联网、云计算、移动互联网和大数据等新一代信息技术，提高政府管理和公共服务的自动化、智能化水平。

8. 互联网＋政务

2015 年 3 月，李克强总理在政府工作报告中提出制定"互联网＋"行动计划。2015 年 7 月，国务院出台了《关于积极推进"互联网＋"行动的指导意见》。2015 年 10 月召开的党的十八届五中全会提出实施"互联网＋"行动计划。

"互联网＋政务"是指运用互联网思维对政府工作重新进行思考，创新市场监管、社会管理和公共服务等工作模式，提高行政效能，增强履职能力。"互联网＋政务"包括"互联网＋政务服务""互联网＋监管"等。

与传统电子政务相比，"互联网＋政务"把互联网的"开放、共享、参与、创新"等特性引入到政府，把政府部门和企事业单位、社会公众连接一起，共同应对市场和社会问题。大力发展"互联网＋政务"，是推进国家治理体系和治理能力现代化的重要举措。

二、政府数字化转型发展历程

（一）全球政府数字化转型历程

从全球来看，政府数字化转型是信息技术发展和政府改革的共同产物。电子政务的出现和兴起，一方面是信息技术革命的推动，另一方面是政府再造运动的拉动。

20世纪30年代之后，凯恩斯主义盛行，政府对经济与社会的管制力度加大，导致政府职能不断大规模扩张。然而，这不仅带来了政府机构的膨胀、僵化和行动迟缓，导致了大量的官僚主义和公共资源浪费，而且还严重限制、削弱了市场活力，加重了社会公众的税负，降低了社会资源配置的整体效率。

从20世纪80年代开始，美国、英国等西方发达国家普遍经历了一场"政府再造运动"。政府再造是指对公共体制和公共组织进行根本性的转型，以大幅度提高组织效能、效率、适应性以及创新的能力，并通过变革组织目标、组织激励、责任机制、权力结构以及组织文化来完成转型过程。

尽管西方各国政府改革的起因、议程、战略、策略以及改革的范围、规模、力度有所不同，但共同的做法是引入企业管理领域的理论方法，采用信息通信技术（ICT），运用市场竞争机制，提高公共管理和公共服务水平。

信息技术是应用信息科学的原理和方法研究信息产生、传递、处理的技术。目前，人类已经历了以计算机为代表的第一次信息技术革命和以互联网为代表的第二次信息技术革命，正在经历以物联网、云计算、大数据、人工智能、区块链等为代表的第三次信息技术革命。

美国是现代信息技术的发源地，也是世界上电子政务起步最早的国家。早在1993年，克林顿政府就把构建"电子政府"作为其施政改革的一个重要内容。1996年，克林顿政府启动了"重塑政府计划"，提出到2003年让美国联邦政府部门全部上网，使美国民众能够充分获取联邦政府的各类信息。1997年，克林顿政府制定了"走近美国"计划，要求到2000年在电子政务方面完成120余项任务，到21世纪初公共服务全部实现电子化。

1995年，加拿大在改造政府的蓝图中，将信息技术看作是在提高政府公共服务水平的同时大规模削减相关费用的良方。

在综合考虑了政府服务变化和政府费用等因素后，英国政府也下定决心利用信息技术改革政府的公共服务部门，目的在于"除了为公众提供更好的服务外，还应通过降低政府行政费用使所有纳税人受益"。

按照电子政务发展指数（EGDI）的高低，联合国发布的《2018年联合国电子政务调查报告》将全球193个成员国分为"非常高""高""中"和"低"四个不同组别。2018年"非常高"EGDI组别有40个国家，占比为21%；"高"EGDI组别有71个国家，占比为37%；"中"EGDI组别有66个国家，占比为34%；"低"EGDI组别有16个国家，占比为8%[①]。

（二）中国政府数字化转型历程

中国政府数字化转型起步于20世纪80年代。1985年，中南海计算机、办公自动化（OA）应用"海内工程"启动。

从我国电子政务发展历程，电子政务建设内容逐步从办公自动化（OA）、政府网站、应用系统拓展到"互联网+政务服务"和"互联网+监管"，范围逐渐从中央政府拓展到地方政府，最高领导从国务院副总理升级到中共中央总书记。

1992年，国务院办公厅下发《关于建设全国政府行政首脑机关办公决策服务系统的通知》。1993年底，我国启动"三金工程"（金桥、金关和金卡）建设，揭开了我国电子政务重大工程建设的序幕。1996年1月，国务院信息化工作领导小组及其办公室成立，国务院副总理邹家华任领导小组组长。1999年，国务院40多个部委发起"政府上网工程"。

2000年5月，国务院办公厅下发《关于进一步推进全国政府系统办公自动化建设和应用工作的通知》。

2001年，国务院办公厅制定了《全国政府系统信息化建设2001—2005年规划纲要》。2001年6月，海关总署等12个部委共同实施"中国电子口岸"。2001年8月，国家信息化工作领导小组成立，朱镕基总理任组长。12月，国家信息化工作领导小组召开第一次会议。

2002年1月，国务院信息化工作办公室和国家标准化管理委员会成立电子政务标准化总体组。2002年8月，中办、国办转发《国家信息化领导小组关于我国电子政务建设指导意见》（中办发〔2002〕17号），提出建设"两网、四库、十二金工程"。

2004年12月，中办、国办印发了《关于加强信息资源开发利用工作的若干意见》，提出建立健全政府信息公开制度，加强政务信息共享，规范政务信息资源社会化增值开发利用工作，提高宏观调控和市场监管能力，合理规划政务信息的采集工作，加强政务信息资源管理。

2005年11月，温家宝总理主持召开国家信息化领导小组第五次会议，审议并原则通过了《国家信息化发展战略（2006-2020）》，把"推行电子政务"作为国家信息化战略重点之一，把"电子政务行动计划"作为国家信息化战略行动之一。

2006年3月，国家信息化领导小组印发了《国家电子政务总体框架》。该框架

---

① 王益民：《全球电子政务发展现状与趋势》《行政管理改革》2019年第1期。

包括服务与应用系统、信息资源、基础设施、法律法规与标准化体系、管理体制五个部分。5月印发《关于推进国家电子政务网络建设的意见》。

2007年8月，国家发展改革委出台了《国家电子政务工程建设项目管理暂行办法》。9月，国家电子政务网络中央级传输骨干网网络正式开通。

2008年5月1日，《中华人民共和国政府信息公开条例》开始施行。9月，国家发展改革委发出了《关于进一步加强国家电子政务工程建设项目管理工作的通知》。

2011年4月，国务院办公厅下发《关于进一步加强政府网站管理工作的通知》，提出高度重视，进一步加强对政府网站管理工作的领导；全面检查，切实解决政府网站管理中的突出问题；健全机制，充分发挥政府网站的信息公开、互动交流作用；规范管理，不断提升政府网站工作水平。9月，国务院办公厅转发了《全国政务公开领导小组关于开展依托电子政务平台加强县级政府政务公开和政务服务试点工作意见》。

2012年4月，国务院批复了《"十二五"国家政务信息化工程建设规划》。5月，国家发展改革委印发了《"十二五"国家政务信息化工程建设规划》。7月，国家发改委、公安部、财政部、国家保密局、国家政务内网办联合下发了《关于进一步加强国家电子政务网络建设和应用工作的通知》。

2013年2月，国务院印发《关于推进物联网有序健康发展的指导意见》，提出"改善社会管理，提升公共服务"；国家发展改革委出台了《关于加强和完善国家电子政务工程建设管理的意见》。4月，国家发改委、中编办、工业和信息化部、财政部、审计署、国家质检总局、国家政务内网办印发《关于进一步加强政务部门信息共享建设管理的指导意见》。8月，国务院出台《关于促进信息消费扩大内需的若干意见》，提出"提升公共服务信息化水平"。10月，国务院办公厅出台《关于进一步加强政府信息公开回应社会关切提升政府公信力的意见》。

2014年2月，中央成立网络安全和信息化领导小组及其办公室，习近平总书记担任领导小组组长。11月，国务院办公厅出台了《关于促进电子政务协调发展的指导意见》（国办发〔2014〕66号），提出加强顶层设计，统筹电子政务协调发展；深化应用，提升支撑保障政府决策和管理的水平。

2015年3月，国务院办公厅启动第一次全国政府网站普查工作。7月，国务院发布了《关于积极推进"互联网+"行动的指导意见》，把益民服务作为"互联网+"11个重点领域之一。国务院办公厅出台《关于运用大数据加强对市场主体服务和监管的若干意见》（国办发〔2015〕51号），提出运用大数据提高为市场主体服务水平，运用大数据加强和改进市场监管，推进政府和社会信息资源开放共享，提高政府运用大数据的能力，积极培育和发展社会化征信服务，加强政府工作人员培训，增强运用大数据能力。

2017年7月底，国家发展改革委印发了《"十三五"国家政务信息化工程建设规划》，提出构建一体化政务数据平台，共建共享国家基础信息资源，协同共建纵横联动业务系统。

2018年6月，国务院办公厅印发了《进一步深化"互联网＋政务服务"推进政务服务"一网、一门、一次"改革实施方案》，提出推动企业和群众办事线上"一网通办"（一网），线下"只进一扇门"（一门），现场办理"最多跑一次"（一次），让企业和群众到政府办事像"网购"一样方便。

2018年7月，国务院印发了《关于加快推进全国一体化在线政务服务平台建设的指导意见》，提出推进政务服务一体化，推动实现政务服务事项全国标准统一、全流程网上办理；推进公共支撑一体化，促进政务服务跨地区、跨部门、跨层级数据共享和业务协同。

2019年4月，李克强总理签署第716号国务院令，公布了《国务院关于在线政务服务的若干规定》。

三、推进政府数字化转型的重要意义

实践表明，推进政府数字化转型可以提高行政效能，促进财税增收，强化市场监管，创新社会管理，改进公共服务，降低行政成本。

1. 提高行政效率

传统的政府工作模式以政府的机构和职能为中心，企业或公众围着政府部门转。企业或公众要办一件事，常常必须了解各个政府部门的职能权限、处室分工，然后一个个部门地去办，来来回回地报批。如在某市办一个中外合资企业，涉及10个部门的19个审批登记环节，须提交几十份材料，少说得来回几十趟，盖几十个章。这样的政府办事效率是难以面对入世后的全球市场竞争挑战的。

开展电子政务以后，政府要围着企业或公众转，把企业和公众真正作为客户，对其进行管理和服务。公众不必知道政府部门如何设置，职能如何进行分工，业务需要由哪些部门批，由谁负责批。只要上网就随时可以查询了解到审批的状态和反馈的意见，不必到政府各部门去来回跑了，审批的时间也相应缩短。

2006年，国资委外事局网上办公系统之中央企业领导人因公出国（境）审批系统正式上线运行。在系统建立之前，企业经办人需要整理相关材料和请示件，用公文传递或派专人送国资委外事局审批。经过20多个审批环节后，由外事局出具复函返回企业，平均办理周期在20天左右。现在，企业经办人可以在网上填报，由系统自动生成标准格式的请示件，利用电子公章系统生成电子公文，通过网络直接将信息上报到国资委。国资委的审批环节缩减到15个，并全在网上进行。审批通过后，企业经办人可以在线下载、打印复函，平均办理周期在7天左右。

2. 降低行政成本

电子政务不仅可以降低政府部门的行政办公成本、差旅成本、执法成本等，而且可以降低拆迁费用等财政支出。

四川省纪委监察厅机关基本实现无纸化办公。2013 年文印用纸同比减少 68.5%，仅机关发文一项就节约用纸 23.8 万张。2012 年共召开视频会议 43 次，与使用电信部门的电视电话会议系统相比，节约经费约 500 万元；全省纪检监察机关 2000 余门电话接入语音专线，省纪委监察厅机关电话费同比下降 20%。

济南市房管系统与建委之间联网，实现了房地产从建设、登记、交易、注销的全生命周期信息化管理，为旧投、城投提供城市建设拆迁范围内 32850 户拆迁户的房产情况核实，查出有房产不符合补偿标准的 3000 余户，降低拆迁成本 2 亿多元。

3. 强化市场监管

信息不对称是造成市场监管漏洞的主要原因之一。推行电子政务，加强跨部门信息共享和业务联动，可以有效增强政府部门的市场监管能力。

走私、逃套汇、骗税的重要手法就是在单证上弄虚作假，钻有关管理部门之间甚至部门内部管理脱节的空子。海关总署实施的金关工程采用"电子底帐＋联网核查"的管理模式，使有关管理部门之间可以通过计算机网络直接核查对方的执法电子数据，从根本上防止不法分子的造假机会。

4. 创新社会管理

电子政务在创新社会管理方面可以发挥巨大的作用。政府部门之间的信息不对称是造成重婚、冒领养老金等问题的根源。

目前，民政部建立了中央级婚姻登记数据中心，全国 31 个省（自治区、直辖市）均已建立省级婚姻登记工作网络平台和数据中心，实现了在线婚姻登记和婚姻登记信息全国联网审查，有效地防止了重婚、骗婚等违法现象的发生。

近年来，死亡人员家属继续冒领养老金、利用虚假资料非法套取养老金等现象时有发生。黑龙江省自 2011 年下半年开始采取信息化手段在齐齐哈尔市进行了"堵漏"试点。截至 2012 年底，全市共有 8104 人未通过认证，养老金账户被自动冻结，平均每月节约金额达 1200 余万元。

5. 提升公共服务

电子政务在一定程度上改变了以往社会公众到政府部门办事"门难进，脸难看"的局面，消除了故意拖延等各种人为因素，有利于构建服务型政府。

电子政务为创新公共服务模式提供了技术手段。由于信息通信技术的应用，政府部门提供公共服务的方法和方式也发生了改变，公共服务比以前更快捷、更公平、更直接。

电子政务提高了公共服务的质量和效益。通过对传统政务流程进行改造、重组、优化，建立一站式服务机制，极大地提高了公共服务的质量和效益[①]。

2010-2012 年，广州市政府服务网上办理工程累计办理 4065 万余笔，减少市民和企业上门办事次数 4126 万次，节省时间 1.2 亿多小时（以每次上门办理业务平均

---

① 参见王艳：《电子政务助力公共服务型政府建设》《世纪桥·理论版》2009 年第 7 期。

花费3小时计算）。

6. 促进财税增收

在以前，企业在工商部门领取营业执照后不到税务部门办理税务登记，是偷逃税款的重要方式。采用信息化手段，通过工商部门和税务部门之间的数据比对，可以及时发现这类问题，追回偷逃税款。例如，2002年，杭州市通过企业基础信息的交换与比对，发现办理工商登记的税务登记漏管户历年累计数达11718户。济南市实施财税增收信息化工程之后的三年中，通过对工商、国税、地税、质监四个部门的数据进行集中比对，共发现近30%的数据差异。其中税务部门经过调查，共查出漏税企业15534户，补税罚款3470万元。

金税工程通过防伪税控、交叉稽核等方式，有效防范和打击了犯罪分子伪造、虚开增值税发票，偷骗国家税款的违法犯罪行为。十年来，国家税收每年的增长额度都在上千亿元以上，2003年更是增长了2000多亿元。虽然这是整个税务系统努力的结果，但信息化在其中也是功不可没。

目前，推行电子政务已经成为时代潮流，世界各国政府都很重视。可以说，离开了电子政务，就不可能有一个现代化的政府。全国各级党政干部一定要顺应时代潮流，通过推行电子政务提高履职能力。

四、政府信息学

2012年10月，金江军在印度召开的2012年公共管理国际会议上发表了《政府信息学：一门关于电子政务的新学科》（*Introduction to Governmental Informatics: A New Discipline about E-government*）一文，提出了"政府信息学（Governmental Informatics）"。

政府信息学是一门研究政府部门如何利用信息化手段进行行政管理、提供公共服务、履行政府职责的科学。政府信息学是公共管理学与信息技术科学交叉的一门新兴学科，是信息社会公共管理学研究的重要内容。

建立政府信息学，标志着电子政务开始从"概念"走向"学科"。特别在中国，电子政务理论研究严重滞后于实践。开展政府信息学研究，可以指导政府数字化转型实践活动，促进电子政务健康发展。

（一）研究内容

政府信息学的研究内容主要包括电子政务基础理论、电子政务方法工具、电子政务相关问题三大方面。

1. 电子政务基础理论

电子政务基础理论包括电子政务的内涵和外延；电子政务发展的一般规律、阶段划分等；信息化对行政职能、行政权力、行政组织、行政环境、人事行政、财务行政、行政领导、行政决策、行政执行、行政协调、行政文化、行政立法、机关管理、行政监督、行政效率、行政改革等行政管理各个方面的影响和作用机理；如何建立和完善适应信息社会的行政管理体制。

2. 电子政务方法工具

研究如何编制电子政务发展规划，如何开展电子政务顶层设计，如何进行政府信息工程项目可行性研究和初步设计。研究电子政务项目管理方法，电子政务的建设和运营模式。研究电子政务发展水平和绩效评估方法。研究如何完善电子政务保障措施。研究政府部门的信息技术应用问题，研究信息化如何为履行经济调节、市场监管、社会管理和公共服务四大职能提供支撑。

3. 电子政务相关问题

研究如何将企业管理理念、技术引入到电子政务中，如政府资源规划、政务流程再造、政府客户关系管理、政府供应链管理、协同政务、政务智能、公共产品生命周期管理等。研究与电子政务有关的公共政策，如政府信息公开政策、政府信息资源开发利用政策、政府信息安全政策等。

（二）研究进展

政府信息学的研究已逐步得到国际学术界的重视。不少政治学、公共管理学、信息管理和信息系统类的 SSCI 刊物都刊登政府信息学方面的文章。政府信息学类的国际刊物有 Government Information Quarterly、The International Journal of Government & Democracy in the Information Age、International Journal of Electronic Governance、International Journal of E-Politics。根据张楠等人对 1999 年到 2009 年十年间发表在 SSCI 期刊上的电子政务文章进行统计分析表明，国外政府信息学的研究领域主要集中在电子政务接受度、电子政务评估、电子民主、业务协同和互操作等。

美国、欧盟国家、澳大利亚、新西兰等发达国家的政府信息学研究走在世界前列。在美国国家科学基金会的资助下，麻省阿莫斯特大学成立了国家数字政府研究中心（National Center for Digital Government）、纽约州立大学阿尔巴尼分校成立了政府技术研究中心（Center for Technology in Government）、南加州大学成立了数字政府研究中心（Digital Government Research Center）。

近十年来，中国一批学者也开始积极研究政府信息学，他们主要来自信息技术科学、行政管理学、图书馆情报学等学科领域。2007 年 9 月，国务院学位办同意全国公共管理硕士（MPA）专业学位指导委员会将 MPA 原核心课程"信息技术及应用"调整为"电子政务"。北京大学、清华大学、复旦大学、浙江大学、上海交通大学、中国人民大学、华中科技大学等高校一批学者在电子政务研究领域取得了显著成绩，但仍然满足不了实践的需要。从研究文献来看，国内政府信息学研究主要集中在政府信息系统、政府信息技术应用、政府信息公开、电子政务评估、信息化与政府管理创新等领域。从学者的学科背景来看，主要来自信息技术科学、公共管理、信息管理等专业。

（三）发展对策

1. 建立合理的知识结构

政府信息学是一门交叉学科，与政治学、经济学、社会学、法学、图书馆学、情报学、、档案学、自然科学、工程技术科学等许多学科都有交叉。目前，国内政府信息学研究人员的专业背景主要是信息技术、公共管理、情报档案。只具有单一学科知识的人员很难把政府信息学深入下去。要想深入研究政府信息学，不能固步自封，必须要有开放、合作的心态，摒弃学科、门户之见，广泛地从其他相关学科吸收与研究领域相关的已有成果，建立科学、合理的知识结构，使中国政府信息学研究水平走在世界前列。

2. 面向国家的重大需求

党中央、国务院非常重视政府数字化转型工作，作了一系列决策部署，制定了一系列相关政策文件。与应用经济学、管理学类似，政府信息学是一门操作性、实践性较强的学科。中国电子政务实践超前于理论研究，开展政府信息学研究不能脱离实际，而是要不断从实践中提炼理论并指导实践，即"从实践中来，到实践中去"。研究人员要面向保障和改善民生、创新社会管理、提高政府办事效率、提升公共服务水平等国家重大需求，深入开展相关问题研究。

3. 采用先进的研究方法

政府信息学的研究方法可以分为定性分析法、定量分析法以及定性 - 定量分析法三大类。其中定性分析法包括 SWOT 分析法、PEST 分析法、利益者相关分析法、标杆分析法、比较分析法、系统分析法等。定量分析法包括硬件测试法、软件评测法、统计分析法、层次分析法等。定性 - 定量分析法包括专家打分法、平衡计分卡法等。此外，研究人员还要积极采用互联网检索、数据库检索、统计分析软件等先进的信息化手段。

信息技术革命深刻影响政治、经济、社会、军事等各个领域。对于中国来说，信息化是覆盖现代化建设全局的战略举措。信息时代的政府行政方式，必然不同于工业时代的政府行政方式。积极开展政府信息学研究，对于中国政府建立适应信息时代要求的公共管理体系具有非常重要的意义。

值得指出的是，国内政治学和公共管理学界对电子政务研究的重视程度还有待提高，研究力度还有待加强。深入开展政府信息学研究，是开拓政治学和公共管理学的重要途径。

纵观政治学、公共管理学以及其他社会科学、自然科学，所有学科几乎都是国外学者率先提出并创建的。作为世界第二大经济体，中国学者要有开创新学科的勇气。

愿各位同仁积极投身政府信息学研究，为国家富强和中华民族伟大复兴做出新的、更大的贡献。

第二章　全球政府数字化转型态势

2018 年，世界经合组织（OECD）对成员国数字政府建设进行了总结评估，指出由于涉及纸质文档和数字记录的转译转换流程，无法实现数字化"闭环"全流程，大大限制了数字政府的能力，建议各国要以整体思维推进政府数字化转型。

一、政府数字化转型战略

数字政府充分发挥潜力的前提是政府业务全面数字化，但现阶段各国政府大多采用混合模式，即基于纸质记录的传统模式与基于信息技术的电子政府模式相结合。2018 年 7 月，英国政府批准了高达 380 亿英镑、涉及十余个部门 19 个项目的政府数字化转型工程，开启了英国统筹推进政府向全面数字化转型的新阶段。

总结各国实践，政府数字化转型主要包括服务理念转型、业务流模式转型、组织结构转型和组织文化转型四大方面。

（一）服务理念转型

遵循简单清晰的服务设计理念。政府业务常常以冗繁复杂著称，构建数字政府有助于解决这一难题。为此，2018 年澳大利亚数字化转型局（DTA）制定了"简单易用""感知公众"和"适应数字时代"三大政府数字化转型目标。要求各政府部门重视用户体验，重新思考政务服务模式，通过数字化方式加以改进。其中昆士兰州组织实施了"用户使用旅程"项目（Customer journey programs），新威尔士实施了"用户体验走廊"项目（Customer Experience Pipeline）。澳大利亚一些州利用大数据和人工智能技术，建立了智能化搜索和智能问答库，如昆士兰州的"简易数字政府门户"项目，提供精准定位服务，便于快速找到相关业务部门和网站信息，从而节约社会公众时间，增强社会公众对政府的满意度。

合作式提供公共服务。数字时代经济社会事务的规模总量和复杂程度迅猛增长，政府仅依靠自身能力和有限资源已经难以应对。通过与 YouTube、支付宝等合作，借助企业平台，提供开放式、合作式的公共服务，政府部门可以摆脱实体空间的限制，大幅扩展服务渠道和方式。2018 年，英国内阁办公室对已运行六年的政府数字服务（GDS）YouTube 平台进行了全面升级改造，增设多个功能板块，以帮助社会公众了解和使用 GDS 服务。中国各级政府则借助支付宝、微信城市服务等企业平台，提供广泛的公共服务。截至 2019 年 6 月，仅支付宝小程序就开通了 442 个城市的政府服务功能，让社会公众、企业利用手机办理数千种事项。这种利用社会力量、借助企业化平台的创新模式，在政府以外扩展了服务渠道，丰富和改进了公共服务供给，有效满足了不断增长的公共服务需求。

延伸阅读：葡萄牙"公民商店"项目

20世纪90年代末开始在葡萄牙兴起的公共服务现代化发展一方面受到了以效率和降低成本为重点的政策的推动，另一方面得到了优质服务及其多渠道交付的支持。这些政策和战略都强调了三个原则：推广以公民为中心的服务、行政简化以及行政机构互操作性、成本和资源利用的合理化。所谓的"公民商店"就是该政策的旗舰项目之一，该创新的公共服务交付概念把若干公共和私营实体召集到同一个空间。这就使得地方公共行政机构与当地伙伴和居民——他们最了解所在地区人群的需求——开展合作。目前，这类提供多种服务的实体中心已建成150多家，它们是一个全国ICT利用网络的一部分，旨在建立公民空间用以提供以数字形式交付的服务，并配有必要的人工服务。这解决了以下现实问题：全国各地人群的数字素养水平不一。另一个重要的政策支柱是"简化"计划，其目的是精简政府机构、推进公共行政现代化发展以及促进公民和公司与中央和城市各级公共行政机构之间的交流互动。

（二）业务模式转型

向主动服务模式转变。英国内阁办公室在《政府转型战略2017-2020》中提出，政府需要"更好地了解公民需要什么，以更低的成本、更快的速度设计和主动提供服务，并能基于数据和证据不断改进服务"。一些国家正利用政府积累的历史大数据，智能化预测社会公众和企业需求，提供智能化主动告知和事前服务，做社会公众和企业的贴心公共服务管家。例如，2019年澳大利亚升级了社会保障服务虚拟助手"Virtual Assistants"，对相关部门服务和系统进行整合，更加主动地帮助和提醒申请者使用各项服务。面向企业的主动服务，在获得企业同意的前提下，为其构造数字画像，并结合企业生命周期的各类需求主动提供服务。

向迭代升级模式转变。如何设计数字业务开发模式，对政府数字化转型至关重要，然而政府部门常常缺乏明确的信息系统开发战略，政府业务系统普遍缺乏连贯性。近年来，美国、英国等国家正在政府业务系统开发领域大力推广敏捷开发（Agile Development）。敏捷开发的核心思想是先设计原型机，再基于反馈不断改进优化。采用迭代升级模式的政务业务系统开发模式，有助于积极响应社会公众和企业的反馈意见，及时改进升级业务流程，不断提升用户体验。为此，2018年美国特朗普政府重新改组了联邦政府技术转型服务办公室（TTS），重要任务之一即是向各个部门业务开发提供专家咨询和技术支撑。英国政府数字化转型工程则要求各部门利用敏捷技术开发业务系统，并加强政府领导者在敏捷项目和项目管理方面的技能。2019

年，英国发布了《数字服务标准》最新版，对用户需求的理解、源代码的开放、开放标准与组件、产品迭代与敏捷开发、多学科的团队合作等依然是服务标准关注的重点。

（三）组织结构转型

成立专门的政府数字化转型推进部门。为统筹推进政府数字化转型，一些发达国家和地区成立了专门机构。例如，英国内阁办公室成立了政府数字服务（GDS）工作组、澳大利亚政府成立了数字化转型局（DTA）、瑞典政府成立了数字政府管理局（DIGG）。通过对政府组织结构进行调整，设置专门的数字化管理部门，让物理空间分散在多地的各职能部门，在数字空间中重新成为近邻，从而大幅改进跨部门业务，为各政府部门实现"横向整合"奠定基础。

政府数据管理向统合型领导体制转变。"信息孤岛"是世界各国推进政府数字化转型时面临的共同难题，这与职能式、分权制组织结构密切相关。为实现政府数字化转型，需要先在组织上层进行整合统筹，解决各自为政问题，向"统合机构—职能部门"双重领导的组织结构转变。2018年9月，澳大利亚成立了国家数字委员会，统筹政府数字化转型工作，并对各州和地区的政府数字化转型工作进行指导管理。澳大利亚国家数字委员会，与以往的电子政务联席会议和专家咨询委员会不同，可以制定具有法律效力的政策文件。借助这种统合型领导体系，不但有助于打通"信息孤岛"，强化了跨部门业务处理能力；而且有助于减少各部门在数字空间的异质性，在同类标准规范的基础上建立互认互识的数据和网络，为数字政府创新奠定基础。

（四）制度文化转型

构建数字政府的运行制度。全面推进政府数字化转型，需要有相应的法律体系和管理制度作为支撑，主要包括两方面的制度：一是数字政府在数字空间的运行制度，包括政府、社会公众和企业的数字身份制度、安全认证制度、数据产权制度、数据权力制度、政务程式制度等；二是数字政府在实体空间的运行制度。在由传统政府向数字政府转型过程中，随着组织结构和职能岗位的调整，需要逐步对管理统筹机制、政务数据权属、政务程式制定规则、合作提供公共服务和开展社会治理等明确制度安排。

提升数字能力，培养协作文化。构建数字政府，需要充分调动公务员的积极性，打造基于数据驱动的工作方式，培育具有创新协作精神的团队文化，在公务员队伍中倡导文化变革。公务员需要了解社会公众的观点，并应用信息技术不断调整服务和流程。他们需要了解如何利用数据洞见和数字技术来改进他们的工作。这些改变不但影响他们的工作方式、团队构建方式、信息共享方式、优先级设置，而且影响到公务员业绩的衡量和认证，以及如何发展人才和专业知识。这种文化变革需要支持私营实体和开放网络的系统，注重加大与来自政府外部的专家团队合作。

二、政府数字化优先战略

政府数字化优先战略是指各类政府业务优先以数字化方式设计和提供,以数字化为默认方式,以传统纸质方式为例外,内部管理可数字化运行的皆数字化运行,公共服务可数字化提供的皆数字化提供,包括政务信息的生成、传输汇聚、存储、共享和应用等方面。

(一)数字化生成

优先以数字化方式生成各类政务记录,从数据源头重构政府业务的全图景体系。以往政府文件档案依靠纸本记录保存,保存占用物理空间大、查询调阅不方便。随着人们在线访问资源的需求不断增加,得益于录音设备、拍摄录像设备、扫描仪、高容量存储设备、互联网以及存储、编目、索引、检索与访问等相关信息管理技术的发明与应用,采用数字化图像音视频方式生成与保存文件档案资料在政府工作和社会生活中扮演着越来越重要的角色。2018年,德国政府发布新版"数字化"战略,提出了九项任务,其中包括推进"创新办公数字生活"激发创新潜能、数字化发布法律法规、加强政府部门间的数据交换等内容,将政务图像资源管理明确为数字化的基础性工作。澳大利亚国家档案馆启动了"保存图片和微缩资料项目",提出创建光栅图像主文件、数字化术语表、可用性文件格式指南、数字化工作流程、图像描述元数据标准、图像质量相关准则等,优先以数字化方式记录各类政府档案,以便于存储和分析。

建立数字化的城市运行实时模型,为实现城市数字化、智能化管理创造条件。典型实践是城市管网管理,将包括供水、排水、燃气、供热、照明、消防等各项城市基础设施物件数字化,建立高精度的城市三维数字空间。伦敦、纽约等对城市管网系统,采用地理信息系统(Geographic Information System,GIS)对管线属性、空间信息等进行数字化管理,采用物联网技术对管网运行状况进行智能感知,实时采集管网流量、温度、压力等运行参数,第一时间掌握管线事故并进行及时处置,保障城市管网安全、节能、稳定运行。

(二)数字化存储

以数字化、结构化方式存储政务数据,利用政府数据中心和云计算技术提升数据治理能力。一些国家和地区的政务数据中心建设方式已经开始往模块化发展,如集装箱式数据中心。每个集装箱即为一个独立机房,配备有专门供电网络和相关设备,只要外部连通供电系统,就可以正常使用。集装箱式数据中心可以放置在中央处理系统上,极大降低了运输、能耗等成本,如美国NASA就采用集装箱式数据中心。

随着云计算、大数据等新一代信息技术发展,数据中心建设进一步呈现出虚拟化、综合化、大型化、节能化、绿色化等特征,数据存储处理能力大大增强,计算能力更加突出。在云计算模式驱动下,数据中心的服务理念随之发生变化,按照客户的需求提供基础业务和增值业务。

（三）数字化共享

在工业时代，政府部门之间的协同治理因为成本高昂而难以在实践层面有效推进。在信息时代，通过信息资源共享平台，可以实现跨部门的业务协同，极大降低了部门间交流成本、沟通成本和协同成本。

推动数字化共享的战略已经深入到社会公共服务部门。例如，在医疗系统内部实行电子健康档案数据共享，有助于提高诊疗质量和效率，构建全新的医疗模式。意大利投资 7.5 亿欧元为所有公民建立电子健康记录、电子医药处方，发展远程医疗，推动在线预约以优化医疗卫生资源和减少患者等待时间。奥地利建立全民电子健康系统，旨在协调医疗卫生机构和利益相关者之间关系，简化医疗费用结算手续和流程。澳大利亚数字经济战略聚焦电子档案和远程医疗，计划到 2020 年之前把老年人、母亲、婴儿和慢性疾病患者能够访问的个人电子健康记录共享比率提高至 90%，逐步推广远程医疗保险计划、全科医生视频会诊热线、孕妇婴儿帮助热线等远程医疗服务。

（四）数字化应用

世界各国的数字政府建设，大多以推动政府政务服务便捷化、高效化、精准化、个性化为目标，通过转变政府职能，实现以公民为中心的公共服务全覆盖和均等化。根据《2018 年联合国电子政务调查报告》，在 193 个联合国成员国中，有 80 多个国家提供一体化在线服务。全球网上政务服务逐渐从以单个政府网站提供信息服务的模式，发展为多部门、多层级、一体化的整体政务服务模式。

在中国，整体联动、业务协同的"全国一体化在线政务服务平台"于 2019 年 6 月上线试运行，32 个省级网上政务服务平台已全部建成，推动了政务服务从政府部门供给导向向人民群众需求导向转变，为企业和人民群众提供"一站式"全流程在线服务，"网上办"成为中国政府提供政务服务的主渠道。通过在线政务服务平台打破区域限制，推进政务服务同城通办、就近能办、异地可办。

三、数字身份战略

实体政府管理和服务主要依靠纸质证件和面貌特征等对应主体身份，这一措施在全面数字化后面临巨大挑战。从物理空间延伸至网络空间后，面对自然人、法人，政府管理和公共服务都需要有与之对应的行为主体身份制度，也需要与之相匹配的身份认证、身份管理等体制机制。目前各国数字身份的主流做法是公民网络电子身份标识（electronic Identity，eID），即以密码技术为基础、以智能安全芯片为载体、由官方机构签发给自然人、法人的网络身份标识，该标识与身份查询渠道以及身份证信息绑定，并实现相关证件的第三方核实验证。目前，世界各国以自然人为主要对象，探索尝试数字身份的建设、管理、服务模式，形成了大量有指导意义的做法和经验。

（一）公众电子身份

英国建立了在线身份识别系统 GOV.UK Verify，以解决用户身份识别的问题。通过建设一站式通用身份服务，为社会公众访问政府网站提供安全、快捷的身份认证方式。2017 年 2 月，英国政府发布了《英国政府转型战略》，提出继续加强跨政府平台建设的具体举措，计划到 2020 年实现 2500 万英国公民拥有 GOV.UK Verify 在线身份识别，同时具有支付和告知功能，并且与私营部门合作，使用户在网上使用同一个账户也能被私营部门服务证明他们的身份。据估算，通过使用在线身份认证识别系统 GOV.UK Verify 和政府通知系统 Gov.UK Notify 等政府即平台（GaaP）服务，地方公共服务每年可节省 5 亿英镑费用。

爱沙尼亚宣布向全世界开放"电子公民"（e-Residency）身份证服务。截至 2019 年 4 月，来自 175 多个国家的 53719 人申请成为爱沙尼亚电子公民。该项目采用区块链技术，使世界各地的人们可以通过申请"电子居民"得到由爱沙尼亚政府认证、颁发的电子身份证号码，享受爱沙尼亚的部分线上服务。例如，全国可实行电子投票，通过电子签名签署的合同合法有效；18 分钟即可完成公司在线注册；95% 的税单可在线填写。社会公众无需再准备繁杂的贷款申请资料，因为他们的收入、债务、储蓄等数据都已实现系统内部共享；爱沙尼亚内阁使用无纸流程，每周的内阁会议平均时间，从大约五小时缩减至 90 分钟。

到 2020 年，爱沙尼亚政府计划把电子公民总数扩展到 1000 万，并为国际用户提供更加丰富的在线服务。

（二）企业电子证照

为贯彻落实《电子商务法》，为市场主体公示营业执照提供便利服务，方便群众办事创业，国家市场监管总局建立的电子营业执照亮照系统于 2019 年 6 月正式上线运行。电子营业执照亮照系统主要面向各类市场主体提供网上亮照申请及亮照信息管理等服务，市场主体可以将亮照链接嵌入到网站中实现执照信息展示，社会公众可以对亮照的市场主体进行身份验证。市场主体使用电子营业执照登录亮照系统，按系统提示输入亮照信息后，系统即生成该市场主体电子营业执照的展示链接和标识图标。市场主体将电子营业执照展示链接及图标嵌入网页，实现营业执照网上自主公示。社会公众点击网站上公示的电子营业执照亮照图标可对该市场主体的营业执照进行真伪查验。电子营业执照亮照系统为市场主体提供亮照信息管理功能，包括修改、删除、停止亮照 / 恢复亮照等。

（三）政府机构数字签名

当前，一国政府内部、本国政府与其他国家政府之间的数字伙伴协作关系发展受到广泛关注。政府间互联互通包括部门通、网络通、数据通、业务通四个层面。部门通是部门为其他部门或用户提供信息服务的能力，需要通过法律、政策、协议等来保证。网络通是指不同部门之间的设备连接起来协同工作的能力，可通过政务网络和认证设施来实现。数据通是指不同部门按照同样的方式理解交换数据的能力，这需要建立机制将服务数据及数据的定义进行标准化。业务通是指不同部门之间的信息系统进行数据交换的能力。依照数字伙伴战略开展数字化协作，有助于信息的共享和数据价值的提升。

《全国深化"放管服"改革优化营商环境电视电话会议重点任务分工方案》提出加快"电子印章"推广应用，压减企业开办时间，深入推动简政放权，提升政府服务力。2019 年 4 月，上海市"一网通办"平台率先引入电子印章服务，全面实现对各类法人电子印章和个人电子签名的统一制作与管理，逐步实现签署文档在全市电子政务的互通互认，节约企业办事成本、减少市民办事奔波。

（四）社会组织数字认证

北京市民政局要求社会组织，采取数字证书认证和电子签章的申报方式实行网上年检。2019 年 7 月，随着北京市法人一证通的深入应用，"北京市社会组织公共服务平台"年检申报系统正式接入北京市法人一证通工程。北京社团、民非、基金会三类社会组织可使用一证通数字证书登录平台进行年检申报。在一证通的可信基础上，该平台实现了社会组织年检申报全程无纸化，从申报到电子归档，办理单位无需到现场窗口提交纸质资料。

四、数字伙伴战略

在政府自身全面推进数字化转型的同时，采用数字化手段发展与合作伙伴间的关系，可以提升自身数字化转型后的价值及促进互惠共赢、高效合作。其中政府的合作伙伴包括其他政府部门、企业、社会组织、国际组织以及其他国家和政府等。

（一）促进数字化协作

当前，政府与政府之间、政府与企业之间及政府与其他国家政府之间的数字伙伴协作关系发展呈白热化。依照数字伙伴战略开展数字化协作，有助于信息的共享和数据价值的提升。

第一，在政府与政府（G2G）领域，各国政府推进跨层级和跨部门的数字化协同。例如，澳大利亚维多利亚数据洞察中心（VCDI）成立于 2017 年，由维多利亚州的第一位首席数据官领导。VCDI 的成立是为了改变政府使用数据的方式，包括与维多利亚政府部门和机构合作，开展面向所有维多利亚人的数据分析项目，以及提供一系列基于合作伙伴关系的服务。VCDI 主要功能包括数据分析项目与部门和机构合作，通知决策和服务设计构建数据分析技能和能力的维多利亚时代的公共服务（VPS）有助于改善如何收集数据和管理整个 VPS 与其他各国政府澳大利亚合作更好的数据使用。如 2017-2020 年北欧数字化部长理事会由丹麦、芬兰、冰岛、挪威、瑞典、格陵兰、法罗群岛和奥兰各一位部长组成，旨在协调八个国家的数字化工作，共同推进北欧数字化建设战略部署。如瑞典数字化委员会由10名来自公共部门（包括瑞典国家创新局、瑞典地方政府及区域协会和斯德哥尔摩的首席信息官）、私营公司（如谷歌）和学术界的高级代表组成。它在数字化、新项目的提出和评估等方面提供建议，并向部长回应住房、城市发展和信息技术等方面的信息。

第二，在政府与企业（G2B）领域，政府在向企业提供服务、对市场进行监管等领域推广数字化协作。如澳大利亚政府对数据集成伙伴关系进行投资，实现跨多个公共部门数据连接，更好地使用数据。依照澳大利亚数据集成伙伴关系，企业纵向分析数据环境结合了澳大利亚统计局的调查数据和营业税数据。这些数据被剔除了用政府项目数据来识别特征的功能，以便更好地了解澳大利亚企业和经济的表现，并且这些数据已经让人们更好地了解哪些澳大利亚企业正在创造新的就业机会。

第三，在国际合作领域，各国注重于产业生态协调发展等，促进与其他政府和机构的协同数字化。如"外援探索者（Foreign Aid Explorer）"将美国国际开发署和其他联邦机构的信息来源结合在一起，为任何给定国家或地区提供一张用户友好型的外援快照。"外援探索者"是一个基于网络的中心来源，用于收集每个国家涉及的各个联邦机构的美国对外援助数据。有关美国投资的数据与国际社会经济数据结合在一起，以供参考。仪表盘按国家显示所有美国投资的综合情况，而不考虑机构。这一观点要求跨政府机构开展工作，不仅要纳入美国国际开发署的数据，而且还要纳入来自国防部、财政部、卫生与公众服务部和国务院的数据。它包括所有资助活动，如研究、培训和技术援助。活动按类型显示，如和平与冲突工作、艾滋病毒/艾滋病干预和环保力度，并允许用户深入挖掘详细信息。该网站还允许用户自定义查询，并允许以多种格式下载结果，以便于使用。2019年5月，新加坡政府与智利、新西兰就数字经济伙伴关系协议（DEPA）举行会谈，希望加深三国之间数字经济领域的交流与合作，为新加坡电子商务平台开辟新市场，解决电子支付、数字身份、AI治理等问题。

（二）发展数字化市场

各国政府大力培育和发展数字化市场运行体系。在公共服务外包领域方面，政府以公私合作模式将公共服务外包给第三方。艾德·卡恩斯（Ed Kearns）在2017年担任美国国家海洋和大气管理局（NOAA）首席数据官（CDO），领导NOAA的数据开放工作，建立大数据联盟。NOAA每天收集20 TB数据。数据来源多种多样，包括多普勒雷达、气象卫星、浮标网络和气象站、验潮仪、实时气象站以及船舶和飞机数据。这种公私合作是通过一项合作研究和发展协定（CRDA）形成的。根据CRDA，政府没有向这些公司提供资金，但它们能够创造有价值的产品，然后将基于大数据的解决方案和服务的价值货币化。

此外，在政府和社会资本合作（PPP）领域，有关推广招标、采购、合同履行监管、事后评估等方面有效推进了政府与企业的数字化协作。2018年，国家技术信息服务

（NTIS）为美国联邦政府提供了一些宝贵的资源，它管理内阁的历史文档库，并主持年度联邦数据会议。NTIS 使用国会授权进入 jvm。JVPs 能够更快地为联邦机构提供数据分析、机器学习和人工智能项目的解决方案。通过竞争程序，NTIS 对 35 家公司、非营利组织和研究机构进行了资格预审，这些公司和研究机构现在可以竞争联邦合作伙伴确定的项目。NTIS 负责管理联邦机构和 JVP 合作伙伴之间的关系。JVP 允许基于问题的获取，在此过程中，政府可以与潜在的合作伙伴进行对话，以探索问题并明确目标。由于 JVP 项目使用的是预先批准的客户端，这些客户端已经有了全面的合同，所以这个过程可以快速进行。项目开始日期最早可以从代理和 NTIS 之间的最初对话开始算起的 90 天起。这样可以节省时间，降低成本，为社会公众带来不可估量的价值。

（三）建设数字化平台

数字化平台的建设方向包括构建数据开放平台，着眼于内部创新数据支撑平台的发展。

在构建数据开放平台方面，大力开放政府数据，可以促进政府公开透明，为企业和社会公众提供数据支撑，推动基于政府数据和社会数据融合的各类创新，激活公共数据价值，增进人们福祉。截至 2019 年 11 月，美国政府数据网站以通用化标准格式开放 25 万多个数据集，涉及农业、气候、消费、教育、能源等 14 个领域。数据描述内容包含了标题、数据用途、参考资源、元数据创建日期、元数据更新日期、元数据下载链接、发布者、维护者及其邮箱、最新维护日期、发布者层次结构等完备的元数据内容；对于所开放的数据集，可以多种格式直接下载。开放数据的好处是巨大的。例如，数据开放每年为澳大利亚带来高达 250 亿美元的经济价值。通过数据共享和重用，政府将能够为社会公众提供更好的服务，并制定更明智和更有针对性的政策和服务。

政府内部聚焦于创新数据支撑平台的发展。在政府内部，构建模块化的数字服务市场，鼓励跨部门数据交易共享，减少公共数据重复采集，同时酌情开放给签约合作企业，促进了跨部门跨领域创新。澳大利亚数字转换型生活事件社区（The Digital Transformation Agency Life event communities）成立于 2018 年 11 月，旨在促进政府间合作，为澳大利亚人在生活中遇到共同的痛点创造更好的未来体验。这些社区定期举行面对面的聚会，并通过在线论坛保持联系。首届活动诞生了亲人去世、孩子夭折、无法照顾孩子、找到了一份照顾孩子的工作、成为一名看护 5 个在线生活活动社区。长远目标是透过政府各阶层的合作，提供无缝隙政府服务。澳大利亚维多利亚州通过核心基础设施构建了应用程序接口（API）功能，为跨维多利亚州公共服务共享数据的 API 优先方法奠定了基础。维多利亚州政府 API 网关和 API 工厂已经建立了一个集中的整体，用于开发、托管和管理整个维多利亚州政府和数据开放社区的 API 和集成。维多利亚州还在实施澳大利亚第一个完整的政府共享 API 门户网站，用于访问和开发 API，该网站对政府、企业和公民都可用。为配合这项新功能，维多利亚州与政府资讯科技总监及发展商团体合作，制订了最佳实践设计标准，旨在确保在设计和构建 API 时的质量、一致性和互操作性。

（四）开展数字化治理

在公共治理数字化方面，同其他政府部门、企业、社会组织和社会公众等，就公共治理过程中的议题设置过程、方案制定过程、协作执行过程、事后监管评价过程的，采用数字化的方式，通过沟通协作，提升社会治理能力。世界银行社会观察所开发了一种独特的混合方法来收集数据、共享数据和设计发展援助计划。他们的工作主要是改善印度现有的旨在减少贫困和增强当地社区能力的民生项目。该组织通过一个国际、多层次的伙伴关系开展工作，包括世界银行的研究人员、印度各级政府和基层社区。他们主要寻求帮助农村妇女，这些妇女在男性占主导地位的社会中面临低收入和文化程度低的问题。

关于数字空间治理，其是对数字网络空间的法律制度、权利保护、安全隐私、侵权犯罪等问题进行治理，保障数字空间的稳定，为政府全面数字化提供良好的环境。2019 年 5 月，中国国家互联网信息办公室发布了《数据安全管理办法（征求意见稿）》。该办法有利于保护公民、法人和其他组织在网络空间的合法权益，保障个人信息和重要数据安全，维护国家安全与社会公共利益。为保障个人信息安全，维护网络空间主权、国家安全、社会公共利益，保护公民、法人的合法权益，2019 年 6 月，中国国家互联网信息办公室发布了《个人信息出境安全评估办法（征求意见稿）》。2019 年 1 月，美国颁布了《开放政府数据法》，为美国政府数据的开放与利用提供了有力的保障。一是对收集的数据是否公开进行日常性审查，兼重数据的质量及其利用；二是建立全面的数据清单并定期更新，同时公开联邦数据目录与开发在线存储库；三是设立首席数据官及其委员会制度；四是建立了开放政府数据的报告及评估制度。同时，针对开放环境下政府数据利用中频频出现的隐私侵害、数据泄露等问题，一些国家积极开展信息法律制度的系统性修订更新，有助于拓展政府网络安全管理职能，尤其是实现对数据安全的保护。如英国《一般数据保护法规》于 2018 年 5 月生效，以取代《数据保护法案 1998》；新西兰先后对《隐私法》《版权法》《公共记录法》《统计法》进行审查和修订，避免过时法规所造成的数据管理混乱。

五、数字包容战略

在全面推进政府数字化转型的过程中，有一些群体和组织因多种原因被排斥在外，因此需要实施数字包容战略，以将其纳入到数字政府的服务体系。在信息时代，信息缺乏者和信息富足者之间的差距，如果不加以弥补和控制，可能会进一步拉大数字鸿沟。数字包容主要是在数字时代和数字空间，保证数字接入缺乏者和数字素养能力不强者享有基本权利和同等水平的服务。

在政府全面实施数字化战略后，在提升管理能力和效率的同时，可能会给中小企业和弱势群体，人为设置了障碍和差别对待。为此，很多国家在实施政府数字化转型战略时，同步实施了数字包容战略，以促进社会公平。

（一）提供便捷和普适的互联网接入服务

提供数字政府和整体服务的接入点。传统电子政务时期的基层服务网点大多由特定部门主导兴建，功能单一，使用频次低，更新维护不及时。政府数字化转型后，整合公共服务接入点，可以通办几乎所有政府事项，可大幅提升基层网点的使用频次和有用性。在很多发展中国家，发展固定宽带的投资回报较低，移动互联网成为最具潜力的方式。在向基层延展数字服务的同时，促进网络覆盖面。主要包括地方基层服务接入点、社区和学区服务接入点和流动式政府服务网点等。

提供便捷普适的接入。数字政府的传递渠道由信息基础设施和通信工具构成。信息基础设施包括电信网、互联网和卫星通信网等。常见的通信工具包括计算机和智能手机。不同的通信工具接入不同的通信网络，采用不同的通信模式，适用于传递面向不同地区、不同类型的服务。通常而言，越先进的通信工具功能越多、能力越强，但成本也越高。而传统的通信工具虽然功能有限，但价格低、易获取。因此，政府需要在传递渠道的能力与成本间寻找平衡点。

2018 年初，一家丹麦 ICT 公司与加纳通讯部合作在加纳西部的四个农村社区启动了一个可负担、可持续的"连通项目"。一个由太阳能供电的基站在直径达一千米的区域内建立了一个 WiFi 热点。该热点通过微波链路与光纤、卫星、气球或无人机等与互联网相连，使得与世界最偏远地区的连通成为可能。该计划依托于 WiFi，用户能够利用智能手机、平板电脑或笔记本电脑浏览网页、保持联系或学习教育课程。基站的地方云提供了获取电子学习、电子医疗和电子政务的便捷通道，使人们得以分享健康医疗和农业方面的信息，以及与政府部门进行在线交流沟通。农民可观看培训视频，学习如何最大限度地发挥地力，和把农作物卖个好价格。当地医生能够获得包括救命信息在内的更多知识。此外，学校、医院、银行、警察局和市场等公共设施也提供个 WiFi 热点服务。

2019 年，新西兰政府制定了"数字包容 2019 行动计划"，旨在识别地区间存在的数字连接性差距，计划在政府内外激励公众、企业创办者、社区等相关方相互合作，更好地支持并提供数字包容的服务 。该计划其中一项重要任务是增加数字连通性。

2019 年 7 月，加拿大政府和 Telesat 工资合作，通过开发低地球轨道（LEO）卫星技术，确保在加拿大农村和偏远地区获得价格合理的高速互联网连接。其中包括来自加拿大政府的高达 6 亿加元的投入，支持该公司部署转型通信架构的使命。

近年来，我国网络基础设施建设步伐加快，我国光纤宽带用户占比、4G 网络规模等已排在世界前列。但是部分农村及偏远地区的宽带网络发展水平仍然滞后于城市地区，电信网络基础设施在地区之间分布的不平衡导致发达地区和落后地区、城市和农村、富裕人口和贫穷人口之间出现数字鸿沟。而电信普遍服务能从根本上改善农村及偏远地区宽带网络的发展水平，让广大农民共享信息化成果。

我国把电信普遍服务作为打赢脱贫攻坚战、实施乡村振兴战略、建设网络强国的重大举措。2015 年底，工业和信息化部和财政部正式启动推进农村和偏远地区光纤和 4G 网络覆盖的电信普遍服务试点工作。目前已成功组织五批电信普遍服务试点，累计支持超过 13 万个行政村光纤和 4G 建设，我国行政村通光纤和 4G 网络比例均超过 98%，试点地区平均下载速率超过 70M，基本实现农村城市"同网同速"。超过 4.3 万个建档立卡贫困村通了宽带，贫困村通宽带比例超过 98%。

下一步，将推动偏远地区网络深度覆盖，推进 20 户以上农村人口聚居区 4G 网络覆盖，研究国道、省道等道路沿线以及旅游景区、水库等重点区域的 4G 覆盖。探索面向贫困人口推出优惠资费套餐，让贫困群众用得上、用得起、用得好各类通信服务和网络应用。

（二）提升社会公众和企业的数字能力

各国政府在推进政府数字化转型的过程中，也着力促进数字经济的发展，而中小企业的数字能力既是其获取数字政府服务的前提，也是企业适应数据经济的要求。为此，很多国家制定了提升公众和企业数字能力的战略，主要包括助力企业获取数字政府服务和使用数字服务的能力。

为初创企业提供网络接入。为中小企业（SME）和初创企业提供接入支持。在很多欠发达国家和地区，仍然需要高速稳定廉价的互联网接入。为中小企业提供互联网接入扶持，不仅有助于促进经济发展，也有利于其获取数字政府服务。

（三）为特定群体提供定制服务

有些群体难以获取和使用数字政府服务，往往与他们的信息素养有关。公民信息素养指使用电子政务服务时所需要的知识，包括 IT 技能和教育程度两个因素。IT 技能是指公民操作通信工具的能力，如使用互联网浏览器、搜索引擎、电子邮箱和办公软件等技能。

提供简单易用的服务。为相对贫困、失业和教育程度不高的群体提供定制化、简化版本的数字服务。社会公众的 IT 技能对政府选取信息传递渠道十分重要。应该优先考虑他们会使用的渠道，而不是那些先进但他们不熟悉的渠道。这也意味着政府在提供信息服务时要根据使用者的实际技能，不能假定社会公众都能使用那些高级的应用。而一个人是否能发现信息的潜在价值，利用信息获得收益，则与他的教育水平有关。在使用信息方面，教育水平低的人往往落后于教育水平高的人，因此需要实施 IT 技能培训项目。

提供定制化的服务。为特定群体提供相关主题的整体打包式服务，如待产妈妈等面临的产前产后医疗保健、孩子出生和成长过程的一系列注册类和申请类服务。为残障人士设计适于多种肢体功能障碍的数字化服务。为少数族裔设计拥有多民族语言和符合民族文化的服务。

美国 Text4Baby 向准妈妈和新妈妈提供有关如何在孕期及产后第一年照顾自己和宝宝的信息。面临最大风险的妇女通常来自脆弱地区，因此上网机会有限，但她们可能拥有手机，因此，该计划每周用英语或西班牙语给她们发送一次相关内容的短信。结果显示她们对该服务的满意度非常高。此外，用户的健康知识不断增加、她们能够更好地与医疗服务提供者交流、按时赴约和免疫注射率提高、获取医疗资源的整体情况得到改善。Text4Baby 举措非常成功，它由美国政府与若干非营利及其他非政府组织合作推出，伙伴总数超过 700 个。

墨西哥政府为了影响公民健康决策以惠及更多公民，联手联合国儿童基金会制开展了普洛斯彼拉（Prospera）数字实验计划，旨在为妇女在怀孕期间和产后两年内提供帮助。通过发送自动短信服务来模拟会话，并分析相应响应和答复。每条信息涉及最终用户的具体需求，提高了政府有效回应的能力。孕妇在怀孕期间的答复率在 60% 以上。2018 年底，墨西哥政府计划推出该计划的全国版，将包括针对糖尿病、高血压和肥胖等其他健康问题的模块。

（四）培育数字化意识和习惯

面向全社会所有群体和组织，宣传推广使用数字化服务。数字政府的价值在于使用规模效应，使用规模越大，平均成本越低，改进迭代越快，越容易提供服务质量和效率，进入良性改进循环。同时可以节省部分用于线下实体服务的成本。宣传重点是未使用者、对数字政府抵触者。在社区和学区设立相应的服务推广和示范网点，加强安全隐私保护，鼓励亲友示范等方式，让其能接触到数字政府服务，逐步引导使用。

提升数字政府的使用意识。社会公众对数字政府服务的感知有用性和易用性的评价越高，其态度越积极，采纳意向也越强烈；反之则其态度越消极，采纳意向也越弱。如果社会公众对信息服务感知有用性低则说明该种服务缺乏价值；而感知易用性低，说明他们在使用服务时遇到了困难。政府需要调查他们对服务的这两种态度以发现潜在的问题，并进行适当的调整，改进用户体验。

此外，还需要积极宣传数字政府的主要功能，为那些高级功能制作使用教程和说明，以引导用户使用更多的功能。对于 ICT 使用动机鸿沟比较大时，政策制定者应将分析视角转换到心理学和认知学视角，重点关注用户采纳意图，分析产生心理焦虑和信息交流障碍的原因，结合他们的群体文化和生活习惯，设计有用、易用的信息服务，增加信息服务对于特定群体的重要性。

研究表明，全球范围内的女性在线人数少于男性。这种性别鸿沟引起了人们对数字包容的普遍担忧。为此，国际电信联盟等国际组织已着力创造女性上网机会，包括举办意识提高活动，如 ICT 日的女童活动。

此外，联合国经济和社会事务部（UN DESA）公共机构和数字政府司（DPIDG）联合联合国亚洲及太平洋经济社会委员会（UNESCAP），于 2018 年联合发布了妇女电子政务（EGov4Women）工具箱，旨在通过消除性别差异和促进社会包容来促进电子政务。该工具箱提供了关于亚太地区设计和实施促进性别平等的电子政务生态系统的创新型公共资源，是第一个促进性别观点主流化的区域级工具箱。该工具箱通过五个综合性模块为决策者提供关于性别平等设计的关键建议，涵盖电子服务提供、电子参与和网络连接倡议方面。

第三章　发达国家和地区政府数字化转型情况

目前，电子政务已经成为发达国家公共行政的主要模式。发达国家在政府数字化转型方面的理念和许多做法值得中国学习，如以客户为中心、全生命周期服务、场景式服务、利用 Web3.0 技术等。密切关注发达国家政府数字化转型动向，建立和完善电子政务国际交流与合作机制，借鉴国际先进经验，有利于加快推进我国政府数字化转型进程。

一、美国

美国是现代信息技术的发源地，也是世界上电子政务起步最早的国家。克林顿政府、小布什政府、奥巴马政府和特朗普政府都积极推进政府数字化转型。

（一）克林顿执政时期

早在 1993 年，克林顿政府就把构建"电子政府"作为其施政改革的一个重要内容，并成立了国家绩效评估委员会，使美国民众有更多的机会、以更有效的方式获取公共服务。

1996 年，克林顿政府启动了"重塑政府计划"，提出到 2003 年让美国联邦政府部门全部上网，使美国民众能够充分获取联邦政府的各类信息。

1997 年，克林顿政府制定了"走近美国"计划，要求到 2000 年在电子政府方面完成 120 余项任务，到 21 世纪初公共服务全部实现电子化。

（二）小布什执政时期

2002 年，小布什政府通过了《2002 年电子政务法案》（Electronic Government Act of 2002）。根据该法案，美国建立了一个电子政府基金，设立了电子政府办公室（Office of Electronic Government），负责电子政府基金的管理，优先资助政府部门间并且有着政府广泛应用的项目。电子政府办公室负责人由总统任命。

为了向美国民众提供更好的电子化公共服务，小布什政府在 2003 年制定了电子政务发展战略，具体包括三个战略目标。

第一，方便公民与政府实现互动。围绕以客户为中心的业务流程，继续完善和更新IT管理机制，信息化管理部门要不断评估，监控跨部门业务流程的认定、部署，适当归并、减少重复投资。尤其是财务核算管理、数据统计、人力资源、社会福利、犯罪调查、公共卫生等方面，要制定合理的投资计划。通过简化政府业务流程，提高公共服务效率。各个孤立的政府信息系统，必须实现和其他系统、数据和流程的整合，实现"一次收集，多次使用"。根据已有的 FEA 指导系统的整合和迁移。

第二，提高政府工作绩效。根据管理和预算办公室的规定来支持电子政务系统的实现和整合。按照《2002 年电子政务法案》，管理和预算办公室获得了在预算上的决策授权，在提高电子政务项目绩效，避免重复建设中发挥作用。联邦总务管理局 (GSA) 负责制定一个"巧妙采购 (smart buy) 计划"，来降低软件的购买和维护费用，提高软件资产的管理水平，提倡使用标准化的软件。

第三，改善政府对公民的响应能力。管理和预算办公室利用国会授权，发挥已有的电子政府组织管理作用，适当建立新的电子政府工程领导小组。管理和预算办公室领导层与联邦 CIO 委员会要充分利用各个机构领导人的经验和能力，推动政府建设。

（三）奥巴马执政时期

奥巴马在竞选美国总统时就很善于利用互联网，被称为"网络总统"。奥巴马一上台就表示本届政府将通过电子政务提高美国政府的透明度和公众参与度。

2009 年 3 月，美国政府设立了联邦政府首席信息官（CIO）一职，隶属于美国管理和预算办公室（OMB）。

2009 年 5 月，奥巴马签署了《开放式政府指令》（Open Government Directive），促进政府信息公开和公共数据资源开放。美国联邦政府开通了政府数据网站。

2012 年 5 月，美国政府发布了新的电子政务战略——《数字政府：构建一个 21 世纪平台以更好地服务美国人民》（Digital Government: Building A 21st Century Platform To Better Serve The American People），提出了三大目标：一是使美国人民和流动性加强的劳动力随时、随地、通过任何设备访问高质量的数字政府信息和服务。二是确保美国政府适应新的数字世界，抓住机遇，以智慧、安全和实惠的方式采购和管理设备、应用和数据。三是开发政府数据以刺激全国的创新，改进为美国人民服务的质量。

美国数字政府战略坚持如下四个原则：第一，以信息为中心。改变传统管理文件的形式，而是管理开放数据和内容的碎片，这些碎片可以被标记、共享和安全，并且可以以对客户最有用的方式组合和表达。第二，共享平台。帮助美国政府各部门内部以及部门之间的雇员一起工作，以降低成本，精简部门，应用一致的标准，并且以一致的方式创建和分发信息。第三，以客户为中心。围绕客户需求，创建、管理数据，通过网站、移动应用、原数据集以及其他分发模式提供数据，允许客户在任何时候以任何他们希望的方式构建、分享和消费信息。第四，安全和隐私平台。确保安全地分发和使用服务，保护信息和隐私。

根据上述四个原则，美国政府在以信息为中心、共享平台、以客户为中心、安全和隐私四个方面提出了相应的任务。

在以信息为中心方面，美国政府将使开放数据、内容和网络应用程序接口（Web API）作为新的默认（New Default）方式，可以通过 Web API 获取现有的高价值的数据和内容。OMB 将与来自各政府部门的代表一起，为联邦政府制订开放数据、内容和 Web API 政策，为改进的互操作开发指南、标准和最佳实践。

在共享平台方面，美国政府将建立一个数字化服务创新中心和顾问团队，建立一个跨部门治理机制以改进数字化服务的提供，统一政府部门的资产管理和采购工作。数字化服务创新中心负责识别共享的、开放的内容管理系统（CMS）解决方案，帮助政府机构开发 Web API，启动一个共享移动应用开发项目。顾问团队负责帮助数字化服务创新中心优化共享服务需求，促进现有政策和最佳实践的共享，识别并推荐变化以帮助消除政策和标准方面的鸿沟。

在以客户为中心方面，美国政府将使用现代化的工具和技术来提供更好的数字化服务，为移动用户改进面向客户服务的优先权，测量绩效和客户满意度以改善服务提供。

在安全和隐私方面，提升新技术应用的安全性，评估和精简安全和隐私流程。美国国土安全部、美国国防部和国家标准和技术研究所（NIST）将开发一个针对政府部门的移动和无线安全基准，包括安全参考框架。

（四）特朗普执政时期

2017 年 5 月，美国总统特朗普签署一项行政命令，成立美国科技委员会（American Technology Council），其目标是让政府数字化服务变得更加现代化。美国科技委员会隶属于白宫创新办公室（White House Office of American Innovation），负责对美国联邦政府如何用好信息通信技术向总统提供政策建议，以推进美国联邦政府数字化转型。

之后，美国白宫发布了《联邦政府信息技术现代化报告》，分析了各政府部门在利用信息系统进行现代化改造的过程中遇到的各种障碍，提出了美国联邦政府构建更现代化和更安全的信息技术系统架构的建议。

2018 年，美国众议院通过了《政府技术现代化法案》。要加快推进政府数字化转型，更加重视公民体验，政府必须做到以下几点：帮助机构对软件进行现代化改造并支持物联网，鼓励推行云计算的使用，培养一个鼓励创新和前瞻性思维的环境，建立更强有力的安全标准，实施自动化和数据分析以简化服务，利用私营部门创新的想法和实践。

二、加拿大

1994 年，加拿大政府发布了《运用信息科技改造政府服务之蓝图》，这是全球第一份由政府发布的准备从技术角度全面改造自身的纲领性文件。

1997 年 9 月，加拿大工业部制定了全国网络发展战略。该战略由政府在线计划等六大计划组成。

2000 年 2 月，加拿大政府发布了《政府在线框架》(A Framework for Government On-Line)。2000 年 3 月，加拿大国库管理委员会首席信息官（CIO）办公室下设了"政府在线项目管理办公室"，负责协调贯穿政府机构的在线活动。2000 年 11 月，加拿大政府的 27 个部门与机构正式确定了 693 项服务通过在线方式提供。

2001 年 6 月，加拿大政府联邦架构 13.0 版发布。该架构提出了 13 条原则，即减少集成复杂性，整体分析，业务事件驱动系统，定义的权威来源，安全、机密、隐私和信息保护，已证明的标准和技术，所有权总成本，成长规划，采用正式的工程方法，扩展的信息和服务环境，多传输通道，可达到的政府，稳健性。

2004年9月，加拿大发布了业务转换支撑计划（Business Transformation Enablement Program，BTEP），旨在使技术人员和业务人员沟通时候有共同语言。它包括两个视图，即业务视图和技术视图。在业务视图中，采用了面向服务的业务设计方法，建立了政府战略参考模型，通过知识库改进业务流程，通过企业架构（EA）方法改进业务。在技术视图中，采用面向服务架构（SOA）方式，如Web服务、ebXML、服务知识库，改进信息管理/信息技术（IM/IT）的EA方法。

加拿大政府战略参考模型（Governments of Canada Strategic Reference Model，GSRM）是BTEP的工具，该利用工具能够通过提供一个公共语言来开发业务架构。这个公共语言可以描述一个政府组织如何运转以及如何运转得更好。

2005年9月，加拿大政府开通了公共服务门户网站（Service Canada），通过整合联邦政府部门以及各级地方政府的服务，让公众可以通过互联网、电话、面对面或者信函等方式在网上或者各实体服务点获得各自所需的服务。

2009年5月，科琳被任命为加拿大联邦政府首席信息官（CIO）。她非常关注利用Web2.0和其他工具提高政府工作效率、加强政府部门间合作、与利益相关者更好地沟通，采用糅合（mash-up）技术提高电子化服务水平，推行电子政务项目责任分担制。

三、欧盟

（一）德国

20世纪末期，德国各级政府都面临机构臃肿、效率低下、行政成本过高、财政赤字严重等问题。这是德国启动电子政务建设的主要原因。

2000年9月，德国政府发布了"联邦在线2005"计划，要求德国联邦政府到2005年将所有可在网上提供的服务在线提供，以便公民、企业、院校及其他管理机构能更方便快捷和有效地获取联邦政府的各种服务。

2006年，德国内政部CIO办公室制定了"eGovernment 2.0"计划，旨在让更多的德国企业和社会公众参与到电子政务中，为其提供更好的服务和个性化的信息。

2012年3月，德国联邦政府推出了新的电子政务计划，希望通过开发广泛的基于网络的知识平台和支持有关项目中设施的具体实现，来满足德国联邦政府、州和地方当局对De-Mail邮件和新身份识别卡的信息需求。

截至2018年1月，德国已在联邦、州、市、地区、城镇五级推行了政府对政府、居民、企业、社团各大类至少7500项在线服务，少数州的在线公共服务项目占比达到75%。

德国政府数字化转型经验如下：一是强化顶层设计和法律保障。德国把电子政务建设上升为国家战略，构建了以《基本法》为基石、以两部条款法为支撑、以三部传媒法为核心的一整套法律框架，和以后制订的《电子政务法》《2014-2017数字议程》《德国 ICT 战略》成为德国电子政务建设的主要依据和基本遵循。二是加大统筹协调力度。德国专门设立首席信息官（相当于部长），下辖精干管理团队和 1–2 家非盈利性国有 IT 公司，总揽联邦政府电子政务工作，直接对总理负责，主要职责是制订信息化标准，横向打通部委之间、纵向打通联邦与州之间数据互联互通，实现数据共享，各州和地方政府也设立了相应的机构，总揽州政府和地方政府电子政务工作，直接对行政首长负责。三是完善项目建设管理模式。德国成立两家非盈利性国有企业，为联邦政府提供 IT 服务时无需履行相关招投标手续，大多数州和地方政府也是实行这种模式，统一标准、统一服务，达到安全可靠、企业可控。四是坚持以公众需求为导向。德国各级州政府在推进电子政务中，非常重视公众对政府的评价，凡建设新的电子政务项目，都能最大限度地征求民众的意见，提高民众的满意度与参与度。

此外，德国还非常强调政务服务对弱势群体的支持。例如，在充分应用心理、生理以及虹膜集中度测试的基础上，为老人打造了专门的网站，受到了广泛的好评①。

（二）法国

1999 年 1 月，法国政府发布了《信息社会政府行动计划》，提出要让所有的政府机关都联网，要让法国人通过网络更简便地办理各种事务。

2004 年 2 月，法国政府发布了《电子行政方案》，提出了以下三个战略目标：通过面向用户的、全天候的、面向所有人的电子化服务，让公民、企业以及地方政府的生活和工作变得更方便；通过用户身份管理系统确保数据安全，以获得公众的信任；推进行政服务的现代化。

2011 年，法国开始建设名为"Andromeda"的政务云，由本土两大运营商提供服务，采用 IaaS 平台。法国 76% 的行政流程和手续可通过无纸化操作。

2011 年 2 月，法国政府成立了开放数据办公室 Etalab，负责建立跨部门公共数据门户网站。此外，Etalab 还开展社会开放数据创新竞赛、加强媒体宣传，并积极开展与欧盟、开放政府合作伙伴等的国际合作。

2011 年 11 月，法国工业、能源和数字经济部长埃里克·贝松在法国第四届数字大会上发布了"数字法国 2020"计划。根据该计划，法国将发展个性化的政府服务，例如为企业设立安全的数字账户，避免向不同政府部门提交重复的信息数据。开发移动电子政务应用，让用户享受更便捷的政府服务。在政府部门所有的行政流程中实现无纸化办公。全面推行电子支付和票据信息化，简化企业间交易以及报税等行政流程。

2011 年 12 月，法国建立了公共数据平台（data.gouv.fr），为用户提供全面的政府数据。到 2020 年，法国所有的政府部门数据都将在这一平台上予以公开，以保证政府机构运行的公开透明。

2012 年 9 月，法国发布了关于政府部门使用开源软件的通知，引导各行政机构将现有软件逐渐向开源软件过渡。2013 年，法国共有 3.7 万台计算机更换为 Linux 系统。

---

① 参见卞鹰：《德国电子政务建设经验及启示》《湖南日报》2018 年 1 月 30 日。

在 2014 年联合国电子政务在线服务指数排名中，法国位居全球第一。

（三）丹麦

2002 年，丹麦政府发布了《走向电子政务：丹麦公共部门的设想和战略》，提出系统地运用信息技术，引入新的思考方式和组织文化，重组工作流程，实现职能转变，提升行政服务效率和质量。

2004 年，丹麦政府制定了电子政务三年行动计划，主要目标是到 2006 年建成一个高效、以客户为中心、能对公民和企业传递高质量服务的政府。此外，丹麦政府成立了"电子政务联合委员会"，委员主要来自五大政府部门、市政当局和郡议会。丹麦电子政务联合委员会每月定期召开一次委员会会议。

2016 年，丹麦政府制定了《2016–2020 年数字战略》，提出进一步向数字公共行政、沟通交流与电子服务转型。该战略重点关注的领域包括用户友好型、简洁的数字公共部门；更好地利用数据以及更快速地处理问题；更有凝聚力的福利服务；完善的商业界框架；将公共部门数据作为一个促进增长的推动力；建立一高效的公共事业部门；公共部门数据保护；面向所有人的健全的数字基础设施和数字化发展。法定"数字邮政"一类的举措和法定的个人与企业在线自助服务；针对慢性病病患的远程医疗解决方案、数字学习工具和在线提供公共部门数据——目前一视同仁地免费向个人、企业和机构提供。该战略强调公共部门必须与商界、利益攸关方组织和其他各方合作，为建设一个"灵活的、极具适应性的社会以及之后的数字化程度更高的世界"夯实基础。

丹麦要求所有公民必须使用在线公共服务，接收政府的电子邮件，而不是邮政信件（不懂丹麦语、残疾人或没有电脑的人除外）。截至 2018 年 5 月，91% 的丹麦公民在线接收政府邮件。对于可能难以获得在线服务的群体，如老年人、残疾人、难民和社会租房群体，政府还与非政府组织和基层组织合作，组织数字培训课程，以提高其计算机知识水平。

根据 2018 年联合国电子政务调查报告，丹麦电子政务发展指数排名世界第一。丹麦政府数字化转型取得成功的关键在于公共服务的整合协调，特别是地方和国家层面的合作。这种模式可以为公民提供一个全面的数字化公共部门。从用户的角度来看，它就是一个整体。

丹麦数字战略的基础是使用数字身份证（NemID），允许居民访问公共和私人服务。使用 NemID，可以提交税款、购买电话通信套餐、看医生甚至预约理发师。据调查，92% 的丹麦公民对数字身份证相关服务表示满意，丹麦门户网站 Borger.dk 上有 2000 多个自助服务选项，从更改家庭住址到注册孩子的幼儿园无所不包。

丹麦公民通过互联网轻松获得政府服务，增强了他们对政府的信任。数字化使政府公共服务更加透明，有助于公民参与。据调查，83% 的丹麦人信任政府来处理他们的个人信息。为了保持这种信任，丹麦政府一直致力于提升网络安全措施。

四、英国

英国电子政务最早可以追溯到 1994 年的"政府信息服务计划"。1996 年底，英国推出了"直通政府（Government Direct）"计划，提出进一步利用现代信息技术提高办公效率，改善行政管理，加快信息获取。

1997 年 3 月，英国制定了政府指导计划，责成内阁办公室信息技术中心组负责，组织相关部门具体实施。之后根据该计划推出了一系列试点项目，展示基本技术，调查公众和企业的反应，促进信息技术在公共服务中的新应用。

1998 年，英国政府率先提出了"信息时代政府"的建设目标：开发信息与通信技术，改善公共服务，使英国政府成为使用信息通信技术的世界典范。

1999 年 3 月，英国发布了《政府现代化白皮书》，提出了英国电子政务建设的 5 个着力点：提供跨部门、跨机构的协同服务；改变政府内部运作效率；将政府纳入战略计划的核心；在电子服务传递中开发新的合作伙伴关系，利用信息技术加强电子民主建设；开发以客户为中心的服务。

2000 年 4 月，英国政府发布了《电子政务行动方案》，提出建立数字身份认证，建立互操作结构，建立元数据结构，保持电子商务、电子政府发展中的安全性与可靠性，积极推广智能卡技术应用，建立隐私规约，大力推进政府各部门上网，建立面向公众服务的呼叫中心，实现基于数字电视的服务传递，发展电子数据管理，面向公务员与大众的信息技术培训，为地方政府电子化建设提供指导。之后，英国政府相继实施了首相在线战略（the Prime Minister's UK Online Strategy）、政府部门电子事务战略（Departmental e-Business Strategy）和英国在线运动（the UK Online Campaign）等一系列行动计划。

2005 年 11 月，英国政府发布了"以技术推动政府变革"战略。2006 年 4 月，英国政府颁布了《"以技术推动政府变革"战略实施计划》，提出继续以公众需求为核心，提供高效服务，重点建设"变革型政府"。

"变革型政府"包含按需设计、共享文化和专业化三层含义。"按需设计"是指深化对用户需求的理解和认识，并寻找现代化的服务渠道，积极促进渠道间的融合与切换。"共享文化"是指通过资源再利用和投资共享的方式推行服务共享，在政府中形成服务共享文化。"专业化"是指加强政府的专业化水平，包括领导和治理、项目管理等方面。

与此同时，英国政府还围绕电子政务建设，先后发布了《渠道框架：新经济中的政务服务提供》《电子政务互操作框架》《电子政务元数据标准》《安全框架》《电子采购规定》等政策文件。

2006 年，英国政府成立了高级别的服务改革委员会，主要职责是依照用户为中心的原则设计、改革政府公共服务，包括制定全局性的服务设计原则、推广优秀案例、挖掘技术发展潜能、关注服务改革的实践推进机制等。

2011 年 3 月，英国内阁办公室制定了《政府 ICT 战略》，提出减少垃圾和项目失败，刺激经济增长；创建一个共同的 ICT 基础设施；用 ICT 来促进变化；加强治理。

2012 年，英国政府发布了《政府数字化战略》。2012 年 10 月，英国开启"政府网站瘦身革命",最终,2000个政府网站缩减为唯一一个UK.gov。

2015年,英国启动"数字政府即平台"计划,由政府数字服务组(Government Digital Service)提供通用共享平台设施,内阁组成部门或者第三方在平台上开发附加应用,推动以平台为基础的政府数字化转型。这一举措取得了显著成效,助力英国获得2016年联合国电子政务调查评估第一名,成为全球表现最为卓越的数字政府。

2017年3月,英国政府发布了《英国数字化战略》(UK Digital Strategy),提出了七大战略任务,其中包括数字化治理,确保英国政府在全球在线便民服务方面处于领先地位。

2017年,英国政府发布了《政府转型战略(2017-2020)》,提出了五大任务:推动跨政府部门业务的整体转型,培养数字人才、技能和文化氛围,优化数字工具、流程和治理体系,提升数据应用、分析和管理能力,创建共享平台、组件和业务复用能力。

2019年,英国发布了《数字服务标准》最新版,对用户需求的理解、源代码的开放、开放标准与组件、产品迭代与敏捷开发、多学科的团队合作等依然是服务标准关注的重点。值得注意的是,最新版本删除了考核和收集数据、制定KPI标准等内容,同时要求通过服务的实践来定义优质服务的标准。

英国政府数字化转型特点如下:

(1)以人为本。政府更多地从用户需求出发,致力于改善民众与政府之间的关系,把更多的权力移交给民众。

(2)灵活性。数字时代提供的工具、技术和方法,能够帮助政府以更快的速度、更低的成本实现政府数字服务的优化组合。

(3)包容性。英国政府部门计划在网站上建立具备高可靠性、高安全性以及高效能的在线服务,将为更多用户提供更优质的服务。

英国政府数字化转型的主要经验:形成强有力的政府数字化转型推进机制;提升政府部门主要负责人的数字素养;广泛吸纳社会力量提供数字服务;践行"数字政府即平台"的发展理念[①]。

五、澳大利亚

1997年,澳大利亚总理霍华德提出"到2001年底联邦政府要将所有适于上网的服务全部搬上网"的目标。

2000年4月,澳大利亚政府制定了"政府在线"战略。到2001年底,联邦政府已经可以通过互联网为公众提供一切适当的服务,在网上可获取的政府服务和信息资源超过1600项。

2002年11月,澳大利亚政府提出"更优的服务,更好的政府"发展战略,目标是建立无缝的、满足需求的、以客户为中心的、为全体澳大利亚人民谋利益的政府,工作

---

① 参见念灿华:《全球政府数字化转型启示与借鉴》《数字中国建设通讯》2018年第2期。

重点转变为将信息技术更广泛地运用到政府管理和公共服务中去。该战略提出达到更高的功效并将盈余用于投资、确保政府服务和信息的便捷获取、提供满足公众需要的服务、整合相关服务、建立信任与自信、实现对社会公众的承诺六个重要目标。

2006 年 3 月,澳大利亚财政部下属的政府信息管理办公室发布了《2006-2010 年澳大利亚电子政务发展战略:建设一个反应灵敏的政府》,确定了电子政务四大优先领域:公众需求、互联服务的提供、经济效益和公共部门的能力。提出了四个方面的实施措施:应用创新的技术,包括推广新型的移动通信技术、确立智能卡框架、开发现有的创新基础设施、对其他新兴的创新技术进行评估;加强政府与产业界之间的合作;对目标进行管理;开发一套服务传递方法,对电子政务绩效进行评估。

澳大利亚政府数字化转型的特点如下:(1)以用户为中心,线上线下相结合。线上领域以用户需求为导向,设计、提供出相应服务,同时继续提供高质量的线下服务。(2)保护数据安全。保障数据和信息安全,让数据变得更有价值。(3)提升服务能力。加强公务员数字化工作能力,制定数字化工具政策和使用指南。(4)开展协同治理。鼓励公共部门和私营部门合作。(5)模式持续创新。创新服务模式,并进行持续迭代更新。(6)推进数据共享。共享线上服务设计方法和线上服务系统,分享数据运用的方法。

澳大利亚政府数字化转型的主要启示是成立专业数字化小组、各部门制定数字化策略、各部门开发适合自身的数字工具、制定政府数字化服务标准、开展数字技能学习和提升项目、推行创新工程等[①]。

六、日本

早在 1993 年 10 月,日本临时行政改革推进审议会就将政府信息化作为行政改革的重要内容之一,制定了"行政资讯推进共同事项行动计划"。1994 年 12 月,日本内阁会议通过了《1995-2000 年政府信息化推进基本计划的决议》。2000 年 3 月,日本政府正式启动了"电子政务工程",计划在 2005 年前使政府各部门的主要业务全部通过互联网进行。

2001 年 1 月,日本政府制定了 e-Japan 战略,计划在 5 年内把日本建设成为世界最先进的信息化国家。电子政务是 e-Japan 战略的重要内容。2003 年 7 月,日本 IT 战略委员会启动"e-Japan2"计划,希望通过信息技术的广泛应用,构建一个充满活力、安全、美好和便捷的社会。

2004 年 6 月,日本政府发布了 u-Japan 战略,其中涉及电子政务的内容包括:到 2010 年实现所有特别区、直管市和县政府所在地的无缝连接;通过 ICT 带动制度改革,推进中央和地方电子政务建设;对政府机关、公共事业单位持有的个人信息加以保护,确保个人信息的正当使用;通过推进一站式服务、业务系统的最优化、行政手续的电子化、数据的标准化,促进共同外包业务、统一业务系统框架,以及支持地方进行公共

---

① 参见念灿华:《全球政府数字化转型启示与借鉴》《数字中国建设通讯》2018 年第 2 期。

ICT 基础建设，强化地区信息化体制和促进官方个人认证服务等，进一步提高用户对电子政务的满意度。

2006 年 1 月，日本政府制定了"IT 新改革"战略，提出实施在线申报促进计划，设计普及电子化手段缴税或手续费的方案；以用户为导向，对相关业务流程进行梳理或改进；以国民年金、厚生年金受领权人进行现状确认时或在不动产登记申请手续中的应用为先导，促进居民基本账户网络系统的应用；2008 年所有都道府县完成公共机构个人认证申请系统的配置，2010 年所有地方政府完成该系统的配置；中央、地方公共团体努力推进信息系统数据的标准化，促进各系统之间的连接和协作；在医疗、看护、年金等公共领域推广 IC 系统，提供安全、迅速且可靠的服务；各府省设立项目管理办公室（PMO），负责府省内信息系统规划、采购、开发、应用、评价等；在 IT 战略本部下设立电子政务评价委员会，负责对各府省业务、系统最优化工作进行严格的审查和评价，并为 PMO 提供必要的协助和建议；制定信息系统采购相关指南，增加有相应技术能力的企业参与竞争的机会，通过政府与民间协作推进必要的技术开发。

2009 年 7 月，日本政府制定了《i-Japan 2015 战略》，在电子政务方面提出整顿体制和相关法律制度以促进电子政府和电子自治体建设。关键是设置副首相级的 CIO，赋予其必要的权限并为其配备相关的辅佐专家，增强中央与地方的合作以大力推进电子政务和行政改革。此外，延续过去的计划并确立 PDCA(计划－执行－检查－行动)体制，以通过数字技术推进"新行政改革"，简化行政事务，实现信息交换的无纸化和行政透明化。其中特别提出要广泛普及并落实"国民电子个人信箱(暂称)"，为国民提供专用账号，让其能够放心获取并管理年金记录等与己相关的各类行政信息。

2012 年 7 月，日本总务省 ICT 基本战略委员会发布了《面向 2020 年的 ICT 综合战略》，确定了日本 ICT 发展的五个重点领域：舒适、有活力的生活；通过大数据应用促进社会发展和经济增长；享受丰富的数字内容；构建强大、灵活的 ICT 基础设施；实现世界最高水平的安全保障。

2013 年 6 月，日本政府发布了新的信息化战略——"创建最尖端 IT 国家"，阐述了 2013—2020 年间以开放公共数据和大数据为核心，在日本建成"世界最高水准、信息技术广泛应用的社会"的目标。

2016 年 1 月，日本政府制定了超智能社会 5.0 战略。超智能社会 5.0 是在当前物质和信息饱和且高度一体化的状态下，以虚拟空间与现实空间的高度技术融合为基础，人与机器人、人工智能共存，可超越地域、年龄、性别和语言等限制、针对诸多细节及时提供与多样化的潜在需求相对应的物品和服务，是能实现经济发展与社会问题解决相协调的社会形态，能够满足人们愉悦及高质量生活品质。

七、韩国

早在 1995 年，韩国政府就制定了《促进信息化基本法》和《促进信息化基本计划》。2001 年 1 月，韩国成立了由著名专家和副部长级官员组成的电子政务特别委员会，负责指导和规划韩国的电子政务建设。

2003 年，韩国启动开发政府总体架构（GEA），旨在把各个政府部门的公共服务整合到一个平台上。截至 2012 年 10 月，1400 个部门的 15000 个电子政务系统被整合到 GEA。2009-2011 年，GEA 为韩国政府节约 ICT 投资 2.4 亿美元。

2007 年，韩国政府制定了《推进电子政务战略》，提出要实现全面的数字化公共管理和高级的 G2C、G2B 服务以及多渠道的沟通和交易。

2013 年 6 月，韩国政府发布了"政府 3.0"计划，要求政府将自己拥有的信息在国民提出要求之前进行公开。韩国政府计划将每年公开的信息数量从 2012 年的 31 万件增加到 1 亿件。除了安保和私生活保护等法律规定禁止公开的领域以外，剩下的信息都将以整体原文的形式进行公开。

2018 年，韩国政府制定了"2020 年电子政务总计划"，提出开发全数字政府服务，根据情报信息改革公共行政，创建更数字友好型的产业，建立一个电子政务平台，成为全球电子政务技术输出者。

韩国政府每五年制订一份总计划，以确保其提供的电子政务服务包含可用的最先进技术，同时兼顾公民不断变化的需求。

八、新加坡

新加坡政府数字化转型始于 1980 年国家信息化委员会的成立。成立国家信息化委员会的目标是使用信息通信技术来提高政府管理效率。近 40 年来，新加坡政府紧跟全球信息技术发展的节奏，不断调整电子化政务发展的规划设计，从实现自动化、到追求卓越、到集成化管理，再到政、民、企合作创新。

2000 年 6 月，新加坡政府制定了"ICT-21 计划"，其中包括"电子政府行动计划"。该计划目的是促使新加坡政府部门能够在新的知识经济时代，更好的为国家和人民服务。在"电子政府行动计划"中，新加坡政府制订了五项策略方针：通过互联网提供更全面的政府服务；投资于基础设施以及公务员信息通信技能训练；尝试新的信息通信科技和进行创新；使政府部门更积极地了解新科技、以互联网速度（更快的速度）推出新系统和服务；让公务员更了解信息通信科技对经济社会环境的影响，以便做出更好的政策决定。

2003 年，新加坡政府引入了"SingPass ID"，个人可以一站式登录访问政府所有在线服务。

2006 年，新加坡政府制定了新的电子政务计划——"iGov2010"。该计划是新加坡智慧国 2015（iN2015）计划的重要组成部分，目标是转变后台工作流程，提高前台效率和效能，建设一个"整体政府"（integrated government，i-government），以用户为中心，利用信息技术为用户提供便利。

2008 年，新加坡启动了 SOEasy 项目，这一工程将历时 8 年，总投资达 13 亿新元，目的是建立一个横跨政府部门的集成式语音、图像、视频和数据办公环境，通过即时通信、桌面视频会议和留言板等工具，在机构内部和各机构之间实现安全无缝的协作。

2014 年 8 月，新加坡政府公布了"iN2025"战略。该计划是 iN2015 战略的升级版，其重点在于信息的整合以及在此基础上的执行，使新加坡政府的政策更具备前瞻性，除了通过技术来收集信息，更关键在于利用这些信息来更好地服务新加坡人民。"iN2025"战略的核心理念可以用"3C"来概括：连接（Connect）、收集（Collect）和理解（Comprehend）。

"iN2025"战略的第一个阶段以连接和收集为核心，计划于 2015 年完成。连接的目标是提供一个安全、高速、经济且具有扩展性的全国通讯基础设施，收集则是指通过遍布全国的传感器网络获取更理想的实时数据，并对重要的传感器数据进行匿名化保护、管理以及适当进行分享。理解的含义是通过收集来的数据（尤其是实时数据）建立面向公众的有效共享机制，通过对数据户进行分析，以更好地预测民众的需求、提供更好的服务。

为了促进"iN2025"战略的快速实施，自 2017 年 5 月 1 日起，"智慧国家及数字化政府团队"被纳入新加坡总理办公室直属管理。

延伸阅读：2018 年全球电子政务发展指数排名情况

电子政务发展指数（EGDI）是联合国经济和社会事务部衡量联合国各成员国电子政务发展水平的综合指数，从在线服务的可用性、通信基础设施和人力资本三个方面进行评估。2018 年电子政务发展指数排名前 30 位国家，如图 3-1 所示。

国家	区域	OSI	HCI	TII	EGDI	2016年排名	2018年排名
丹麦	欧洲	1.0000	0.9472	0.7978	0.9150	9	1
澳大利亚	大洋洲	0.9722	1.0000	0.7436	0.9053	2	2
韩国	亚洲	0.9792	0.8743	0.8496	0.9010	3	3
英国	欧洲	0.9792	0.9200	0.8004	0.8999	1	4
瑞典	欧洲	0.9444	0.9366	0.7835	0.8882	6	5
芬兰	欧洲	0.9653	0.9509	0.7284	0.8815	5	6
新加坡	亚洲	0.9861	0.8557	0.8019	0.8812	4	7
新西兰	大洋洲	0.9514	0.9450	0.7455	0.8806	8	8
法国	欧洲	0.9792	0.8598	0.7979	0.8790	10	9
日本	亚洲	0.9514	0.8428	0.8406	0.8783	11	10
美国	美洲	0.9861	0.8883	0.7564	0.8769	12	11
德国	欧洲	0.9306	0.9036	0.7952	0.8765	15	12
荷兰	欧洲	0.9306	0.9206	0.7758	0.8757	7	13
挪威	欧洲	0.9514	0.9025	0.7131	0.8557	18	14
瑞士	欧洲	0.8472	0.8660	0.8428	0.8520	28	15
爱沙尼亚	欧洲	0.9028	0.8818	0.7613	0.8486	13	16
西班牙	欧洲	0.9375	0.8885	0.6986	0.8415	17	17
卢森堡	欧洲	0.9236	0.7803	0.7964	0.8334	25	18
冰岛	欧洲	0.7292	0.9365	0.8292	0.8316	27	19
奥地利	欧洲	0.8681	0.8505	0.7716	0.8301	16	20
阿拉伯联合酋长国	亚洲	0.9444	0.6877	0.8564	0.8295	29	21
爱尔兰	欧洲	0.8264	0.9626	0.6970	0.8287	26	22
加拿大	美洲	0.9306	0.8744	0.6724	0.8258	14	23
意大利	欧洲	0.9514	0.8341	0.6771	0.8209	22	24
列支敦士登	欧洲	0.7986	0.8237	0.8389	0.8204	32	25
巴林	亚洲	0.7986	0.7897	0.8466	0.8116	24	26
比利时	欧洲	0.7569	0.9740	0.6930	0.8080	19	27
摩纳哥	欧洲	0.6250	0.7901	1.0000	0.8050	31	28
葡萄牙	欧洲	0.9306	0.8170	0.6617	0.8031	38	29
马耳他	欧洲	0.8403	0.7973	0.7657	0.8011	30	30

图 3-1　2018 年电子政务发展指数排名前 30 位国家

数据来源：《2018 年联合国电子政务调查报告》（UN E-Government Survey 2018）。

第四章 我国政府数字化转型发展情况

党的十八大以来，党中央、国务院高度重视电子政务建设，各部门、各地区积极开展电子政务建设，政府信息基础设施不断完善，政务数据资源整合共享加快推进，公共数据资源逐步开放并得到开发利用，电子政务重点领域应用不断深化，新一代信息技术推动智慧政府建设，电子政务发展环境不断改善，有力地推动了国家治理体系和治理能力现代化。

一、政府信息基础设施不断完善

（一）政务网络基础设施不断改善

政务网络是电子政务的"血脉"。在中国，政务网络包括政务内网和政务外网。其中政务内网由党委、人大、政府、政协、法院、检察院的业务网络互联互通形成，主要满足各级政府部门内部办公、管理、协调、监督和决策等需要，同时满足副省级以上政府部门的特殊办公需要。政务外网主要运行各个政府部门为企业和社会公众服务的业务和不涉密的跨部门业务，可以发布政务公开信息，受理、反馈社会公众请求。

政务外网是我国网络覆盖面最广、连接政府部门最多、承载业务类型最丰富的全国性政务公用网络平台。目前，中央、省、地市、区县已基本实现政务外网全覆盖，为实现跨部门、跨地区的网络互联互通、信息共享和业务协同创造了良好的网络环境，有力地支撑全国政务服务一体化平台建设。

截至 2018 年 12 月，已有 40 多个国家部委依托政务外网开展了业务应用，包括公众服务类应用、政府内部业务类应用和基础服务类应用。其中公众服务类应用包括行政审批、价格管理、信息公开等，政府内部业务类应用包括协同办公、电子监察、应急指挥、信息报送等，基础服务类应用包括视频会议、数据备份、电子邮件等。

（二）政务云成为政务系统运行平台

云计算技术对电子政务发展产生了深刻的影响，促进了电子政务集约化建设，推动电子政务从电子政府（E-Government）到云政府（C-Government）转变。

在国家层面，许多国家部委建立了政务云。例如，2018 年民政部对政务云平台实施双活存储及集群整合升级改造，增强了业务支撑能力，保障了政务信息系统高可用性和数据安全。许多国家部委都把政务信息系统迁移到云平台，促进了数据大集中。

在地方层面，许多地方政府建立了政务云平台。例如，浙江省政府提出"系统要上云，数据要共享"，实施了"政府上云"计划。目前，浙江省级政务信息系统上云率超过60%。上海市提出"系统整合"带动"数据整合"，2018年有108个市级政务信息系统上云，计划2019年市级政务信息系统全部上云。宁夏电子政务公共云平台集中承载了222家单位的619个应用系统，初步实现了政务信息系统的省级大集中。威海市电子政务云整合了200多个部门已有信息资源，实现了"六统一"，即统一技术平台、统一运算存储、统一内外网络、统一互联网出口、统一安全防护、统一运行维护。

二、政务数据资源整合共享开放加快推进

（一）政务信息系统整合共享快速推进

"行政碎片化"造成政府部门之间的"信息不对称"，进而导致"监管漏洞"。整体政府是一种通过横向和纵向的协调来实现预期行政效果的政府改革模式，着眼于政府部门间、政府间的整体性运作，主张行政管理"从分散走向集中，从部分走向整体，从破碎走向整合"。推进政务信息系统整合共享是构建整体政府的重要举措。

2017年以来，国务院办公厅、国家发展改革委等积极推进政务信息系统整合共享。2017年5月，国务院办公厅印发了《政务信息系统整合共享实施方案》，部署了促进部门内部信息系统整合共享、推进接入统一数据共享交换平台、建设完善全国政务信息共享网站等"十件大事"。2017年8月，国家发展改革委、中央网信办、中编办、财政部、审计署制定了《＜加快推进落实＜政务信息系统整合共享实施方案＞工作方案》。2017年10月，国家发展改革委和国务院办公厅印发了《关于开展政务信息系统整合共享应用试点的通知》。2018年，国务院办公厅秘书局印发了《关于进一步加快推进政务信息系统整合共享工作的通知》。截至2019年6月，已摸清了国务院部门5000多个信息系统的家底，消除了2900多个信息孤岛，打通了42个国务院部门垂直信息系统。2018年，中央网信办、国家发展改革委从整合共享工作推进、信息系统整合、信息资源共享、业务协同、政务服务平台等方面对61个国家部委开展政务信息系统整合共享工作的情况进行了评估，总结了做法和经验，指出了问题，明确了下一步工作思路。

典型案例：常州市政务数据共享交换平台助力数字政府建设

2017年12月，常州市府办印发了《常州市政务信息系统整合共享工作实施方案》，提出统筹推进全市政务信息系统共享工作，实现"网络通、数据通、应用通"。

数梦工场为常州市大数据管理局建设了数据采集系统、政务数据共享交换平台、政务信息资源目录体系、数据资源库、数据治理平台等，搭建常州市政务数据共享交换平台，助力打破部门之间的数据壁垒，为今后开展政务大数据应用奠定了基础，有

效的支撑了"不见面审批"改革，推动了新型智慧城市建设。

常州市政务数据共享交换平台已成为常州市数字政府建设的"数据中枢"，通过数梦工场DTSphere Bridge数据采集系统把常州市政府各部门多元异构数据统一接入全市政务数据共享交换平台，实现了跨部门政务数据共享和信息系统实时、高效连通，同时，该平台也实现了与江苏省政务数据共享交换平台的对接，同时开放数据接口，允许区县上传和访问数据，有效打破了部门之间的数据壁垒，促进多部门数据资源整合。截至2019年8月底，常州市政务信息共享平台已规集了18个政府部门的政务数据，每天采集同步数据264类1.2亿多条，每月同步社保数据8亿多条，在库数据总量超过11.5亿条，经过清洗、治理、编目之后，该平台可提供133个数据接口和8.23亿条有效数据。

基于常州市政务数据共享交换平台的建设，参照国际、国内、行业以及智慧城市建设标准规范，数梦工场结合常州市建设需求，对城市数据全面进行分级、分类、分专题梳理，已建立全市政务信息资源目录体系，将政务信息资源目录按照资源属性、共享属性及公开属性进行分类，为常州市政务信息资源管理及共享交换提供科学管理机制和技术管理工具，为人口、法人、地理和自然资源、电子证照、信用等基础信息的共享提供支撑。

通过建设"大平台、大数据、大系统"，常州市已实现市级各部门集中部署的业务系统和市级大数据共享交换平台互联互通，逐步实现基础、主题信息数据和服务事项的交换共享和联动办理。目前，常州市大数据局、公安局、人社局、政务办、交通局、城管局、天宁区府办等7个部门已共享2200万多条数据，常州市通过政务信息共享平台实现对跨部门业务应用的支撑，服务于省政务服务"一张网"电子证照库和办件库、常州市金保工程信息管理系统、常州市城市长效综合管理平台、天宁区基层政务公开平台等应用场景，变"群众跑腿"为"数据跑路"，为"放管服"改革重点领域提供数据服务。在完成以上阶段性目标的基础上，逐步拓展政务信息系统共享范围，深化信息资源应用，进一步支撑"放管服"改革，提升政府治理和公共服务能力。

（二）政务数据共享交换体系初步建成

通过建立政务数据共享交换平台让"数据多跑腿，群众少跑路"，是解决办事难、办事慢、办事繁问题的关键。2018年4月，习近平总书记在全国网络安全和信息化工作会议上强调，要运用信息化手段推进政务公开、党务公开，加快推进电子政务，构建全流程一体化在线服务平台，更好解决企业和群众反映强烈的办事难、办事慢、办事繁的问题。

目前，依托国家电子政务外网的国家政务数据共享交换平台初步建成，成为各级政府部门信息共享"大通道"，政务数据资源"总目录"，政务数据共享交换"总枢纽"。全国政务信息共享网站已经建成开通，实现了人口、法人单位、自然资源和空间地理等基础数据以及重点领域数据的共享接入。

国家政务数据共享交换体系可以归纳为"六个一、促三通",即"一网络贯通、一朵云承载、一平台共享、一门户开放、一目录导引、一证书通行",促进"网络通、数据通、业务通"。

目前,71 个国家部委、31 个省级政府和新疆生产建设兵团接入国家数据共享交换平台,政务数据资源目录达 53 万多。

截至 2018 年底,第一批数据共享责任清单所有数据面向全国各级政府部门实现共享,发布数据共享服务接口 1118 个,提供在线数据查询核验超过 1.8 亿次,跨部门、跨地区数据共享交换量达 368 亿条次,为个税改革、优化营商环境、保障和改善民生等提供了有力支撑。

(三)政务数据共享创新模式不断涌现

2018 年,全国各级地方政府认真贯彻落实中央决策部署,一些地方政府积极探索,形成了政务数据共享创新模式。例如,广东推动公安、民政、人社、卫生等 40 个部门 12899 个信息项数据互联互通,有效打通了"信息孤岛"。贵州打通公安、工商、交通等 13 个部门的政务信息系统,全省 700 多万建档立卡贫困户的数据可一键式查询。广东依托统一的政务信息资源共享体系,汇集了 66.4 万贫困户、173.1 万贫困人口的基础数据,共享政务信息 3.3 亿条。

针对城乡低保数据不完整、数据核对耗时耗工、"人情保"和"关系保"难防等问题,广西、青海等加强社会救助领域部门间协作,通过整合社保、民政、住建、公安等多个部门数据,解决了人民群众反映强烈的"开小车、住豪宅、吃低保"问题。广西整合民政、法院、公安、人社等 15 个政府部门数据,建立区市县三级联网核对的"低保核对大数据平台"。青海省居民家庭经济状况核对平台已与公积金、户籍、个税等 15 个政府部门实现数据对接,救助对象认定的准确性大大提高。

针对银企信息不对称、企业融资难、银行风险高等难题,江苏、福建等地建立信用信息平台,通过政府"征信"为企业"增信",破解中小企业融资难题。截至 2018 年底,苏州市信用信息平台按需汇集了政府部门、公共事业单位的 6600 万条信用信息,为全市 16 万户中小企业建立了信用档案,89 家金融机构介入地方征信平台,累计查询量达 26.6 万次。福州市大数据征信平台已累计汇聚 55 个省直部门和 50 个地市单位的 2800 多类共 13.5 亿条数据记录,接入小额贷款和融资性担保公司 58 家,为平台接入机构办理信用报告查询 24.7 万笔。

(四)公共数据资源开放步伐不断加快

依法依规开放公共数据资源,有利于深化政府信息公开,推动公共数据资源开发利用,促进大数据产业发展。

目前,北京、上海、广东、香港、浙江、山东、贵州、青岛、武汉、无锡、湛江等省市都开通了政府数据网站,如北京市政务数据资源网、上海市政府数据服务网、山东公共数据开放网等。

根据复旦大学发布的"中国开放数林指数"，截至2019年6月，我国已有82个省级、副省级和地方政府上线了数据开放平台。与2018年同期相比，新增了36个地方平台。从开放数据集看，全国总量从2017年的8398个迅速增长到2019年的62801个。

2018年1月，上海成为国内首批国家公共信息资源开放试点省市。按照国家试点任务要求，上海以"统一整体规划、统一试点机制、统一标准规范"为基本原则，以"一套机制、两级平台、多种模式、全面融合"为工作总体框架，探索建立统筹推进、点面结合、高效务实、探索创新、安全有序的开放试点体系。重点打造统一的市区联动数据开放平台，建立健全工作管理制度和技术标准规范，提升开放数据治理和利用水平，促进政企数据融合和规模化创新应用。

2018年度上海市通过市政府数据服务网，已累计向社会开放数据资源近2000项，同比保持近30%高速增长，涵盖12个重点领域、11个应用场景，超额完成试点任务。截至2019年11月9日，上海市政府数据服务网已累计对外开放经济社会、环境交通、公共服务等12个重点领域的2100余项公共数据，开放数据部门45个，开放数据资源2105个，开放数据项总量31192条。

三、电子政务重点领域应用不断深化

（一）经济调节

要想科学、合理地制定宏观调控政策，首先需要全面、准确、及时地掌握国家宏观经济运行数据，对宏观经济运行数据进行处理、分析，以避免经验式的"拍脑袋"决策方式。

2018年，一些国家部委采取多种方式开发社会上数量巨大、来源广泛、形式多样的大数据，并与政府信息整合，构建大数据经济分析模型，对国民经济各领域的运行状况及时监测，提高了宏观调控的精准性和有效性。例如，利用电子商务平台获取大数据反映消费市场走势，利用高速公路影像系统获取物流大数据反映实体经济走势，通过物联网获取工程机械开工率反映固定资产投资情况，利用互联网搜索引擎关于房地产点击信息研判房地产走势等。

（二）市场监管

政府部门之间的"信息不对称"是造成监管漏洞的主要原因之一。推进市场监管部门数字化转型，发展"互联网＋监管"，是提高市场监管水平的有效手段。

互联网是个连接器，可以把政府部门、消费者、社会组织、新闻媒体、专业机构等市场监管相关各方紧密连接起来，共同维护良好的市场秩序。2018年10月，李克强总理主持召开国务院常务会议。会议决定依托国家政务服务平台建设"互联网＋监管"系统，强化对地方和部门监管工作的监督，实现对监管的"监管"，并通过归集共享各类相关数据，及早发现防范苗头性和跨行业跨区域风险。2019 年 3 月，李克强总理在政府工作报告中提出推行信用监管和"互联网＋监管"改革。目前，许多地方政府都在建设"互联网＋监管"平台。

基于大数据的信用监管提升了事中事后监管水平。针对商事制度改革后事中事后监管相对滞后问题，杭州市市场监督管理局牵头建立了企业信用联动监管平台。截至 2018 年底，已归集 39 个政府部门日常监管工作中各类失信信息 6113 万条，并将归集的信息匹配至企业名下，以不同颜色显示相应的监管状态。

对于具有市场监管职能的政府部门，通过大数据分析可以发现各类市场主体违法违规的规律、市场监管漏洞等，对市场主体进行分类、分级监管，科学地配置有限的执法力量，对市场主体进行精准监管。

（三）社会治理

党的十九届四中全会通过的《中共中央关于坚持和完善中国特色社会主义制度推进国家治理体系和治理能力现代化若干重大问题的决定》提出完善党委领导、政府负责、民主协商、社会协同、公众参与、法治保障、科技支撑的社会治理体系，提高社会治安立体化、法治化、专业化、智能化水平。

互联网是社会公众参与社治理的重要渠道，是实现系统治理、依法治理、综合治理和源头治理的重要途径。近年来，许多地方政府积极采用云计算、大数据等先进信息技术，提高社会治理的智能化水平。

近年来，佛山市禅城区以问题为导向，运用大数据、云计算、区块链等新一代信息技术，建设横向对接职能部门、纵向连接区、镇（街道）、村（居）、网格的"大脑中枢"——社会综合治理云平台，优化再造问题发现和处置模式，打造快速反应的"神经系统"。佛山市禅城区社会综合治理云平台自运行以来，累计接报社会治理、城市管理事件 831666 宗，结案 824124 宗，结案率 99.09%，提高了社会治理智能化水平，实现了社会治理精准化。

我国正处于经济社会转型期，各类社会问题纷繁复杂。具有社会管理职能的政府部门人员编制、执法人员数量和时间、精力有限。传统运动式执法、满大街巡查等社会治理方法越来越难以满足维护社会秩序的需求。通过大数据分析，有关政府部门可以准确掌握社会态势，对重点人群进行精准监控，实现社会精准治理。

2015 年 6 月，贵阳市社会治理大数据云平台——"社会和云"工程启动建设，按照"一年打基础、两年建平台、三年抓应用"的思路分步实施，确保 2017 年初步建成并正常运转。该工程将建设以基础设施层、系统平台层、应用平台层为框架结构，多个系统应用为支撑的社会治理大数据云平台，通过大数据运用，统计分析与民生相关的海量数据，准确把握不同社会成员和不同地区的社会需求，实施精细化服务管理，推动建立多层次服务体系，营造和谐稳定的社会环境[①]。

---

① 参见骆明：《贵阳市社会治理大数据云平台启动建设》《贵阳日报》2015 年 6 月 25 日。

（四）公共服务

我国已经进入互联网、大数据时代。各级政府部门要积极推行"互联网＋政务服务"，加快建设一体化在线政务服务平台，构建服务型政府。通过政务数据共享，让数据多跑腿，群众少跑路。通过大数据分析，为企业和社会公众提供个性化的、主动的、精准的服务。

一体化在线政务服务平台建设加快推进。2018 年 1 月，全国一体化在线政务服务平台建设工作正式启动。2018 年 7 月，国务院印发了《关于加快推进全国一体化在线政务服务平台建设的指导意见》。

2019 年 5 月 31 日，"中国政务服务平台"上线试运行。作为全国政务服务的总枢纽，"中国政务服务平台"重点发挥公共入口、公共通道和公共支撑三大作用，为全国各地区、各部门提供统一身份认证、统一证照服务、统一事项服务、统一投诉建议、统一好差评、统一用户服务和统一搜索服务等"七统一"服务，具有支撑一网通办、汇聚数据信息、实现交换共享和强化动态监管四大功能，解决跨地区、跨部门、跨层级政务服务中信息难以共享、业务难以协同、基础支撑不足等突出问题。

截至 2019 年 7 月，"中国政务服务平台"已对接 46 个国务院部门的 1142 政务服务事项和 308 个便民服务应用，整合提供了 31 个省、自治区、直辖市和新疆建设兵团的 193 万多项政务服务事项和 532 个便民服务应用。各级地方政府也积极推进一体化在线政务服务平台建设。

截至 2019 年上半年，31 个省、自治区、直辖市都开通了政务服务网，提供 54440 项省级政务服务事项办理。其中 29 个省、自治区、直辖市已建成省、地市、区县三级"互联网＋政务服务"体系，累计疏解堵点 2976 个，平均每个地区解决堵点 96 项，方便了企业和人民群众办事。

地方"互联网＋政务服务"模式创新层出不穷。近年来，一些地方政府在"互联网＋政务服务"方面积极探索，涌现出一批新做法、新模式，如浙江的"最多跑一次"改革、上海的"一网通办"改革、江苏的"不见面审批"改革、贵州的"五全服务"改革、广州的"一窗式服务"改革、深圳的"秒批"改革、佛山市禅城区的"一门式、一网式"政务服务改革等。

浙江省深入实施"最多跑一次"改革，依托浙江政务服务网，从政务数据共享入手，在办事过程中努力"让数据多跑路，群众少跑腿"。截至 2019 年 6 月，浙江已梳理公布省市县三级"最多跑一次"办事事项主项 1411 项、子项 3443 项，计划到 2019 年年底 60% 以上的政务服务事项实现"掌上办理"，70% 以上的民生事项实现"一证通办"。

广东依托大数据共享平台和电子证照系统，通过嵌入实名身份证、非税支付、物流寄递、智能客服等应用，大幅简化、优化办事过程中的填报、核查、验证、交互流程，提高办事效率。截至 2019 年 6 月，广东省已对 345 项线上办理类事项的流程进行优化再造，使群众办事表格数据项填写减少 62%，申请材料提交减少 56%，跑动次数减少 67%。

贵州省以全覆盖、全联通、全方位、全天候、全过程"五全服务"为引领，通过创新政务服务方式，优化服务流程，拓展服务渠道，促进政府职能大转变，政务数据大整合，行政效能大提升，实现"进一张网、办全省事"。截至 2019 年 6 月，省、市、县、乡、村五级 14000 多个审批服务部门、40 多万项政务服务事项在网上办理。

四、新一代信息技术推动智慧政府建设

（一）物联网技术在政府部门应用情况

从技术特点来看，物联网技术的主要作用是"感知"，适用于政府部门的监测类业务，特别是对自然环境和人造物品的自动监测。物联网技术在自然资源、生态环境、林业、地震、气象、海洋等与自然环境关系密切的政府部门以及公安、海关、交通运输、市场监管、应急管理等与人造物品关系密切的政府部门的应用前景非常广阔。

目前，物联网技术在公安、海关、自然资源、生态环境、交通运输、市场监管、应急管理等政府主管部门得到了应用，取得了良好的效果。在公安部门，物联网技术已经应用于罪犯识别和追踪、车辆监控、公民身份认证、重大活动安保、公务枪支管理等领域。在海关部门，物联网技术已经应用于车辆通关自动核放、电子关锁、电子围网、海关物流监控等领域。在自然资源主管部门，物联网技术已经应用于国土监察、滑坡灾害监测预警、地下水质自动监测等领域。在生态环境保护部门，物联网技术已经应用于工业污染源自动监测、核辐射自动监测、空气污染自动监测、江河湖泊水质自动监测等。在交通运输部门，物联网技术已经应用于汽车超速监测、货车超载检测、疲劳驾驶监测、船舶识别、水上交通管制、海事设施运行监测、船员身份自动认证、机场周界安防、空中交通管制、列车运行状态监测、铁道设备运行情况监测、电子客票、货物追踪等领域。在市场监管部门，物联网技术已经应用于特种设备运行监测和安全监管、计量装置自动监测、食品安全药品溯源等领域。在应急管理部门，物联网技术已经应用于重大危险源自动监控、危险化学品运输车辆监控、非煤矿山安全生产监控、烟花爆竹销售监管、煤矿瓦斯浓度自动监测、井下人员定位等领域。

（二）移动互联网技术在政府部门应用情况

移动电子政务是指用户可以通过移动终端和无线通信网络获取政府部门提供的信息和服务，包括移动办公、移动执法等。

与传统电子政务相比，移动电子政务有很多优势，如可以随时随地处理公文，可以随时随地查阅信息。领导干部即使出差在外也可以处理公文，避免等待，提高办事效率。办公人员可以摆脱网线的束缚，进行移动办公。执法人员可以开展移动执法，利用无线网络调阅后台数据，进行现场处理，而不必再回办公室调阅信息。

近年来，越来越多的政府部门开通了政务微博和微信公众号，推出了移动客户端

（App），如浙江的"浙里办"App、上海的"随申办"App、广东的"粤省事"App。许多政府部门建立了无线网络，实现了移动办公，开展了移动执法，提高了行政效能。

许多政府部门开通了官方微博。根据人民网舆情数据中心发布的《2018 年度人民日报政务指数微博影响力报告》，2018 年政务微博的总阅读量超过 3890 亿，在政务公开、政民互动、政务服务、规范运营方面均有明显表现，实现了从发布到问政再到行政的综合价值升级，并继续在政务新媒体矩阵中发挥核心作用。

近年来，微信公众号日趋成为发布政府信息的新媒体、提供公共服务的新平台和实现政民互动的新渠道。目前，许多政府部门开通了微信公众号，许多政府官员都在使用微信。截至 2018 年 5 月，各级党政机关在腾讯开通政务微信账号超过 51 万个。

2018 年，浙江省政府提出"掌上办事、掌上办公"。在"掌上办事"方面，浙江推出了全省统一的移动政务服务客户端"浙里办"App，汇聚了医院诊疗挂号、交通违法办理、房屋权属证明办理、纳税证明办理、社保和公积金信息查询、高考成绩和录取查询等 285 项便民服务事项。在"掌上办公"方面，浙江在全省推行"钉钉"系统，公务员可以在手机上处理公文、预订会议室、预约公务用车等。

广东省政府推出了"粤省事"App 和微信公众号。2018 年 5 月，"粤省事"App和微信公众号正式上线。截至 2019 年 5 月，"粤省事"App 实名用户达到 1100 多万，上线服务事项 620 项，83.5% 的事项实现"零跑动"。目前，"粤省事"App 上线了56 种个人类电子证照，在全国率先推出出生医学证明电子证照、居民身份电子凭证。"粤省事"App 划分公安、人社、粤港澳大湾区、智慧出行、流动人口、少数民族地区旅游等服务专区。通过人脸识别、身份检测，人们可在线领取养老金。

微信城市服务是腾讯公司推出的。微信用户可以在"城市服务"下获得包含医疗、交管、交通、公安户政、出入境、缴费、教育、公积金等公共服务。截至 2018 年 5 月，31 个省、自治区、直辖市都开通了微信城市服务。其中广东省用户达到 9984 万，居全国首位。

（三）大数据技术在政府部门应用情况

大数据是以容量大、类型多、存取速度快、应用价值高为主要特征的数据集合，正快速发展为对数量巨大、来源分散、格式多样的数据进行采集、存储和关联分析，从中发现新知识、创造新价值、提升新能力的新一代信息技术和服务业态。

目前，大数据技术已在公安、司法、市场监管、税务、文化旅游等部门得到应用，促进了领导决策科学化、行政管理精细化和精确化、公共资源配置合理化、公共服务人性化、政府运行整体化、政府运作智慧化。在许多城市，大数据中心成为新型智慧城市的重要基础设施。

最高人民法院构建了跨层级、跨地域、跨系统、跨部门、跨业务的大数据管理和服务平台，每 5 分钟动态汇聚全国 3525 家法院的案件、文书和卷宗信息。截至 2018年底，已累计汇聚全国近 1.4 亿件案件信息，建成全球最大的司法审判信息资源库。

通过数据融合实现了人案关联、案案关联，有效地支撑了全国各级人民法院的工作。

（四）人工智能技术在政府部门应用情况

政府部门应用人工智能技术，可以提高行政管理的自动化和智能化程度，减轻办事人员的工作量。例如，通过数据比对自动剔除不符合条件的各种申请、申报，杜绝"骗保"等行为；对人、车辆等监管对象进行自动识别、自动追踪，协助公安机关抓捕犯罪分子；根据水位、环境污染、山体滑坡、特种设备等监测情况自动报警、预警；对于一些简单重复性工作，由计算机自动处理；对于各类统计工作，由计算机自动生成统计分析报表；对于政府热线电话，由机器人来回答市民的问题。

上海、深圳等地方政府积极探索人工智能技术在电子政务领域的应用。例如，上海积极研究人工智能技术在政府热线、门户网站和服务窗口中的应用，提升政府便民服务水平。上海市发展改革委支持上海市高级人民法院充分利用人工智能技术，提升审判质量、效率和公信力。

深圳市开展"秒批"改革，以数据共享、事项标准化和审批规则统一为基础，运用人工智能技术，实现网上审批自动化，即申请人网上提交申请信息，系统按照既定规则，通过数据共享实时比对核验，自动作出审批决定，并将审批结果及时主动告知申请人。截至 2019 年 6 月，深圳"秒批"事项达 52 个，涉及人才引进、高龄津贴申请、网约车／出租车驾驶员证申办和社会投资项目备案等领域。"秒批"改革后，高校应届毕业生只需在网上提交信息，系统自动审批，即时出具结果，高校应届毕业生直接到户籍窗口即可办理落户。2018 年 6 月至 2019 年 3 月，超过 6.4 万名高校应届毕业生通过"秒批"取得深圳户籍。

（五）区块链技术在政府部门应用情况

区块链是由多个参与方共同记录和维护的分布式数据库，该数据库通过哈希索引形成一种链状结构，其中数据的记录和维护通过密码学技术来保护其完整性，使得任何一方难以篡改、抵赖、造假。

区块链技术提供了不同组织机构在非可信环境下建立信任的可能性，降低了电子数据取证的成本，带来了建立信任的范式转变，在特定场景下可以产生巨大的价值。

2018 年，一些地方政府积极探索区块链技术在政务领域的应用。例如，陕西省利用区块链与智能合约的技术特性，探索了责权清晰、安全可信的政务数据应用新模式——智链立交桥，实现用数不拿走、留痕难抵赖，强化规管能力，构建共识标准，促进数据融合，挖掘数据价值。

在政务服务方面，佛山市禅城区将 IMI 身份认证平台应用于一门式一网式政务服务改革、社区矫正、司法公证等领域，正在探索推进区块链＋政务服务"零跑腿"、区块链＋社区矫正、区块链＋公证等应用。

2018 年 1 月，中共佛山市禅城区委启动共享社区党建项目建设，旨在运用信息化的方法和共享的理念，丰富基层党组织治理和服务基层的资源和手段，提升基层党组织现代化治理能力和水平，巩固提升党组织在基层的领导核心地位，同时消除社区冷漠和隔阂，拉近群众之间的距离，构建新时代的熟人社会。

在共享社区建设过程中，佛山市禅城区将区块链技术与大数据结合，通过 IMI 身份认证进行实名注册，由党委政府为个人信用背书，解决了网上人员真实的数字身份、信用记录、活动痕迹等问题，确保提供服务者身份的真实性，保护被服务对象的相关隐私，让陌生人之间放心地施以帮助和接受帮助，切实增强对社区的认同感、归属感和获得感。

五、电子政务发展环境不断改善

（一）组织机构不断健全

2018 年，中国政府实施了新一轮机构改革，电子政务管理机构不断健全，电子政务管理体制逐步理顺。

在国家层面，许多国家部委都成立了信息化方面的司局，如农业农村部设立了市场与信息化司，商务部设立了电子商务和信息化司，应急管理部设立了科技和信息化司。

在地方层面，许多地方政府都组建了大数据局等电子政务主管部门。截至 2019 年 5 月，已有 27 个省、自治区、直辖市明确了电子政务统筹协调部门，10 个省、自治区、直辖市成立了电子政务专家咨询委员会。截至 2019 年 7 月，天津市、黑龙江省、上海市、浙江省、山东省、安徽省、福建省、广西自治区等 20 个省、自治区、直辖市都组建了大数据局或大数据中心。浙江省等 16 个省、自治区、直辖市实现了对电子政务建设财政资金的统筹管理。

（二）政策法规不断完备

2018 年，党中央、国务院出台了一系列电子政务相关政策文件。2018 年 5 月，中共中央办公厅、国务院办公厅印发了《关于深入推进审批服务便民化的指导意见》，提出着力提升"互联网 + 政务服务"水平。运用大数据精准分析和评估审批服务办件情况，有针对性地改进办理流程，让办事更快捷、服务更优质。

2018 年 7 月，国务院印发了《关于加快推进全国一体化在线政务服务平台建设的指导意见》，提出推进政务服务一体化，推动实现政务服务事项全国标准统一、全流程网上办理；推进公共支撑一体化，促进政务服务跨地区、跨部门、跨层级数据共享和业务协同；推进综合保障一体化，确保平台运行安全平稳规范。

2018 年 10 月，国务院办公厅印发了《政府网站集约化试点工作方案》，确定北京、吉林、安徽、山东、湖北、湖南、广东、广西、重庆、贵州、拉萨 11 个省市作为试点地区，重点任务包括建设集约化平台，形成标准规范，构建信息资源库，提供一体

政府数字化转型理论与实践

化服务,强化安全保障。

2019年4月,国务院出台了《关于在线政务服务的若干规定》,指出国家加快建设全国一体化在线政务服务平台,推进各地区、各部门政务服务平台规范化、标准化、集约化建设和互联互通,推动实现政务服务事项全国标准统一、全流程网上办理,促进政务服务跨地区、跨部门、跨层级数据共享和业务协同。

表4-1 国家出台的电子政务相关政策文件

发布时间	文件名称	文号
1992年	关于建设全国政府行政首脑机关办公决策服务系统的通知	国办发〔1992〕25号
2000年5月	关于进一步推进全国政府系统办公自动化建设和应用工作的通知	国办发〔2000〕36号
2001年	全国政府系统信息化建设2001—2005年规划纲要	国办发〔2001〕25号
2002年8月	国家信息化领导小组关于我国电子政务建设指导意见	中办发〔2002〕17号
2004年12月	关于加强信息资源开发利用工作的若干意见	中办发〔2004〕34号
2006年5月	2006-2020年国家信息化发展战略	
2006年3月	国家电子政务总体框架	国信〔2006〕2号
2007年8月	国家电子政务工程建设项目管理暂行办法	国家发改委第55号令
2007年4月	中华人民共和国政府信息公开条例	国务院令第492号
2008年9月	关于进一步加强国家电子政务工程建设项目管理工作的通知	发改高技〔2008〕2544号
2011年4月	国务院办公厅关于进一步加强政府网站管理工作的通知	国办函〔2011〕40号
2011年9月	关于开展依托电子政务平台加强县级政府政务公开和政务服务试点工作意见	国办函〔2011〕99号
2012年5月	"十二五"国家政务信息化工程建设规划	发改高技〔2012〕1202号
2012年7月	关于进一步加强国家电子政务网络建设和应用工作的通知	发改高技〔2012〕1986号
2013年2月	关于加强和完善国家电子政务工程建设管理的意见	发改高技〔2013〕266号
2013年4月	关于进一步加强政务部门信息共享建设管理的指导意见	发改高技〔2013〕733号
2013年10月	国务院办公厅关于进一步加强政府信息公开回应社会关切提升政府公信力的意见	国办发〔2013〕100号
2014年11月	关于促进电子政务协调发展的指导意见	国办发〔2014〕66号
2015年7月	国务院关于积极推进"互联网+"行动的指导意见	国发〔2015〕40号

续表

发布时间	文件名称	文号
2015 年 6 月	关于运用大数据加强对市场主体服务和监管的若干意见	国办发〔2015〕51 号
2016 年 4 月	推进"互联网＋政务服务"开展信息惠民试点实施方案	国办发〔2016〕23 号
2016 年 9 月 5 日	政务信息资源共享管理暂行办法	国发〔2016〕51 号
2016 年 9 月 25 日	国务院关于加快推进"互联网＋政务服务"工作的指导意见	国发〔2016〕55 号
2016 年 12 月	"互联网＋政务服务"技术体系建设指南	国办函〔2016〕108 号
2017 年 5 月	政务信息系统整合共享实施方案	国办发〔2017〕39 号
2017 年 7 月 31 日	"十三五"国家政务信息化工程建设规划	发改高技〔2017〕1449 号
2018 年 6 月	进一步深化"互联网＋政务服务"推进政务服务"一网、一门、一次"改革实施方案	国办发〔2018〕45 号
2018 年 7 月	国务院关于加快推进全国一体化在线政务服务平台建设的指导意见	国发〔2018〕27 号
2018 年 12 月	国务院办公厅关于推进政务新媒体健康有序发展的意见	国办发〔2018〕123 号
2019 年 4 月	国务院关于在线政务服务的若干规定	国务院令第 716 号

（三）标准规范不断完善

电子政务建设，标准要先行。2018 年，国家市场监管总局调整了国家电子政务标准化总体组，编制了《国家电子政务标准体系建设指南》、《国家电子政务标准体系建设二期实施方案》、《电子政务数据共享开放标准体系（征求意见稿）》。国家市场监管总局、国家标准化管理委员会、国家电子文件管理部际联席会议办公室（国家密码管理局）联合发布了《电子证照》等 6 项国家标准。全国政协办公厅编制了《总体标准》《数据转换和接口标准》《数据交换标准（框架）》等 12 项信息化标准规范。最高人民法院制定了《人民法院信息化标准体系表》等 50 项标准，涉及基础设施建设、应用软件研发、数据资源管理、信息安全保障、信息系统运行维护等领域。

（四）人才队伍不断壮大

电子政务建设，人才是关键。近年来，许多高校开设了电子政务课程，一些高校设置了电子政务本科专业，在公共管理研究生专业设置了电子政务研究方向。截至 2018 年底，全国有 50 多所高校设置了电子政务专业或研究方向，100 多所高校开设了电子政务课程。

电子政务被列入公务员培训内容。2018 年 11 月，中共中央印发了《2018—2022

年全国干部教育培训规划》，提出开展互联网、大数据、云计算、人工智能等新知识新技能学习培训。2018 年，许多政府部门组织举办了电子政务培训班，邀请专家学者来单位授课，或派公务员到高校学习。

（五）资金投入不断增加

电子政务建设被列入财政预算。许多政府部门在电子政务建设方面投入大量财政资金。有的地方政府设立了电子政务建设专项资金。一些地方政府建立了电子政务建设多元化投融资体系，通过 BOT、PPP 等模式开展电子政务建设，专门成立电子政务建设国有控股企业。例如，数字广东网络建设有限公司由广东省政府、腾讯、广东移动、广东电信、广东联通共同出资成立。

六、中国电子政务发展对策

（一）以电子政务支撑"放管服"

党的十八大以来，党中央、国务院把"放管服"改革作为深化行政体制改革、切实转变政府职能的突破口。国务院通过取消下放行政审批事项、精简工商登记前置审批、压减资质资格认定事项等一系列"放管服"举措，解放和发展了生产力，激发了市场活力和社会创造力，但还存在简政放权不到位，事中事后监管缺失、公共服务水平低等问题，亟待加强电子政务建设。

在简政放权方面，政府部门的简政放权事项、权力清单、负面清单、责任清单、收费项目清单、行政审批事项、行政许可事项、登记备案事项以及前置评估、审查、检验事项等要在网上进行公示。要收集整理网民意见，开展绩效评估，为进一步深化简政放权提供决策参考，由政府部门"端菜"变为由人民群众"点菜"，破解一些政府部门"放小不放大、放虚不放实、放责不放权、明放暗不放"问题。要加强对中介机构的监管，制定中介机构服务规范，加快中介服务行业的社会信用体系建设。归集中介服务机构的信用记录，建立中介服务机构信用档案，建设中介服务行业信用数据库和信用信息系统，并接入全国统一信用信息平台，开展信用数据交换和信用联合惩戒。

在市场监管方面，要整合政府信息资源，打破"信息孤岛"，建立整体政府。以社会信用代码为唯一标识，关联不同政府部门掌握的同一市场主体的监管信息，实现对市场主体从"注册"到"注销"的全生命周期监管。以身份证号为唯一标识，关联不同政府部门掌握的同一个人的监管信息，实现对自然人从"摇篮"到"坟墓"的全生命周期监管。要通过数据比对、大数据分析，及时发现对政府部门进行弄虚作假、骗保骗补等行为。市场监管部门要加快社会信用体系，建立法人和自然人信用数据库，建设行业信用信息系统并接入全国统一信用信息平台。通过开展信用数据交换，对不法企业和不法人员开展信用联合惩戒，提高违法者的机会成本。及时在网上公示市场主体的违法犯罪行为，引导消费者选择遵纪守法的市场主体，避免上当受骗。建立基于地理信息系统（GIS）的消费者网上投诉举报平台及其 App，利用智能手机的定位功能，让消费者随时随地对不良商家进行投诉举报，把在什么时间在哪里遇到什么事情编辑上传到消费者网上投诉举报平台，系统自动分类转发到不同市场监管部门进行处理，有针对性地开展执法检查。

在公共服务方面，要加快建立和完善人口基础信息库、法人单位基础信息库，建设统一的电子证照库。推行"互联网＋政务服务"，为企业和社会公众提供"一站式服务"，逐步实现"一号"申请、"一窗"受理、"一网"通办。在政务服务网等公共服务信息平台建立用户评价机制，允许用户对所办理的事项进行打分、点评。其所在单位和公务员管理部门要对得"差评"的政府办事人员进行批评教育，对情节恶劣者进行行政处分。

（二）以多渠道并举优化公共服务

以"制度＋技术"推进政务信息跨部门、跨地区互联互通和共享，构建整体政府。研究制定《政务信息共享条例》及其实施细则，明确政务信息共享的范围、内容、方式、程序和责任等，使政务信息共享有法可依。对于国家部委，要加快业务信息全国联网，实现行政事项"异地办理"，方便外出工作人员；对于地方政府，要加快建立政务信息共享目录和交换体系，整合政务信息资源，建设电子证照库，开通政务服务网，并实现前后台无缝衔接。以社会信用代码为唯一标识，为企事业单位提供一站式的、从"注册"到"注销"的全生命周期服务；以身份证号为唯一标识，为城乡居民提供一站式的、从"摇篮"到"坟墓"的全生命周期服务。

以用户为中心，推进公共服务多渠道融合发展。行政服务中心、热线电话、自助服务终端机、网站、微博、微信和 App 各有优缺点，要取长补短，融合发展。例如，推进行政服务中心和网上办事大厅一体化建设，实现公共服务线上线下（O2O）互动。行政服务中心要同时开通网站、微博、微信和 App，在办事大厅部署自助服务终端机，让人民群众自助申报，打印办理结果。政府网站要同时开通手机版网站、微博、微信和 App，以顺应手机网民占 90% 以上这一现实。整合热线电话，建立政府呼叫中心。政府呼叫中心要同时开通网站、微博、微信和 App，让人民群众及时知道受理进度和受理结果。

采取有效措施深化各个公共服务渠道的应用，弥补短板。对于行政服务中心，要加快信息化建设，结合"一个印章管审批"改革，实现"一进一出"，即一个窗口统一受理，一个窗口统一取结果"。对于政府热线电话，要整合成紧急号和非紧急号两个号码，并与城市网格化管理和服务平台对接或融合，对居民求助、投诉、举报等事项进行全程管理和督办。对于自助服务终端机，要采取 PPP 模式，走"政府购买服务"之路。对于政府网站，要及时更新，回应社会关切，提供场景式服务。对于政务微博，要及时发布信息，回应社会关切。对于微信，要加强政企合作，推广微信城市服务。

对于 App，要整合政府 App 资源，建立政府 App 网站、子网站或栏目，按部门、按用户等进行分类，方便用户查找、下载。

（三）加强政务数据治理，保障政务数据安全。

完善政务数据普查、目录、归集、清洗、共享、开放体系，保证政务数据的全面性、准确性、一致性、时效性等，实现"一数一源"，进一步提高数据质量。

完善数据管理制度。落实网络安全等级保护、投诉举报、风险管理、监测预警和信息通报等制度，制定网络安全事件应急预案，对关键信息基础设施进行重点保护。建立健全大数据安全保障体系，明确数据采集、传输、存储、处理、分析、使用、开放、共享等各环节保障网络安全的范围边界、责任主体和具体要求。建立数据提供方和使用方的责任追究体系，严厉打击网络攻击、电信诈骗、窃取和售卖个人信息等违法犯罪行为，切实保护国家安全、商业秘密和个人隐私。建立政务数据资源共享开放审查机制，针对随意采集、过度采集、擅自提供、保管不善等四类问题，制定严格的法律法规。

采取有效技术手段。严格执行国家大数据安全软硬件技术标准，开展大数据安全测评评估，提高大数据安全监测、预警和应急能力。在数据前端做好安全防护措施，对重要数据、敏感数据采取加密等技术手段。推进党政机关软硬件国产化进程，对国外信息化产品进行安全审查，采用安全可信、自主可控的大数据产品和服务。建立电子政务安全认证中心，完善电子认证体系。加强网络安全防护、安全事件识别、态势感知等方面的能力建设。建立政务数据异地灾备中心。培育和发展数据加密、漏洞检测、安全。

第五章 政府数字化转型地方实践

浙江省、上海市、江苏省、广东省、山东省、福建省、海南省等省市积极推进政府数字化转型，取得了明显成效，有力地推动了当地政府治理体系和治理现代化。浙江省的"最多跑一次"改革、上海市的"一网通办"改革、江苏省的"不见面审批"改革、广东省的"数字政府"改革积累的经验值得其他省市学习借鉴。

一、浙江省

（一）组织架构

浙江省大数据发展管理局于 2018 年 12 月 25 日成立，由浙江省政府办公厅电子政务处、浙江省数据管理中心、浙江省信息中心三个单位合并组成，隶属于浙江省政府办公厅，为副厅级单位，编制 35 人，领导职数一正四副。下设浙江省数据管理中心（公益一类事业单位），编制 70 人，与省大数据发展管理局合署办公。目前分为 5 个专题工作组开展工作。

浙江省大数据发展管理局负责推进政府数字化转型和政务数据资源管理等工作。加强互联网与政务服务的深度融合，统筹管理公共数据资源和电子政务，推进政府信息资源整合利用，打破信息孤岛、实现数据共享，进一步助推"最多跑一次"改革和政府数字化转型，加快推进数字浙江建设。

浙江省数据管理中心负责推进浙江省信息资源整合开放和大数据产业发展，强化大数据建设发展顶层设计。拟订并组织实施大数据发展规划和政策措施；研究制定数据资源采集、应用、共享等标准规范；统筹推进大数据基础设施建设、管理；组织协调大数据资源归集整合、共享开放，推进大数据应用；组织协调大数据信息安全保障体系建设。

（二）主要做法

"最多跑一次"改革是浙江省全面深化改革的"牛鼻子"，是浙江改革最亮的金字招牌。浙江省"最多跑一次"改革的具体做法之一就是把政府履职的审批、执法、监管等事项上网，最大程度减少企业和群众的办事成本和办事时间，提高政府办事效率。浙江省电子政务建设以"最多跑一次"改革为抓手，到 2020 年初步建成纵向贯通、横向协同、上接国家、覆盖全省的数字政府体系，"互联网＋政务服务""互联网＋监管"实现全面深度应用，80% 以上政务服务事项实现"掌上可办"，掌上办事、掌上办公实现市县全覆盖。

1. 推动政府数字化转型。浙江省成立了政府数字化转型工作领导小组，由袁家军省长担任政府数字化转型工作领导小组组长，领导小组办公室设在省政府办公厅，浙江省大数据发展管理局履行领导小组办公室职能。

2. 省级部门政务系统上云。按照浙江省委、省政府要求，省级各部门政务系统必须上云。原有政务系统逐步上云，新建政务系统必须上云，涉密和中央垂管的系统例外。政府建了一个集约化网站群平台，目前已都运行在政务云上。目前政务系统上云比率已达 60~70%。

政务系统上云后，保留原有各部门信息中心，规模较小的信息中心逐步减编，最终带编整合至数据管理中心，保留较大的、涉密的、中央垂管的信息中心（如发改、公安、人社、市场监督等）。财政不再拨付硬件环境建设和维护经费，只支持维护人员经费。

阿里巴巴在运营商机房租用运营商场地，给浙江省建设了政务专有云，政务云运行环境及安全均由阿里巴巴技术团队负责，浙江省大数据发展管理局只负责提需求。浙江 2014 年开始政务系统上云，随着上云系统的增加，经费规模急剧增加，15 年为253 万，16 年为 1200 万，18 为年 2300 万，到 2019 年服务费用预计为 1 亿。费用由浙江省大数据发展管理局统一支付。

3. 新建信息化系统的审批。省级各部门新建信息化系统由省发改委统一审批，由省两办组织专家进行预审，省发改委立项，省财政厅分配预算。根据专家组意见，省发改委决定项目哪些缓建，哪些由省里统一建设，哪些由各部门自建，物理建设的经费一律砍掉。

"互联网＋监管"平台建设由省市场监管局牵头，省大数据发展管理局配合，省市场监管局负责业务梳理及监管，省大数据发展管理局负责一体化平台建设。

4. 建立一套完善的标准。政务系统建设要规范标准先行。推进省政务信息化，需在管理层面、操作层面和技术层面分别建立一套完善的标准体系，以保证政务系统的互联互通及数据的共享。浙江已建成了一套完整的标准体系，大部分已被国家采用。

5. 政务数据的归集和治理。省大数据局主要负责政务大数据，省经信厅负责发展数字经济，民生社会大数据由各部门自己负责。数据归集采用"按需归集"方式，由数据使用部门提出需求清单，数据产生部门需无条件提供。大数据局建设数据共享平台，作为数据交换枢纽及存储中心，数据交换以数据目录为标准，各部门自建数据仓库，通过前置机转换为标准数据，进行归集和交换。近期没有使用单位的数据暂时不予归集。21 个重点项目提交了 2 万多条数据需求，经梳理后剩 16133 项需归集数据。

袁家军省长每月召开一次数据归集会议，对不按要求提供数据的单位记入黑名单并通报批评。经过一段时间磨合，已做到了应归尽归。归集上来的数据需要专业数据治理团队处理，需要制定标准，用人工干预，这部分工作量也相当大。

今后将重点开展"4 个 2 工程"。一是建设两个国家平台（"互联网＋政务服务"平台、"互联网＋监管"平台）；二是完成两大职能（建设数字政府、建好全省统一的大数据平台）；三是建设两个小平台（执政钉钉、基层平台）；四是建好两只队伍（省大数据局内部队伍、以阿里巴巴为总集成商组织社会上的专业队伍）。

（三）主要成效

1. 互联网＋政务服务

截至 2018 年底，浙江省政务服务网已联通 39 家省级单位，共有 413 个数据集，418 个 API 接口，3898 个数据项，25,890,187 条数据。累计注册用户数突破 1690 万，法人单位用户 180 万。其中 80% 为高级实名用户，可以尽享查社保公积金、交通违法处理等"互联网＋政务服务"。PC 端累计访问量近 10 亿次。全省共有超 8 万个事项开通网上申请功能。政务服务 APP 累计提供"互联网＋政务服务"事项超过 220 项。

2. 公共支付

截至 2017 年底，浙江政务服务网统一公共支付平台接入执收单位 3951 家，执收项目 200 余个。代收机构接入商业银行、支付机构共 20 家。同时，平台的支付渠道也由网页支付、移动支付拓展到柜面支付、自助终端支付等，缴款人可在电脑端、手机端及多个商业银行网点通过浙江政务服务网统一公共支付平台办理各类缴款业务。2017 年底，社会公众累计通过统一公共支付平台办理公共款项缴费业务 3208 万人次、缴纳资金 155 亿元。其中办理量排名第一的是各类罚款，共有 2629 万人次，占比 82%；其余依次为学校收费 211 万人次、交管规费 91 万人次。

二、上海市

（一）组织机构

上海市大数据中心为上海市政府办公厅所属副局级事业单位，由市府办采取整体划转的方式将市政府办公信息处理中心、市政府公众信息网管理中心、市政府门户网站管理中心合并成立的，核定编制数 100 人，领导班子 6 人，一正五副。上海市大数据中心主任同时担任上海市政府办公厅副主任。

上海市大数据中心下设技术发展部（数据安全部）、数据资源部、应用开发部、基础设施部、运维服务部、门户网站管理部、政策法规部、办公室（党委办公室）等八个部门。

为贯彻落实国家大数据发展的方针政策,做好上海大数据发展战略、地方性法规、规章草案和政策建议的基础性工具。承担制定政务数据、行业数据、社会数据等数据资源的归集和应用融合工作,开展大数据应用研究工作,为重要部门管理、服务、决策提供数据支持。研究数据采集、传输、存储、挖掘、展现等技术,拟定数据资源归集、治理、共享、开放、应用、安全等技术标准及管理办法,指导本市各地区、各部门数据管理工作。承担本部门政务信息系统融合相关工作,建设全市统一政务数据共享交换平台,开展跨地区、跨层级、跨部门的数据共享交换和应用。承担上海正午"一网通办"总门户、政务云、政务外网、大数据平台、电子政务灾备中心等建设和运维管理。

（二）主要做法

上海市大数据中心以"一网通办"为切入点,带动整体建设。"一网通办":"一"表示全市一张网;"网"就是实现全区审批事项上网率100%,完成事项的网上全覆盖;"通"就是（上海）全程通办,全网通办,个人事项全市通办;"办"就是"最多跑一次"事项占全区审批事项比例达到100%（除涉军涉敏外）,通过全程电子化、网上预审、政务邮递、当场办结来实现。上海市大数据中心是实现"一网通办"的重要支撑,以构建上海全市数据资源共享体系为目标。

实现"一网通办"主要做法:

1. 摸清家底。采用"三清单、一目录"方式。数据共享需求清单2700条、责任清单2600条、负面清单（按照法律法规不能提供的数据）2条。

2. 推动各部门信息化整体上云,实现数据物理归集。包括党政非涉密1000多个系统上云,符合四类条件的系统可以不上云:视频系统、音频系统、"等保三"系统（即已经完成信息系统等级保护三级的业务系统）和涉密系统。分成五个小组推进,每个小组配备专业技术人员。计划用3年时间完成政务系统上云迁移工作,目前已完成50%。上云后的系统的安全保障工作原则上按照"谁建设谁负责、谁管理谁负责"进行管理。政务云放在两家运营商（中国移动、中国电信）两个双活机房,去年政务云经费支出为1200多万。

3. 明确数据责任部门。明确每项数据责任部门（如何采集、归集、治理）。构建一个"数据湖",每个部门建设"数据池"。

4. 进一步加强数据共享平台建设。制定政务数据管理规范,实现全市公共资源数据统一管理,建立和完善跨部门、跨层级共享机制。

5. 政务数据的归集和治理。依托上海市大数据资源平台和区大数据资源分平台,实现公共数据整合、共享、开放等环节的统一管理。

6. 加强数据的整合、应用。2018年10月以政府令的形式出台了《上海市公共数据和一网通办管理办法》,统一整合和管理政务数据资源,统一制定采集、清洗、应用方案，使政务数据得到有效开发和利用。《上海市公共数据和一网通办管理办法》第 5 条明确上海市大数据中心具体承担本市公共数据归集、整合、共享、开放、应用管理，组织实施"一网通办"工作。

（三）主要成效

"一网通办"以"中国上海"门户网站为总门户，以"市民云"App 为移动端载体，为社会公众提供全面、规范、便捷的一体化政务服务。截至目前，38 个市级部门、16 个区、220 个街道事务受理服务中心的网上办事服务已入驻"一网通办"总门户，1008 项事项实现网上办理，97% 以上的审批及服务事项实现只跑一次、一次办成，167 项服务事项实现全市通办，注册个人用户已达 742 万、法人用户超过 189 万。

三、江苏省

（一）组织机构

江苏省大数据管理中心正在筹建中，为江苏省政府直属机构江苏省政务服务管理办公室（简称"江苏省政务办"）直属的副厅级事业单位，目前该中心三定方案已报中编办审批。江苏省政府办公厅电子政务工作职责划入江苏省政务办。

江苏省大数据管理中心以江苏省信息中心为主体，成立后编制 100 人左右，承担全省大数据管理工作。

江苏省信息中心是省政府直属副厅级全民事业单位。现设办公室、综合业务处、经济预测处、信息资源规划协调处、政务网络运行管理处、电子政务应用处、政务信息处、信息化促进服务处。

江苏省大数据管理中心主要围绕"一网""一云""一中心""一平台"开展工作。"一网"是建设全省电子政务外网；"一云"是建设全省电子政务云；"一中心"是建设全省电子政务大数据中心；"一平台"是建设全省一体化电子政务平台。全力打造五个中心：基础设施中心、政务信息资源中心、共享开放中心、公共支撑中心和融合应用中心。

（二）主要做法

江苏省大数据管理中心以"不见面审批"为切入点，从顶层设计开始，提出了以建立 5 张清单、搭建 1 个平台、推进 7 项相关改革为主要内容的简政放权、转变政府职能的改革架构，确定了转变政府职能的路线图、时间表。同时将"不见面审批"的技术和制度层面进行了统一规范，完成了技术、门户、客户端、认证、支付、批文、流通等"一致性"，实现了省市县三级政府的覆盖，尤其是使得政府权力清单"三级四同"完成可全覆盖，即实现同一事项的省市县三级名称、编码、类型、依据相同。

1.全面推行"不见面审批"改革

为方便企业和群众办事，提高审批效率，减少设租寻租的空间，2017年以来，江苏省按照党中央、国务院的总体部署，大力推进"放管服"改革，由江苏省机构编制委员会审改办主要负责推进江苏省"不见面审批"，把不见面审批作为重要抓手，努力使"不见面审批"成为全省普遍的制度安排，做到"不见面"是原则，见面是例外，进一步优化营商环境，增强企业和群众对改革的获得感。"不见面审批"改革核心内容包括"网上办、集中批、联合审、区域评、代办制、不见面"。"网上办"主要指审批事项尽可能网上办理，"代办制"主要是政府部门建立代办队伍，帮助企业和群众免费代办相关审批服务事项，审批结果通过网端推送或者邮政寄递送达，从而实现"不见面"。"集中批""联合审""区域评"可以最大限度地减少需要见面的环节，是实现"不见面"审批的重要保障。

2.通过数据共享，提升工作效率。

很多涉及到多个政府部门、多个环节、多项审批的工作，虽然刚开始的时候较为繁琐，特别是有的审批都是串联的、互为前置的，但在多个部门的配合下一举得到了解决，不会再出现"审批互为前提"的问题。数据归集分两种情况，一种是物理集中，一种是逻辑集中，按实际情况灵活使用，目前已归集了441类政务数据。

3.政务云采用自建方式。

江苏省经过对技术成熟度、安全程度、建设成本、实施保障等方面的研究评估，决定自建政务云。目前规模：机房总面积400平方米，2500个虚拟机、3000物理核计算规模、3PB存储空间等规模，尚无容灾备份。建设目标：机房面积800平方米，9000个虚拟机、10000物理核计算规模、13PB存储空间，双千兆带宽。

（三）主要成效

一是去年下半年，在市县党政机构改革中，全省13个市、96个县（市、区）全部成立了行政审批局，实现了全覆盖。将市场准入、投资建设、复杂民生办事等领域的行政许可权划转至行政审批局行使，实现相关领域"一枚印章管审批"。

二是省政府办公厅印发了《关于全省推行企业投资项目多评合一的指导意见》《关于全省推行施工图多图联审的指导意见》《关于全省推行不动产登记一窗受理集成服务工作的指导意见》，指导各地进一步优化审批流程，提高审批效率。

三是在全省开发区、高新区、乡镇（街道）率先推行企业投资建设项目"全程代办"制度，由各地公布代办事项目录，组建专业化代办队伍，为企业提供无偿帮办服务。省市县三级行政机关共计118857项政务服务事项实现了网上办理，占比达98%，江苏省政务服务网归集收纳的各类数据达到60多个T的容量。

延伸阅读：长三角地区政务大数据发展经验

1、领导重视、架构合理

主要领导高度重视。"互联网＋政务服务"是一把手工程，浙江、上海、江苏都成立了专门的工作领导小组，省市主要领导挂帅，一把手督办。例如，浙江省省长袁家军担任浙江省政府数字化转型工作领导小组组长，每月召开一次数据归集会议，做到了应归尽归。上海市委书记李强2019年以来已经四次召开"一网通办"改革相关协调会议，4月2号召开全市500人的动员协调会议。江苏省委书记娄勤俭提出要进一步打响"不见面审批"品牌，最大限度激发大众创业、万众创新的活力。

改善架构，健全体制。浙江、上海、江苏在体制机制上给予充分保障，都新设立了大数据局或大数据中心，并补充很多专业人才进入新机构。表明当地政府已经充分认识到大数据的重要性，专职机构的设立也能够敦促各级政府更重视大数据建设，进而帮助当地政府更好地整理、汇集数据，为当地"互联网＋政务服务"改革提供保障。浙江省大数据局隶属于浙江省政府办公厅，上海市大数据中心隶属于上海市政府办公厅，江苏省大数据管理中心隶属于江苏省政务办。上海市大数据中心虽然是事业单位，但《上海市公共数据和一网通办管理办法》明确了上海市大数据中心的职责，便于协调各局委办。

2、制度保障，标准引领

深化改革，制度保障。浙江、上海、江苏都十分重视政务信息化及大数据管理工作，相继制定了一系列政策法规，如浙江省出台了《浙江省促进大数据发展实施计划》《浙江省深化"最多跑一次"改革推进政府数字化转型工作总体方案》《浙江省公共数据和电子政务管理办法》《浙江政务服务网电子出证和归档规范》《浙江省数字化转型标准化建设方案（2018—2020年）》等；上海市出台了《上海市大数据发展实施意见》《上海市公共数据和一网通办管理办法》《上海市电子证照管理暂行办法》《上海市"一网通办"电子档案管理暂行办法》《上海市电子印章管理暂行办法》等；江苏省出台了《江苏省大数据发展行动计划》《江苏省政务信息资源共享管理暂行办法》《"不见面审批"标准化指引》等。为政务信息化和大数据产业的发展创造良好的政策法规环境，使政务服务进一步提高规范化、便利化水平，为企业和群众更好地提供有针对性地服务，也为优化政务服务流程提供了重要的制度保障。

数据融合，标准先行。浙江、上海、江苏都制定了"互联网＋政务服务"、政务大数据重要支撑领域相关标准规范，对平台功能、系统接口、数据格式、传输协议等形成多方认可的技术标准体系，在规范和促进政务信息化中发挥了重要作用。一是政务服务及数据标准化是实现电子政务互联互通、数据共享及业务协作的有效途径；二是政务服务及数据标准化是规范政府职能和保障信息系统安全可靠的重要手段；三是政务服务及数据标准化是促进信息产业发展的重要推动力。

3、统筹规划，清单落实

统筹规划，分步实施。浙江、上海、江苏在推进"互联网＋政务服务"、发展政务大数据工作中始终坚持协调发展、统筹规划，坚持总体设计、统分结合，有序推进，成熟一个上一个，有条件的地市试点先行。坚持纵横联动，推动平台集约建设、条块融合、互联互通。以技术创新为基础，以应用创新为突破口，积极破除与"互联网＋政务服务"发展不相适应的条块分割、信息壁垒、政策约束等体制机制障碍。

确定清单，归集建设。浙江省按照"四张清单"统一规划和建设。"四张清单"去掉了模糊化和随意性，使行政权力受到制度的约束，让政府规规矩矩用权，又明明白白花钱。上海市"一网通办"建设过程中采用"三清单、一目录"管理，整理数据共享需求清单2700条、责任清单2600条、负面清单2条。2014年，江苏省委省政府提出了以建立5张清单、搭建1个平台、推进7项相关改革为主要内容的改革架构。五张清单包括行政审批事项目录清单、行政权力清单、投资审批"负面清单"、专项资金管理清单、行政事业性收费目录清单。

4、以民为本，关注民生

浙江、上海、江苏都以为人民服务为目标，建设"以人民为中心"的服务型政府，聚焦企业和群众反映强烈的问题，逐步扩大"互联网＋政务服务"覆盖面，提高集中度、增强准确度，在重点领域、关键环节、常用事项和办件量大的事项上突出体现改革优势。推进了政府职能转变，构建了政府有为、市场有效、企业有利、百姓受益体制机制，提升了行政质量、行政效率和政府公信力。比如浙江省制定的政务数据标准大多数被国家所采用从而全国推广，上海的"一网通办"工程也多次被国家主要领导点名表扬和被中央电视台报道宣传，江苏的"不见面审批"已经成为江苏省优化营商环境的一张亮丽名片。

三个地区给我们留下的深刻印象是：浙江省是"快"，在办事效率和审批环节上相对于国内其他地区体现的是一个"快"字，通过实施"最多跑一次"改革，倒逼各级各部门减权、放权、治权，在全省行政服务大厅创建综合服务窗口，实现快速受理、快速审批、快速办结；上海市是"全"，上海的全市一张网，审批事项上网率100%，全程通办、全网通办，通过电子化、网上预审、政务邮递、当场办结实现了全程办、全网办、个人事项全市通办的便民目的；江苏省是"减"，通过对审批流程的优化，各职能部门的整合，信息的资源共享，实现审批机关从受理审批到做出决定、送达办理结果文书的全程"不见面审批"模式，减少了流程、减少了材料、减少了办事时间，方便了群众。例如，江苏企业开办全过程由原来9个环节、20份材料、15个工作日办结，压缩到4个环节、7份材料、3个工作日内办结。

5、重视安全，维护权益

政务系统作为关系国计民生的重要部分，在安全方面尤为重要，而由于互联网的开放性和公共性带来的不安全因素，使信息安全问题成为保障电子政务顺利实施的核心问题。

浙江省政府全体公职人员，采用政务钉钉作为智能移动政务平台，政务钉钉可打造"24小时"在线型政府，钉钉注重信息安全，采用国家密码管理局认证的第三方加密系统进行信息传输和存储，确保敏感信息不外泄，有效保障了数据安全和隐私。

上海市在2018年出台的《全面推进"一网通办"加快建设智慧政府工作方案》，提出要紧强化网络信息安全保障。加强政务信息资源采集、共享、使用的安全保障工作，加强数据共享交换平台安全防护，完善安全防护机制，提高核心设备自主可控水平。

江苏省强化政务信息资源共享网络安全管理，推进政务信息资源共享风险评估，推动制定完善个人隐私信息保护的法律法规，按照相关法律法规要求，保障政务信息资源使用过程中的个人隐私。

6、强化监管，及时纠偏

浙江、上海、江苏三省市都非常重视建立有效监管机制，在保证企业、民众网上办事效率的同时，防止出现新的不作为情况发生。例如江苏省按照"谁审批、谁负责""谁主管、谁监管""谁行权、谁担责"的原则，建立以权责清单为边界，以"双随机一公开"为抓手，以信用监管为核心，以网格化管理为基础，以大数据为支撑，以综合执法为手段，以线上线下相结合的制度链为保障的严格有效监管体系。凡是能实现网上办理的事项，不得要求必须到现场办理。对于来现场办理的群众，不得强行要求网上办理。同时开展网上监督评价、办理进度、结果实时查询。上海市以"12345"市民服务热线和"我要找茬"网上政务大厅栏目为基础，建立面向群众和企业统一的政务咨询、投诉、建议平台，健全统一接受、按责转办、统一督办、评价反馈工作机制，做到一号响应群众和企业诉求，定期分析研判突出问题，客观检验政府绩效。

四、广东省

广东省委省政府高度重视政务大数据，广东省委书记李希提出全力推动"数字政府"改革建设，增创营商环境新优势。广东省省长马兴瑞提出主动运用大数据创新政府管理和社会治理模式，提高行政效率和协同办公水平。广东成立省"数字政府"改革建设工作领导小组，马兴瑞担任组长，每月召开一次会议。

2018年10月，广东省政务服务数据管理局挂牌。广东省政务服务数据管理局由原省经信委电子政务处、省信息中心组建，局长兼任省政府副秘书长。

2017年10月，成立数字广东网络建设有限公司，由广东省政府、腾讯、广东移动、广东电信、广东联通共同出资，有1000多名员工。

2018年5月，"粤省事"App和微信公众号正式上线。截至2019年5月，实名用户达到1100多万，上线服务事项620项，83.5%的事项实现"零跑动"。上线56种个人类电子证照，在全国率先推出出生医学证明电子证照、居民身份电子凭证。划分公安、人社、粤港澳大湾区、智慧出行、流动人口、少数民族地区旅游等服务专区。通过人脸识别、身份检测，可在线领取养老金。

2018年9月，"广东政务服务网"上线，汇聚了省、市、县、镇、村五级政务服务事项。提供网上中介超市、"多证合一"备案、市场监管等13类主题服务。（1）企业开办：提供统一申办入口，后台打通公安、工商、税务、银行等业务系统，实现设立登记、刻章备案、银行开户、申报纳税等环节联动，办理时间缩短到5个工作日。（2）电子证照系统：实现营业执照、食品经营许可证、残疾人证、税收完税证明等18个电子证照跨部门互认共享。（3）办事缴费：可以经该网站的统一支付平台通过银联、支付宝、微信等多种方式缴款。

广东省政务云采用"1+N+M"架构：1个省级政务云平台、N个特色行业云平台、M个地市级政务云平台。广东积极推动政府上云，把全省40多个省直部门共1000多个系统以及21个地市政务信息系统迁移到省政务云。由腾讯、华为提供技术支撑。

广东省大数据中心建设采用"两地三中心"模式：在广州建设省级主数据中心及同城副数据中心，在汕头建设远程灾备数据中心。在广州、汕头两地建设三个机房，部署超过3000台云服务器，共6万多核CPU，4000TB存储。提供从底层基础设施到上层应用软件等各类服务超300多种。

2018年10月，广东省政府印发了《广东省"数字政府"建设总体规划（2018-2020年）》，提出处理好"八个关系"：上与下、左与右、前与后、内与外、统与分、基础与应用、制度与技术、全面与重点，坚持八大理念：整体、移动、协同、创新、阳光、集约、共享、可持续。广东省"数字政府"总体架构包括管运分离的管理架构、整体协同的业务架构和集约共享的技术架构，其中技术架构包括"四横三纵"，即应用层、应用支撑层、数据服务层、基础设施层＋安全、标准和运维管理。深化九大创新政务应用，包括六大管理能力应用（协同办公、经济调节、市场监管、社会治理、公共服务、环境保护）和三大服务能力应用（政务服务、决策保障、跨域协作）；建设八大应用支撑平台，包括省统一身份认证中心、可信电子证照系统、非税支付平台、社会信用公共平台、移动政务应用平台、数据共享平台、地理信息公共平台、智能客服平台；完善三大信息基础设施，即大数据、政务云、政务网；做好五大实施保障，包括组织保障、机制保障、资金保障、人才保障、技术保障。

《广东省"数字政府"建设总体规划（2018-2020年）》提出在全省大数据中心的基础上实现数据的交换、共享，建立政务信息资源共享目录，支撑政务数据资源实现跨层级、跨区域、跨部门的共享交换和协同应用。

广东省政务大数据中心初步建成人口、法人单位、自然资源和地理空间三大基础信息库和电子证照库、社会信用数据库。截至 2019 年 4 月，广东省政务大数据中心可以支撑"粤省事"、广东省政务服务网、统一身份认证平台、救助申请家庭经济状况核对系统、医疗救助、开办企业一窗受理、不动产登记信息管理、粤信融等 85 个业务系统。

广东省围绕信息资源标识编码、电子政务数据资源开放技术及管理、行政审批事项等方面，2018 年制定出台了 3 项地方标准，广东省财政部门采用财政专项补助的方式对标准化经费给予支持。

广州在全市政务服务中心全面推行"前台综合受理、后台分类审批、统一窗口出件"。在建设工程、民生热点行业等领域探索集成服务模式下跨部门、跨层级审批事项"一口受理、一次交件、一表录入、一网预审、同步办理、统一出件"工作机制。建立统一的综合受理和业务审批系统，实现审批信息共享、材料共享、结果共享。广州市已有 9 个部门的 600 多类业务在全市或部分区域实行联网通办。广州市荔湾区"一窗式"政务服务模式，从原来 19 个部门 977 个事项分设 48 个窗口受理，缩减为 9 个统一收件窗口和 2 个统一出件窗口。

五、海南省

（一）发展现状

结合省直管市县的省情，海南省坚持政府数字化转型"大集中"的模式和多规合一的理念，将海南作为一个大城市进行规划、管理，按照"全省一盘棋"统筹，坚持全省"大集中"的集约化思路开展电子政务建设，在政务信息化基础设施、大数据基础平台、公共政务服务应用等方面统一规划和统建共享，全力构建全省高度一体化的电子政务公共服务平台。

1. 统筹建设政务大数据基础设施

海南省电子政务基础设施基本形成"一张网、一个中心、一朵云"的格局。一张网，即全省统一的电子政务外网，实现省、市县、乡镇、行政村四级覆盖，包括省直单位、市县（含洋浦开发区）、所有乡镇和行政村，与国家电子政务外网实现互联互通。一个中心，即省政府数据中心，从 2012 年起，原则上不再审批各部门建设独立的机房，各部门、各市县数据中心逐步逻辑整合或物理迁移并入省政府数据中心。一朵云，即全省统一的政务云，为全省 89 家单位 509 个系统提供 3980 台虚拟机及安全防护设施、操作系统、数据库、公共应用等硬件和软件资源服务，具备了全省电子政务基础设施统建共享的条件，各部门新的信息系统依托省政府数据中心和省政务云建设运行。

2. 统一政务数据共享交换与开放平台

一是提供政务信息资源共享交换服务体系支撑。打通全省 558 个非涉密政务信息系统（其中市县信息系统 142 个，省直部门信息系统 416 个），系统共享率达到 100%。实现与国家平台级联对接，推动各省直单位通过国家共享交换平台应用国家部委数据，截至 2019 年 8 月底，已对接公安部、市场监管总局、银保监会、国务院办公厅等 10 余家国家部委，申请共享国家级资质认定证书信息、金融许可证信息、外国人工作许可基本信息、国家人口基础信息等数据，为海南政务信息资源共享开放推进工作奠定扎实的基础。

二是提供政务数据开放平台支撑。编制政务数据开放目录，推进公共机构数据资源统一汇聚和有序开放，为各级政务用户、数据应用开发者使用、共享数据，创新数据应用。截至 2019 年 8 月底，共 70 家单位 383 个系统已编制信息资源共享目录 4130 个，开发数据共享开放接口 7632 个。在应用上，为省政府政务服务中心等 36 家单位调用 1753 个接口，调用接口 7277.4 万次，交换数据 174.89 亿条，为一体化在线政务服务平台、互联网＋监管、国际贸易单一窗口、商事改革 e 登记、财政一体化平台等系统提供了数据服务支撑。

2019 年发布的《中国地方政府数据开放报告》中，数据开放指数海南全国排名第 9。

3. 统一政务基础数据库建设

依托数据共享交换服务体系和大数据公共服务平台建成人口库、法人单位库、空间地理库、电子证照库、社会信用库五大基础数据库，为海南省全息数据库建设打下基础。截止目前，人口库汇集省公安厅、省卫计委、省人社厅、省教育厅、省民政厅、省编办、省残联、省住房公积金管理局 8 家单位 1188.76 万条人口数据；法人库汇集省市场监督管理局、省民政厅、省编办、省住房公积金管理局、省司法厅、省税务局 7 家单位 157.84 万条市场主体数据；电子证照库汇集全省 53 家单位 382 种类的 191.65 万份电子证照，通过推进电子证照信息在行政审批、公共资源交易领域的共享使用，有效提高了注册登记、市场准入等商事服务的便捷性；地理空间库搭配全省统一的政务地理空间信息大数据云服务平台，已持续为综治办、工信厅、扶贫办等 22 个厅局提供包括影像、电子地图、专题地图等 140 项数据及功能接口服务，有效支撑各级政务单位开展各类政务空间地理大数据专题应用；社会信用库累计归集了 1.36 亿余条信用信息，其中包括 94 万企业和非企业法人信用信息 7020 万条，自然人信用信息 6648 万条，以及省级 45 家单位的信用数据。政务公共基础库的建设，为企业实名注册认证、企业基础信息核查、社保信息核查、联合惩戒应用等提供服务，解决政务服务百姓身份认证难，反复提交材料等堵点问题，有效支撑行政审批、国际贸易"单一窗口"等跨部门系统共享利用，满足市场准入、投融资便利化、贸易便利化、"放管服"改革等领域的平台的信用监管支撑需求。

4. 统一政务大数据公共服务能力支撑平台

建成全省统一的政府大数据公共服务能力支撑平台，为各部门和各市县提供统一规范、安全可靠、充分共享的大数据开发应用工具和环境。采用云计算技术,基于hadoop技术框架,多租户管理模式,对政府各部门的开放,提供大数据存储和运算服务,为提供统一的数据分布式批处理、流式实时计算处理及分布式数据存储技术和集中运维监控管理,减少对大数据应用底层支撑平台的重复投入和运维管理成本,提高对大数据底层平台的运维管理效率。通过分布式的数据存储和高效的数据运算模型算法,对已有数据进行高效的检索和运算,与此同时发掘出数据新价值。根据数据容量横向扩展,支持政务大数据分析和挖掘应用,打造 DAAS 模式的政务大数据服务体系。

一是统一政务大数据管理规范、技术规范和数据规范,提升数据质量、数据治理和服务能力,保障大数据建设及持续运营。二是统一政务大数据采集和清洗融合平台,丰富数据来源,包括互联网爬虫及社会采集系统,汇集政府数据、企业数据、互联网数据、社会数据,提供数据的标准化稽查、去重、校验、关联、融合等处理,提升质量,实现全省数据大融合。三是统一大数据运行支撑管理,具备大数据存储、海量数据运算、大数据即席查询、数据多维分析、数据授权管理等能力。四是统一大数据监控平台和日志管理审计平台,监控平台上应用系统、数据库、ETL 任务等监控,实现全链路全方位监控,统一日志审计分析,具备多级多维度告警体系,从而保证省政务大数据公共服务平台稳定安全的运行。五是统一大数据 BI 应用工具。

依托省大数据公共服务平台,建设进出岛监管、多规合一、"互联网+防灾减灾"、不见面审批等大数据应用。2019 年被中国信息协会评为 2019 年中国政府信息化卓越成就奖。

(二)主要成效

1. 建设人流、物流、资金流进出岛监管系统

结合海南相对独立和封闭的岛屿特征,建设全天候、实时性人流、物流、资金流进出岛信息管理系统,实现对进出岛"每一个人、每一件物品、每一分钱"的精准识别和管控。

2. 初步搭建海南省社会管理信息化平台

构建海南省近海、岸线和岛内三层立体防控体系,利用卫星、北斗、无人机等监控手段信息,接入 2 万多路视频监控,多个雷达和通信基站,建立电子围栏、人脸识别系统,共享对接人流、物流、资金流等信息系统相关数据,实现对海关监管区域、重要海港区域、重要空港区域、重要车站区域、特别监管区域、党政机关区域和旅游景点区域等重点区域监控,实现对异常船舶、车辆等监管对象的发现、识别、确认、追踪和处置能力。构建自贸区(港)风险防控体系,为"管得住"提供有力的信息化基础支撑。

3. 建设一批行业领域大数据应用系统

围绕民生、行政、安全、交通、卫生等便利化需求,在数据共享的基础上,挖掘大数据价值，开发"多规合一"综合管理平台、"互联网＋防灾减灾"平台、健康医疗大数据平台、全域旅游监管服务平台、椰城市民云、政府网上督查室等行业领域大数据应用系统，初步形成了社会治理体系现代化、信息化、便利化的架构。其中，"多规合一"平台入选2018年数字中国峰会最佳案例。精准扶贫大数据平台被中国通信协会评为2018年网络扶贫最佳实践案例。"一体化大数据社会治理体系"列入省委深改办（自贸办）发布的自贸区第四批制度创新案例。

第六章　物联网技术在政府部门的应用

物联网（Internet of Things）是不同传感器之间按约定的协议进行信息交换和通信，以实现物品的智能化识别、定位、跟踪、监控和管理的一种网络。从技术特点来看，物联网技术的主要作用是"感知"。因此物联网技术比较适用于政府部门的监测类业务，特别是对自然环境和人造物品的自动监测。

一、物联网技术在政府部门应用概述

（一）发展现状

简单是说，物联网就是通过传感器联网以实现物与物之间的通信。目前，物联网技术在公安、自然资源、生态环境、交通运输、海关、市场监管、应急管理、林业等政府部门得到初步应用，取得了良好的效果，如表6-1所示。

表6-1　一些政府部门的物联网应用领域

政府部门		物联网应用领域
公安部门		罪犯识别和追踪、出入境管理、车辆监控、监狱周界安防、公民身份认证、重大活动安保、公务枪支管理、消防器材管理等
自然资源部门		国土监察、滑坡灾害监测预警、地下水质自动监测等
生态环境部门		工业污染源自动监测、核辐射自动监测、空气污染自动监测、江河湖泊水质自动监测等
交通运输部门	公路	汽车超速监测、货车超载检测、疲劳驾驶监测等
	海事	船舶识别、水上交通管制、海事设施运行监测、船员身份自动认证等
	民航	机场周界安防、空中交通管制等
	铁道	列车运行状态监测、铁道设备运行情况监测、电子客票、货物追踪等
海关部门		车辆通关自动核放、电子关锁、电子围网、海关物流监控等
市场监管部门		特种设备运行监测和安全监管、计量装置自动监测、食品安全溯源等
应急管理部门		重大危险源自动监控、危险化学品运输车辆监控、非煤矿山安全生产监控、烟花爆竹销售监管、煤矿瓦斯浓度自动监测、矿山井下人员定位等
林业部门		森林火灾、林业病虫害自动监测、受保护野生动物活动监测、湿地水位监测等

续表

政府部门	物联网应用领域
水利部门	水利工程水位自动监测等
地震部门	地壳形变的自动监测等
气象部门	温度、湿度等的自动监测
海洋部门	海洋水温、鱼群等的自动监测
邮政部门	信件追踪、包裹追踪等

物联网技术在自然资源、生态环境、林业、地震、气象、海洋等与自然环境关系密切的政府部门以及公安、海关、交通运输、市场监管、应急管理等与人造物品关系密切的政府部门的应用前景非常广阔。

在公共安全、社会保障、医疗卫生、城市管理、民生服务等领域，围绕管理模式和服务模式创新，实施物联网典型应用示范工程，构建更加便捷高效和安全可靠的智能化社会管理和公共服务体系。发挥物联网技术优势，促进社会管理和公共服务信息化，扩展和延伸服务范围，提升管理和服务水平，提高人民生活质量。

——《国务院关于推进物联网有序健康发展的指导意见》

（二）存在问题

目前，我国物联网产业发展还存在如下一些问题：

1. 国产传感器性能较差

与西方发达国家传感器产品相比，国产传感器产品往往不成系列，在测量精度、温度特性、稳定性、响应时间、可靠性等方面有较大差距，特别是稳定性、可靠性。许多国产传感器寿命短、故障率高、技术产量低、产品附加值低，处于产业链中低端。

2. 缺乏高端传感器人才

国产传感器企业高端人才匮乏，技术和产品创新能力弱，特别是传感器设计技术、封装技术、装备技术等与国外存在较大差距。国内传感器研发人才主要集中在高校和科研院所，民营企业难以吸引到优秀人才。

3. 物联网标准体系不健全

物联网标准化滞后，缺乏相关国家标准和行业标准。由于利益纷争，难以形成各个企业都认同的物联网标准。标准不统一，限制了物联网系统的互联互通，增加了用户应用物联网的成本。

（三）发展对策

目前，许多政府部门对物联网技术有应用需求。有关政府部门应把物联网技术应用作为构建智慧政府的重要内容，推进物联网技术在电子政务领域的深度应用，加强对物联网产业的引导和扶持。

1. 把物联网技术应用作为构建智慧政府的重要内容

智慧政府是电子政务的大势所趋，而物联网技术是智慧政府的四大关键技术之一（其它三大关键技术是云计算、移动互联网、大数据）。有关政府部门应结合自身业务特点，大力开展物联网技术应用试点示范工作，提高行政管理和公共服务的自动化、智能化水平，促进行政管理和公共服务模式创新，实现从电子政府到智慧政府的转变。

2. 推进物联网技术在政府部门的深度应用

物联网技术不完全是新技术。在物联网概念出现以前，各类传感器、RFID 等都已经出现，并在许多政府部门得到应用。政府部门要做的是对传统传感器、RFID 应用系统进行升级改造，实现数据的自动采集、处理和分析，更好地支撑本部门的业务。另外，物联网技术不是一种孤立的技术，要把物联网技术应用和其他技术应用结合起来，如云计算、大数据、移动互联网。物联网采集上来的大量数据需要处理，就需要云计算和大数据技术。物联网本身的数据传输，以及物联网应用系统客户端从普通电脑移至智能手机或平板电脑，需要移动互联网。

3. 加强对物联网产业的引导和扶持

物联网产业属于战略性新兴产业，政府部门可以从以下几个方面加强对物联网产业的引导和扶持：一是通过政府采购，开展物联网示范应用，带动企业乃至全社会的物联网应用，以应用来促进物联网产业的发展。二是建立类似《物联网产业引导和扶持方向目录》的指导性文件，对物联网核心技术攻关、物联网技术创新应用等方面进行资金支持。三是推动与物联网密切相关的传统产业的转型升级，包括传感器件、仪器仪表等行业。例如，仪器仪表行业通过增加物联网数据传输接口、远程控制功能等，实现传统仪器仪表向智能仪器仪表的转变，提高产品技术含量和附加值。又如，将单一功能的传感器升级为多功能传感器，可以使一些政府物联网实现"资源整合、共建共享"，减少财政开支，避免资源浪费。

二、物联网技术在公共安全部门的应用

对于公安部门，物联网技术可以应用于罪犯识别和追踪、出入境管理、车辆监控、监狱周界安防、公民身份认证、重大活动安保、公务枪支管理、消防器材管理等方面。

在罪犯识别和追踪方面，把视频监控和图像识别结合起来，根据犯罪嫌疑人的体貌特征，智能探头可以在人群中识别出罪犯，锁定之后可以对罪犯进行持续跟踪。

2012 年 4 月，京沪高铁段的上海虹桥站、天津西站、济南西站启动建设人脸识别系统，以协助公安部门抓捕在逃罪犯。

今后，应逐步把传统探头升级改造为具有对人脸、人体特征、车牌号等自动识别功能的智能探头，实现联网监控和自动报警，提高对嫌疑人员和嫌疑车辆的跟踪水平，快速抓捕犯罪嫌疑人、在逃犯和暴恐分子等。

延伸阅读：人脸识别技术

人脸识别技术是一种远距离、用户非配合状态下的快速身份识别技术，可以从监控视频图像中实时查找人脸，并与人脸数据库进行实时比对，完成快速的身份识别，实现智能预警的目的。2006 年，北京站和北京西站就曾引进了静态取相的人脸比对识别系统。该系统正式投入使用一个多月后，就有 100 多名犯罪嫌疑人因为该系统落入了法网。2008 年北京奥运会开幕式应用了人脸识别系统，证明实名制的开幕式入场券的确是其本人所有，这是奥运历史上第一次使用人脸识别技术。2009 年，首都机场的工作人员通道就启用了人脸识别门禁系统，对进出此通道的工作人员进行检查，以防止他人冒用员工证进入机场控制区。2010 年，广州高考考场首次全面启用人脸识别系统，防止替考现象，同时也为忘带准考证的考生提供了便利。2011 年，北京天坛医院在各个挂号窗口也都安装了人脸监控设备。如果识别系统监控到某人在一周内多次反复挂号，那么医院就会把他列入黑名单。

在出入境管理方面，公安部推出了"电子护照"。在车辆监控方面，RFID 技术已在上海世博园区车辆管理领域得到成功应用。在监狱周界安防方面，利用物联网技术可以探测到越狱行为，并自动发出报警。在公民身份认证和重大活动安保方面，第二代居民身份证、许多国家重大活动证件都已经采用了 RFID 技术。在公务枪支管理方面，利用物联网技术建立"智能枪柜"，可以实现对公务枪支的有效管理。

三、物联网技术在生态环境部门的应用

对于生态环境主管部门，物联网技术可以应用于工业污染源自动监测、核辐射自动监测、空气污染自动监测、江河湖泊水质自动监测等方面。

"国控重点污染源自动监控能力建设项目"是环保部 2005 年启动的一项全国性的节能减排、提高环境质量的重大举措。该项目总投资超过 80 亿元。目前已建成省、市级污染源监控中心 306 个，共对 12665 家工业企业的排污情况实施了自动监控。

2011 年 10 月以来，北京等城市接连出现灰霾天，许多市民呼吁将灰霾元凶 PM2.5 纳入国标强制监测。通过建立 PM2.5 自动监测网，就可以实时地采集城市各监测点的 PM2.5 浓度值，如图 6-1 所示。

四、物联网技术在应急管理部门的应用

对于应急管理部门，物联网技术可以应用于重大危险源自动监控、危险化学品运输车辆监控、非煤矿山安全生产监控、烟花爆竹销售监管等方面，其应用领域如图 6-2 所示。

2011 年 6 月，温州经济技术开发区安监局利用物联网技术对首批危化企业实现了危险源气体监测。

2012 年 5 月底，北京市安全监管局印发了《北京市安全生产监管系统物联网应用

图 6-1 雾霾天气监测 PM 2.5 浓度的传感器

图 6-2 物联网在应急管理部门的应用领域

示范工程建设工作方案》。目前，北京安全监管系统物联网应用示范项目已进入实施阶段。

五、物联网技术在交通运输部门的应用

对于公路运输管理部门，物联网技术可以应用于汽车超速监测、货车超载检测、疲劳驾驶监测等方面。

2011 年 7 月，交通运输部交通运输重大科技专项项目之一"基于物联网的公路网运行状态监测与效率提升技术研究"项目启动。

2012 年 7 月，国家重大科技专项课题"面向公路智能交通系统的无线物联网总体技术研究"正式获科技部批准并启动。

车联网是以车内网、车际网和车载移动互联网为基础，按照约定的通信协议和数据交换标准，在车与车、车与路、车与行人之间进行无线通信和信息交换的网络。

近年来，谷歌、百度等公司都推出了无人驾驶汽车。车联网是无人驾驶汽车普及的基础设施，是智能交通系统的重要组成部分。

对于海事部门，物联网技术可以应用于船舶识别、水上交通管制、海事设施运行监测、船员身份自动认证、船联网（如图 6-3 所示）等方面。

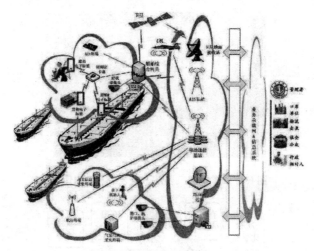

图 6-3　船联网示意图

MarineTraffic 网站通过各国海事部门采集了全球船舶动态信息。在 MarineTraffic 网站可以查看全球船舶。

目前，我国各级海事部门已经建立了一批船舶交通服务系统（VTS）、船舶自动识别系统（AIS）、闭路电视监控系统（CCTV）。2015 年 4 月，中国交通通信信息中心发布了宝船网 2.0，可为海事、搜救、渔业、边防、航运、船舶租赁、港口等提供综合信息服务。宝船网以船舶位置为基础，是融合了全球电子海图、卫星通信系统、全球 AIS 数据资源、全球船舶数据资料和全球专业气象数据的综合信息服务平台，具有 AIS 船舶位置查询、船舶历史轨迹查询、全球海图操作、船队船舶管理、关注船舶管理、关注区域管理、实时台风预报信息发布、AWT 海洋气象预报信息发布等功能。

对于民航部门，物联网技术可以应用于机场周界安防、空中交通管制、航班位置发布等方面。目前，上海浦东国际机场、重庆江北国际机场、无锡硕放机场等许多机场都建立了基于物联网的机场周界防入侵系统。在空中交通管制方面，利用雷达、飞行传感器等，实现了飞机位置、速度、姿态等自动监测，以便空中交通管制人员引导飞机进行起降。

近年来，国内外出现了 FlightTrack、Flightradar24、航旅纵横等一批可以让用户查看航班实时位置信息的 App。

对于铁道部门，物联网技术可以应用于列车运行状态监测、铁道设备运行情况监测、电子客票、货物追踪等方面。为了保障列车行车安全，全路网都建立了铁路综合视频监控系统、铁路通信监控系统和列车防碰撞系统（ATP 系统），其中铁路通信监控系统则是对铁路通信设备、线路（光纤）等进行远程控制和设备安全运行状态监控。如果列车超速，ATP 系统就会自动提醒列车司机。如果列车司机没有采取减速措施，该系统则会自动刹车。该系统在发出警告和采取刹车时，会考虑到前方列车的速度和位置，以防止列车相互碰撞。广深铁路采用带有 RFID 的火车票，乘客可以刷票进出站。由于可以自动监测到货运列车位置，货运管理系统就可以知道某件货物在当前的位置。

第七章　移动通信技术在政府部门的应用

移动互联网指由蜂窝移动通信系统通过移动终端接入互联网，用户可以随时随地地接入互联网，以获得互联网上丰富的数字内容和服务。微博、微信和移动客户端（App）是移动互联网的典型应用，简称"两微一端"。许多政府部门都开通了"两微一端"。

一、移动通信技术和移动互联网

（一）移动通信技术

目前，我国移动通信技术已经从第一代发展到第五代，第六代移动通信技术正在研发过程中。

1.第一代移动通信技术

第一代移动通信技术（1G）采用频分多址（FDMA）的模拟调制方式，这种系统的主要缺点是频谱利用率低，信令干扰话音业务。

2.第二代移动通信技术

第二代移动通信技术（2G）主要采用时分多址（TDMA）的数字调制方式，提高了系统容量，并采用独立信道传送信令，使系统性能大大改善，但TDMA的系统容量仍然有限，越区切换性能仍不完善。

3.第三代移动通信技术

第三代移动通信技术（3G）是指支持高速数据传输的蜂窝移动通信技术。3G能够在全球范围内更好地实现无线漫游，并处理图像、音乐、视频流等多种媒体形式。目前3G有四种标准：CDMA2000、WCDMA、TD-SCDMA、WiMAX。

WCDMA是欧洲提出的宽带CDMA技术，与日本提出的宽带CDMA技术基本相同。该标准提出了GSM-GPRS-EDGE-WCDMA的演进策略。这套系统能够架设在现有的GSM网络上，是当前世界上采用的国家及地区最多，终端种类最丰富的一种3G标准，占据全球80%以上市场份额。2009年1月，工业和信息化部批准了中国联通增加基于WCDMA的3G业务经营许可。

CDMA2000是由窄带CDMA（CDMA IS95）技术发展而来的宽带CDMA技术，是由美国高通北美公司为主导提出，摩托罗拉、Lucent和后来加入的韩国三星都有参与。

目前使用 CDMA2000 的地区只有中国、日本、韩国和北美。2009 年 1 月，工业和信息化部批准了中国电信基于 CDMA2000 的 3G 业务经营许可。

TD-SCDMA（时分同步 CDMA）是由中国大陆独自制定的 3G 标准，1999 年 6 月由大唐电信向 ITU 提出。TD-SCDMA 标准在频谱利用率、对业务支持的灵活性、频率的灵活性及低成本等方面具有一定优势。2009 年 1 月，工业和信息化部批准了中国移动基于 TD-SCDMA 的 3G 业务经营许可。

WiMAX 的全名是微波存取全球互通（Worldwide Interoperability for Microwave Access），又称为 802.16 无线城域网。2007 年 10 月，WiMAX 正式被国际电信联盟批准成为继 WCDMA、CDMA2000 和 TD-SCDMA 之后的第四个全球 3G 标准。

4. 第四代移动通信技术

第四代移动通信技术（4G）是一种能够传输高清视频的高带宽移动通信技术，用户能以 100 Mbps 的速度下载，比拨号上网快 2000 倍。国际上的 4G 通信标准有 TD-LTE 和 FDD-LTE 两种，其中 FDD-LTE 标准已于 2011 年年初在欧美国家正式商用。

2013 年 12 月，工业和信息化部向中国移动、中国电信、中国联通颁发了 4G 牌照（TD-LTE 牌照）。

2015 年 2 月，工业和信息化部向中国电信和中国联通发放了"LTE/ 第四代数字蜂窝移动通信业务（FDD-LTE）"经营许可。

5. 第五代移动通信技术

5G 的主要优势在于数据传输速率远远高于以前的蜂窝网络，最高可达 10Gbit/s，比先前的 4G LTE 蜂窝网络快 100 倍。5G 的另一个优点是较低的网络延迟，网络延迟低于 1 毫秒，而 4G 的网络延迟为 30-70 毫秒。5G 可以应用于智能制造、自动驾驶、远程医疗、虚拟现实、智慧能源等领域。

5G 的缺点是网络覆盖范围小，需要建更多的基站，而且比 4G 基站更耗电。5G 对墙体的穿透性较差，室内通信受到一定的限制。

2019 年 1 月，中国一名外科医生利用 5G 技术实施了全球首例远程外科手术。这名医生在福建省利用 5G 网络，操控 48 公里以外一个偏远地区的机械臂进行手术。在进行的手术中，由于延时只有 0.1 秒，外科医生用 5G 网络切除了一只实验动物的肝脏。

2019 年 6 月，工业和信息化部正式向中国电信、中国移动、中国联通、中国广电发放 5G 商用牌照，标志着中国正式进入 5G 时代。

2019 年 10 月 31 日，中国电信、中国移动和中国联通三大运营商公布了 5G 商用套餐，并于 11 月 1 日正式上线 5G 商用套餐。

6. 第六代移动通信技术

2019 年 11 月，6G 技术研发工作启动会在北京召开。会议宣布成立国家 6G 技术研发推进工作组和总体专家组，其中推进工作组由相关政府部门组成，职责是推动 6G 技术研发工作实施；总体专家组由来自高校、科研院所和企业的共 37 位专家组成，主要负责提出 6G 技术研究布局建议与技术论证，为重大决策提供咨询与建议。

目前全球 6G 技术研究仍处于探索起步阶段，技术路线尚不明确，关键指标和应用场景还未有统一的定义。在国家发展的关键时期，要高度重视、统筹布局、高效推进、开放创新。下一步，科技部将会同有关部门组织总体专家组系统开展 6G 技术研发方案的制订工作，开展 6G 技术预研，探索可能的技术方向。

（二）我国移动互联网发展情况

移动互联网指由蜂窝移动通信系统通过移动终端接入互联网，用户可以随时随地地接入互联网，以获得互联网上丰富的数字内容和服务。

根据人民网发布的《中国移动互联网发展报告（2019）》，2018 年中国移动互联网基础设施不断完善，核心技术创新起到有力的牵引作用，"人工智能＋移动互联网"构建智慧生态，推动移动互联网在智能互联、万物互联方向上取得大幅度进展。"下沉""出海""转型"创造移动互联网新增长点，移动互联网向产业互联网转型升级；立法、监管力度空前，移动空间安全秩序持续改善；移动网络生态持续向好，助推社会治理与文化建设。

根据中国互联网络信息中心发布的《第 44 次中国互联网络发展状况统计报告》，截至 2019 年 6 月，我国手机网民规模达 8.47 亿，网民使用手机上网的比例达 99.1%。

近年来，移动电子商务和移动电子政务快速发展。移动互联网管理法规不断细化，监管更加注重内容导向、经营规范；政府加快产业布局，强力推动关键技术创新；数字经济贡献率提升，成为经济发展重要引擎。

在快速发展的同时，中国移动互联网也面临一些挑战，如互联网企业出海面临更多贸易保护压力，还要应对各国各地区的立法差异、文化习俗差异、市场发育不成熟等问题；新兴领域发展带来移动安全新问题；大数据产业繁荣需要制定规则、规范管理；还存在部分地区网络覆盖薄弱等问题。

2017 年 1 月，中共中央办公厅、国务院办公厅印发了《关于促进移动互联网健康有序发展的意见》，提出推动移动互联网创新发展，强化移动互联网驱动引领作用，防范移动互联网安全风险，深化移动互联网国际交流合作。

（三）如何发展 5G 产业？

随着 5G 网络覆盖率的提高，基于 5G 的移动互联网产业将快速发展。

1. 发展 5G 产业的必要性

大力发展 5G 产业，可以拉动固定资产投资、增加就业岗位、促进信息消费，为"稳增长、调结构、扩内需"做出贡献。我国 3G 发展头三年就直接带动投资 4556 亿元，间接拉动投资 22300 亿元；直接带动增加就业岗位 123 万个，间接拉动增加就业岗位 266 万个；直接的移动终端业务消费达 3558 亿元，间接拉动社会消费 3033 亿元；直接带动 GDP 增长 2110 亿元，间接拉动 GDP 增长 7440 亿元。可以预见，5G 的带动效果将比 3G 更为明显。

大力发展 5G 产业，可以促进移动电子政务、移动电子商务的发展。在我国，拥有手机的人数比拥有电脑的人数要多得多，会用手机的人数也比会用电脑的人数要多得多。发展基于 5G 的移动电子政务，可以降低电子政务的用户门槛，扩大电子政务的用户规模，使电子政务建设惠及更多的人民群众。

大力发展 5G 产业，可以在一定程度上弥合地区之间、部门之间、人群之间的数字鸿沟。以光纤为媒介的固定网络建设成本受自然环境、传输距离、用户集聚程度等影响很大。对于人口稀少的偏远地区，与铺设光纤相比，建设 5G 网络的成本要低很多。即便是在城市，与在楼宇布线相比，采用 5G 网络覆盖方式的互联网接入成本要低很多，可以让更多的单位、个人低成本地接入互联网。

2. 5G 产业发展对策

首先，中国移动、中国电信和中国联通三大电信运营商要进行业务转型。在 5G 时代，电信运营商不应沦为"管道提供商"，而应成为顶级的"信息化服务提供商"、名列前茅的"互联网企业"。三大电信运营商要转变思想观念，充分利用自身优势，加快业务转型，大力发展 5G 产业。

跨界思维是典型的互联网思维。腾讯公司推出的"微信"对三大电信运营商的语音业务产生了很大冲击。许多电信运营商业内人士没想到自己的竞争对手居然是腾讯公司。2013 年 5 月，工业和信息化部启动了移动通信转售业务试点工作。截至 2015 年 1 月，已批复 63 家虚拟运营商。在自身业务被侵蚀的情况，电信运营商应主动跨界。其实，从资本、技术、人才、政治资源等方面来看，电信运营商的实力要比许多互联网企业强得多。电信运营商完全有能力进行跨界经营，将 5G 应用与政府、汽车、金融、教育、卫生等行业深入融合，延伸产业链，成为信息化建设领域的"国家队""主力军"。

三大电信运营商要将发展 5G 产业与发展新一代信息技术产业结合起来。三大电信运营商在物联网、云计算、移动互联网、大数据等新一代信息技术方面具有天然的优势。例如，在物联网方面，随着联网设备的增加，需要通过无线网络快速传输大量的数据，5G 的优势将很明显。电信运营商的互联网数据中心（IDC）稍加改造，便可以成为云计算中心，为政府和企业提供云计算服务。在以云计算中心为后台，App 为前台的移动互联网应用模式中，5G 的高性能无线传输可以发挥得淋漓尽致。

目前手机定位技术已经很成熟，电信运营商掌握着海量的用户位置信息。这种带有地理信息的大数据不但具有很大的商业价值，还可以用于城市规划、拥挤预警、应急管理、维稳等领域。首尔就利用手机定位数据分析人口分布和出行规律，用于科学编制城市道路规划。如果事先有部门通过手机定位数据分析上海外滩的人口拥挤情况，2014 年底的上海外滩踩踏事件就可以避免发生。

其次，以 5G 应用来带动 5G 产业的发展。任何一个产业，只有广大用户用得好、用得舒服，这个产业才会快速发展。要从为客户创造价值的角度，来发展 5G 应用。

对于党政部门，要大力发展基于 5G 的移动电子政务，进一步提高行政事务的便利性。组织开发各类政府 App，推动政府业务信息系统 App 化，建设政府 App 网站（或政府应用商店），通过 App 提供各类公共服务。利用 5G 网络对监管对象进行实时视频监控，实时采集、传输监控数据，提高市场监管和社会管理能力。对于企业，要大力发展基于 5G 的移动电子商务。开发企业 App，促进企业管理软件 App 化，开展微博、微信营销。

最后，要进一步优化 5G 产业发展环境。网络基础设施是信息社会非常重要的基础设施。国家要像重视铁路、公路、机场建设一样重视网络基础设施建设。5G 网络是目前最先进的网络基础设施。财政部门应进一步加大对 5G 产业的财政资金支持力度，用于 5G 网络建设、5G 技术设备研发、5G 服务业培育。城市规划、住房和城乡建设、自然资源、公安等部门应对 5G 基站等设施建设和保护提供支持。发改、工信、科技、商务等部门应制定扶持 5G 产业发展的政策措施，特别是基于 5G 的移动互联网产业。教育部门应重视 5G 产业人才的培养。网信、工信、市场监管、公安、知识产权等部门应加强对 5G 产业的市场监管。

二、移动互联网在政府部门的应用

微博、微信和移动客户端（App）是移动互联网的典型应用，简称"两微一端"。许多政府部门都开通了"两微一端"。

（一）政务微博

微博（Weibo）是微型博客（MicroBlog）的简称，是一种通过关注机制分享简短实时信息的广播式的社交网络平台。一条微博的字数（包括标点符号）控制在 140 个以内。目前，人民日报、新华社、新浪、腾讯等都提供了微博服务。

政务微博是指党政部门推出的官方微博，是党政领导干部走群众路线的新渠道。政务微博在创新社会管理、促进政务公开、引导社会舆论、倾听民众呼声、树立政府形象等方面都可以起到积极的作用。例如，通过微博信息平台，政府部门可以及时发布政策信息，传播正能量，通过查看网民评论了解社会公众的诉求。

目前，许多政府部门都开通了官方微博，一些政府官员也开通了个人微博。根据人民网舆情监测室发布《2017 政务指数·微博影响力报告》。截至 2017 年底，经过微博平台认证的政务微博达到 173569 个。其中政务机构官方微博 134827 个，公务人员微博 38742 个。

政务微博的优点是内容简洁（字数在 140 个字以内）、传播速度快。缺点是信息量小，功能简单。主要是信息发布功能，难以开展网上办事。

（二）政务微信

微信是腾讯公司于 2011 年 1 月推出的一个为智能终端提供即时通讯服务的免费

应用程序。微信用户可以通过"摇一摇""搜索号码""附近的人"、扫二维码方式添加好友和关注公众平台，将用户看到的精彩内容分享到朋友圈或分享给好友。

微信是目前用户数量最多的移动即时通讯软件。根据腾讯公司旗下的企鹅智酷发布的《2017微信用户＆生态研究报告》，截至2016年12月，微信全球月活用户共计8.89亿。

目前，许多政府部门开通了微信公众号，许多官员都有微信。截至2018年5月，各级党政机关在腾讯开通政务微信账号超过51万个。

微信城市服务的接入于2014年12月率先在广州实现，涉及医疗、交管、交通、公安户政、出入境、缴费、教育、公积金等16项民生公共服务。城市服务将政府部门线下的、桌面端的办事流程升级到移动端，通过位置服务、预约预检、业务办理、线上支付、进度查询、评价投诉等功能，实现全流程、闭环式的移动端办事服务，使公众足不出户、随时随地就能获得政府提供的服务，为公众的生活工作带来切切实实的便利。

截至2015年9月，腾讯在北京、上海、广州、深圳、成都、武汉、杭州等68个城市开通了微信城市服务，覆盖全国2亿多用户，累计提供21类、762项便民服务[①]。从已上线城市服务的城市来看，此前，医院挂号、违章办理、港澳再次签注、户政业务预约、长途汽车购票，是使用频次最高、最受用户欢迎的服务。

2015年5月，佛山市南海区启用了"南海政务通"微信公众号，该微信公众号具备新闻推送、办事指南查询等一般查询功能以及提供办事预约、进度查询等办事功能，还可以与市民进行互动、进行疑难解答、接受投诉建议等。

微信的优点是用户数量多，传播速度快，信息量比微博大，功能比微博强，具有信息发布、网上办事、网上缴费等功能。微信的缺点是相对封闭，限于朋友圈的人可以看到。

（二）政务App

App是应用程序（Application）的简称，主要安装在智能移动终端（如智能手机、平板电脑）上。2008年7月，美国苹果公司的应用商店（App Store）正式上线，销售与iPhone、iPad等产品配套的App，用户可以通过iTunes从App Store下载自己喜欢的App。之后，三星、谷歌、百度等也推出了自己的应用商店，供用户下载App。

目前，美国、中国香港等一些发达国家和地区在政府App方面走在全球前列。美国联邦政府网站专门开辟了政府App栏目（https://www.usa.gov/mobile-apps）。截至2014年10月，美国联邦政府提供了300多个App，涉及商业、教育、医疗卫生、旅游、金融、气象等领域。这些App可按发布单位、主题、手机操作系统分类查询。

截至2012年11月底，中国香港特区政府24个公共机构开通了56个App，主要

---

① 参见叶丹：《广东全省上线微信城市服务 首创粤通卡空中充值》《南方日报》2015年9月13日。

涉及新闻、教育、卫生、旅游、文化、环境、就业、出行、气象等民生领域。

在中国大陆地区，许多国家部委和地方政府都推出了 App。根据中国传媒大学发布的《中央部委办局政务 App 评估报告》，截至 2016 年 4 月，已有至少 26 家中央部委办局开通了 35 个 App。2/3 的国务院直属机构开通了 App。中国地震局提供的"地震速报"App 能在地震发生前的几秒通知用户，在 360 手机助手、腾讯应用宝、百度手机助手、豌豆荚、PP 助手 5 个安卓（Android）市场获得了 83.5 万次的下载；"中纪委网站"App"一键举报"特色功能凸显，下载量超过百万次；"中国天气通"App 满足了社会公众获取天气预报信息，下载量近 3000 万次。

许多省市政府都开通了 App。例如，浙江省政府推出的"浙里办"App。根据中山大学政务 App 研究组发布的 2015 年国内 70 个大中城市政务 App 调查报告，2015 年 69 个城市共有 316 个政务 App，平均下载量为 7.8 万次。

2016 年 5 月，上海浦东文明办和网格化综合管理中心联合推出了一款城市管理 App——"浦东 e 家园"，在单一受理处置市民上报问题的基础上，增加了监督、互动、信息服务等功能，市民仅需通过 App 上传公共设施缺损、安全事件和突发事件等问题的照片，即可随时查看该问题的处置流程，甚至还能得到 1.5 元的微信红包。

App 的优点是信息量比微博、微信大，功能比微博、微信强，可以在线升级。App 的缺点是有些 App 更新频率低、功能较单一。这和政府网站有些类似。有些政府 App 可看作手机版政府网站。

目前，政府 App 在美国、中国香港等一些发达国家和地区逐渐兴起。相比之下，中国大陆地区的移动电子政务发展还比较缓慢，企业或居民可以下载、使用的政府 App 还很少。为此，对政府 App 模式发展提出如下一些对策：（1）进一步改善公务员和广大人民群众的无线上网条件。在国家层面，加快推进"中国宽带"计划，提高移动通信容量；在区域层面，各级地方政府和电信运营商应加快推进"无线城市"建设；在现场层面，提高政府办公区、公共场所、商业区、住宅区的无线网络覆盖率。通过政府采购，为公务员配备智能移动终端，作为日常办公设备。电信运营商应进一步降低资费标准，更好地满足广大人民群众的无线上网需求。通过政府投资等方式，公园、图书馆、繁华商业街等公共场所应提供免费 Wi-Fi 服务。（2）推进政府信息系统 App 化。以前政府部门开发的信息系统都是基于固网的，公务员都要在自己的办公桌前登录。只有进到系统里面，才能看到需要自己办理的事项。一旦领导出差，办理的事项就要搁置到领导回单位，限制了行政效率的提高。此外，政府网站上可以让企业或居民在线办理的事项少，手机版的政府网站少，企业或居民办事不很方便。为此，各级政府部门应对现有信息系统进行改造，增加移动数据接口，开发政府 App，供企业或居民用户下载使用，提高政府办事效率。（3）以保障和改善民生为重点推广 App 模式。从美国、中国香港等国家或地区的政府 App 发展特点来看，这些地区普遍重视开发与人民生活密切相关的 App，如教育、医疗卫生、旅游、交通、文化、就业、环境、灾害等领域的 App。党的十八大提出：要多谋民生之利，多解民生之忧……，努力让人民过上更好生活。中国移动电子政务应在保障和改善民生方面多下功夫，教育、卫生健康、民政、文化旅游、生态环境等部门要开发实用的 App，使人民生活更便捷、更幸福。

随着无线网络覆盖率、智能移动终端普及率的提高，移动电子政务成为电子政务的发展趋势。政府 App 是移动电子政务的重要内容，将在今后一定时期内引领全球电子化公共服务创新。中国各级政府部门、有关信息化服务商应关注政府 App 模式，推动中国移动电子政务的发展。

三、移动电子政务内涵和优势

近年来，全国各地掀起了"无线城市"建设热潮，为移动电子政务发展奠定了很好的基础。随着手机网民规模的不断扩大，移动 OA 系统、移动执法系统、手机版的政府门户网站、基于无线网络的政府业务应用系统等移动电子政务应用快速发展。

（一）内涵

移动电子政务就是基于无线网络技术的新型电子政务模式。移动电子政务具有不受网线、网络接口的限制、配置简单、应用灵活等特点。

笔记本电脑的大规模使用和无线局域网的部署可以使政府部门告别穿线架管，甩掉线缆包围，实现"无线办公"。WLAN 配置方式简捷，应用方式灵活，并可以保护前期投资。以前，网络布线往往令许多政府部门在搭建局域网时头疼不已。现在采用 WLAN 就不一样了，可以免去或减少繁杂的网络布线环节，一般只要在安放一个或多个接入点（Access Point，AP）设备就可建立覆盖整个建筑或地区的局域网络。在有线网络中，网络设备的安放位置受网络信息点位置的限制，而在 WLAN 环境下，在无线网的信号覆盖区域内任何一个位置都可以接入网络。这使得政府部门对网络的使用多了几份灵活，少了一份束缚。

随着移动因特网技术的飞速发展，无线上网越来越普遍。公务员可以随意改变办公位置，而不再考虑调整布线，可以随时随地通过短信接收政府快报、公文提要、重要文件到达提示等。过去政府领导在外出差时往往会耽误许多重要文件的审批，领导们也常常会感慨分身乏术，现在有了移动电子政务平台，无论领导在哪都可以通过移动终端随时审阅文件，走到哪里都可以办公，极大地提高了工作效率，减轻了领导的负担。

以前的人口普查员工作时需要把信息记到本子上，回去再录入到电脑里，重复的工作严重浪费了人力资源。现在一切都变得十分简单，普查时只需现场将资料从移动终端录入，即可通过无线网络提交到内部的服务器上，大大节约了人力物力。

过去公检法人员在现场工作的时候无法及时查阅信息库，造成工作效率的低下。现在公检法人员办公时可以利用移动终端随时记录和查询信息库，例如公安人员可以在春运期间利用移动电子政务平台查询身份证号码库及被通缉罪犯档案追捕逃犯，可以极大地增加公安人员的办案效率。

不仅政府人员能够享受到移动电子政务平台带来的好处，普通民众也可以使用适当的权限进行申请、查询、上访等服务。比如一个人可以通过移动终端直接了解自己的营业执照办理到什么阶段，何时办好，使普通民众能够更好地和政府沟通。

在发生紧急情况时，如地震、火灾、楼宇倒塌，固定业务将会受到破坏而起不到任何作用，救援人员可以临时搭建一个平台内部的指挥中心网，利用内部网络进行援助工作。在整个城市遭到重大灾难时，有线网络全部瘫痪，移动电子政务平台可以充当临时接入网，支撑整个城市继续正常运作。

（二）优势

与传统电子政务相比，移动电子政务有很多优势，如可以随时随地处理公文，可以随时随地查阅信息。领导干部即使出差在外也可以处理公文，避免等待，提高办事效率。办公人员可以摆脱网线的束缚，进行移动办公。执法人员可以开展移动执法，利用无线网络调阅后台数据，进行现场处理，而不必再回办公室调阅信息。

1. 扩大电子政务的用户规模

传统基于"固网＋电脑"的电子政务应用模式，要求用户必须有电脑，该电脑还要接入国际互联网。我国手机网民比台式电脑网民数高，是我国网民的第一大上网终端。移动电话用户数和手机网民数增长非常迅猛。目前，中国公民个人手机拥有率远高于电脑。大力发展移动电子政务，将使信息化惠及更多的人民。

2. 降低电子政务的用户门槛

目前，总的来说，与电脑价格相比，手机价格相对较低，人们买手机的经济承受能力比买电脑的经济承受能力更强。与电脑操作相比，手机操作相对简单易学，运行维护难度低。随着智能手机价格和资费进一步下降，功能进一步增强，越来越多的人用得起智能手机，越来越多的人会用智能手机。以智能手机作为上网终端，可以降低电子政务应用门槛。

3. 减少电子政务建设的成本

以光纤为媒介的固定网络建设成本受地理环境、传输距离、用户集聚程度等影响很大。许多政府基层单位远离都市、地处山区、人口分散，如果通过建设固定网络普及电子政务应用，则成本高、周期长。建设无线宽带网络，不仅可以低成本地解决政府基层单位的"最后一公里"问题，而且可以快速实现区域网络覆盖，不受网络接口位置和数量限制等问题困扰。

（三）趋势

1. 移动电子政务将引领电子政务的发展

所谓移动电子政务，是指基于无线网络和移动终端的电子政务模式。在传统电子政务模式下，公务员（特别是行政执法人员）在履行政府职能、执行具体公务的过程中，人的位置总是在变的。而相关政府文件、行政相对人的信息、自然环境的信息等总是在办公室的计算机里，公务员不可能拿着一大捆材料去现场执法。而在移动电子政务模式下，执法人员可以手持终端，现场在线查询对象信息、法律依据信息等，进行现场执法。移动电子政务可以极大地提高行政效率，降低行政成本，减轻公务员的工作负担。目前，在公安、市场监管、税务、生态环境、自然资源、城市管理等执法部门，移动执法系统被越来越多地应用。移动执法往往需要传输图片、视频、音频文件，而移动互联网正好支持大容量的图片、视频、音频传输，信息传输方便、快捷。可以预见，随着 5G 的发展，移动电子政务系统将引领电子政务的发展。

2. 移动电子政务应用创新将大量出现

移动互联网可以使公务员随时、随地地采集、获取、传输、处理信息，将深刻改变电子政务应用模式，促进电子政务应用创新。例如，在安全生产监督、环境污染监控、水上交通管理、森林火情监控等领域，由于现场不方便布线，传统基于固定网络的视频监控应用受到很大的限制。在这些领域，无线视频监控就可以发挥作用了。又如，传统政府会议采用纸质文件、电话、电子邮件等方式通知参会人，这些会议通知方式工作量大、效率较低。如果用短信群发的方式进行会议通知，可以快速、准确地通知参会人。利用移动互联网，可以直接把会议通知电子文件群发给参会人。

3. 移动电子政务将促进政府信息公开和政府信息资源开发利用

目前，政府门户网站和政府单位网站是政府信息公开的主要渠道。但是由于中国家庭电脑普及率低，家庭网络接入率低。中国各级政府建设了大量网站，这些网站虽然信息都比较丰富，但实际受益的群体很小，大量没有条件上网、不会上网的人并没有享受政府网站建设带来的好处。在这种现实条件下，以网站方式推进政府信息公开效果就比较差。可以在线获取政府信息的社会公众数量有限，必然影响政府信息资源的开发利用。推进手机版政府网站建设，就可以使更多的社会公众在线获取政府信息，促进政府信息资源转变为社会财富。

四、移动电子政务发展对策

（一）加强与电信运营商的合作

在电子政务建设领域，各大通信运营商都具有资金优势、技术优势、人才优势和观念优势。在资金方面，通信运营商们拥有雄厚的资金实力，在电子政务建设领域都有规模可观的投资计划。在技术方面，通信运营商们都拥有雄厚的技术力量，在电子政务建设领域开发出了不少产品和解决方案，积累了很多成功案例。在人才方面，通信运营商们都拥有一支高素质的信息化专业人才。在观念方面，通信运营商们都拥有优秀的企业文化，在电子政务建设方面有很好的理念。随着全业务竞争局面的形成，通信运营商们都把移动信息化作为业务发展重点领域，纷纷进军电子政务建设领域。

目前，政府部门与通信运营商的合作已有不少成功案例。今后，重点要解决好通信运营商赢利模式、政府部门费用支付模式、合作的持续性等问题。通信运营商属于企业，而非公益机构，如何在电子政务建设领域赢利非常重要。建议通信运营商积极探索、创新赢利模式。为了减轻政府部门的财政负担，可以采用分期付款、以租用代替购买、优惠政策抵扣、协助产品推介抵扣等方式。要建立长效合作机制，不要因为政府部门人事变动而影响合作的可持续性。有关政府部门在移动通信设施建设用地审批、拆迁等方面给予支持，加大移动通信设施保护力度。

（二）积极应对新问题

目前，传统电子政务的法律法规尚且很不健全，移动电子政务领域更是有许多空白。例如，短信、无线传输文件、无线传输数据的法律效力问题。传统的行政法律、法规不能完全适用移动电子政务，应尽快建立并完善移动电子政务相关法律法规。

随着智能手机的普及，手机上网习以为常，泛滥于传统网络和PC的病毒感染现象将在手机终端上重现。目前不少用户还不清楚手机病毒的危害，市面上可供下载的上万种手机软件里面，针对手机的防火墙和杀毒软件还很少。因此，要高度重视移动电子政务的信息安全问题，加快相关信息安全技术攻关和制度建设。

移动电子政务终端（移动终端）的丢失意味着捡到移动终端的人可以进行非法操作、访问政府内部信息系统。如何减少移动终端丢失的概率，降低移动终端丢失后带来的风险，是发展移动电子政务值得考虑的问题。

（三）选好切入点

发展移动电子政务，可以先从以下方面入手：增加现有政府网站的无线接入功能，使企业和社会公众可以通过移动终端访问政府网站；推行政府会议短信通知，通知相关人员准时参会；增加业务信息系统的无线网络接口，使企业和社会公众可以通过移动终端查询业务办理状态，政府工作人员办理完毕后通过短信通知他们；对现有视频监控系统进行升级改造，使执法人员可以进行远程视频监控，提高政府监管水平；建立政民微博、微信互动平台，拓宽人民群众参政议政的渠道，人民群众可以通过微博、微信反映合理诉求，使政府部门及时了解社情民意。

五、发展政务新媒体

政务新媒体是移动互联网时代党和政府联系群众、服务群众、凝聚群众的重要渠道，是加快转变政府职能、建设服务型政府的重要手段，是引导网上舆论、构建清朗网络空间的重要阵地，是探索社会治理新模式、提高社会治理能力的重要途径。

近年来，各地区、各部门认真践行网上群众路线，积极运用政务新媒体推进政务公开、优化政务服务、凝聚社会共识、创新社会治理，取得了较好成效。但同时一些政务新媒体还存在功能定位不清晰、信息发布不严谨、建设运维不规范、监督管理不到位等突出问题，"僵尸""睡眠""雷人雷语""不互动无服务"等现象时有发生，对政府形象和公信力造成不良影响。

2018年12月，国务院办公厅印发了《关于推进政务新媒体健康有序发展的意见》，提出落实网络意识形态责任制，大力推进政务新媒体工作，明确功能定位，加强统筹规划，完善体制机制，规范运营管理，持续提升政府网上履职能力，努力建设利企便民、亮点纷呈、人民满意的"指尖上的网上政府"。

（一）加强功能建设

各地区、各部门要遵循政务新媒体发展规律，明确政务新媒体定位，充分发挥政务新媒体传播速度快、受众面广、互动性强等优势，以内容建设为根本，不断强化发布、传播、互动、引导、办事等功能，为企业和群众提供更加便捷实用的移动服务。中国政府网政务新媒体要发挥龙头示范作用，不断提升政务公开和政务服务水平。

1. 推进政务公开，强化解读回应。

积极运用政务新媒体传播党和政府声音，做大做强正面宣传，巩固拓展主流舆论阵地。围绕中心工作，深入推进决策公开、执行公开、管理公开、服务公开、结果公开。做好主题策划和线上线下联动推广，重点推送重要政策文件信息和涉及群众切身利益、需要公众广泛知晓的政府信息。做准做精做细解读工作，注重运用生动活泼、通俗易懂的语言以及图表图解、音频视频等公众喜闻乐见的形式提升解读效果。要把政务新媒体作为突发公共事件信息发布和政务舆情回应、引导的重要平台，提高响应速度，及时公布真相、表明态度、辟除谣言，并根据事态发展和处置情况发布动态信息，注重发挥专家解读作用。对政策措施出台实施过程中出现的误解误读和质疑，要迅速澄清、解疑释惑，正确引导、凝聚共识，建立网上舆情引导与网下实际工作处置相同步、相协调的工作机制。县级政务新媒体要与本地区融媒体中心建立沟通协调机制，共同做好信息发布解读回应工作。

2. 加强政民互动，创新社会治理。

畅通政务新媒体互动渠道，听民意、聚民智、解民忧、凝民心，走好网上群众路线。认真做好公众留言审看发布、处理反馈工作，回复留言要依法依规、态度诚恳、严谨周到，杜绝答非所问、空洞说教、生硬冷漠。加强与业务部门沟通协作，对于群众诉求要限时办结、及时反馈，确保合理诉求得到有效解决。要善于运用大数据、云计算、人工智能等技术，分析研判社情民意，为政府决策提供精准服务。注重结合重大活动、重要节日及纪念日、主题日等设置话题、策划活动，探索政民互动新方式。政务新媒体、政府网站、政务热线等应依托政府网站集约化平台完善和使用统一、权威、全面的咨询答问库，不断提升答问效率和互动质量。推动省级政府和国务院部门的咨询答问库与中国政府网对接联通。鼓励采用微联动、微直播、随手拍等多种形式，引导公众依法有序参与公共管理、公共服务，共创社会治理新模式。

3. 突出民生事项，优化掌上服务。

强化政务新媒体办事服务功能，围绕利企便民，聚合办事入口，优化用户体验，推动更多事项"掌上办"。要立足工作职责，重点推动与群众日常生产生活密切相关的民生事项向政务新媒体延伸。着力做好办事入口的汇聚整合和优化，统筹推进政务新媒体、政府网站、实体政务大厅的线上线下联通、数据互联共享，简化操作环节，为公众提供优质便捷的办事指引，实现数据同源、服务同根、一次认证、一网通办。注重把握不同形态政务新媒体分众化、差异化的特点，创新服务模式，扩大服务受众，提升服务效果。政务新媒体提供办事服务应依托本地区、本部门已有的办事系统或服务平台，避免重复建设，防止形成新的信息孤岛和数据壁垒。

（二）规范运维管理

1. 开设整合

县级以上地方各级人民政府及国务院部门应当开设政务新媒体，其他单位可根据工作需要规范开设。一个单位原则上在同一平台只开设一个政务新媒体账号，鼓励在网民集聚的新平台开设政务新媒体账号。严格按照集约节约的原则统筹移动客户端等应用系统建设，避免"一哄而上、一事一端、一单位一应用"，移动客户端要全面支持IPv6（互联网协议第6版），支持在不同终端便捷使用。政务新媒体名称应简洁规范，与主办单位工作职责相关联，并在公开认证信息中标明主办单位名称，主办单位在不同平台上开设的政务新媒体名称原则上应保持一致。集中力量做优做强主账号，构建整体联动、集体发声的政务新媒体矩阵。对功能相近、用户关注度和利用率低的政务新媒体要清理整合，确属无力维护的要坚决关停。建立政务新媒体分级备案制度，开设、变更、关停、注销应向主管单位备案。政务新媒体主办单位发生变化的，应及时注销或变更账号信息，并向社会公告。

2. 内容保障

严格内容发布审核制度，坚持分级分类审核、先审后发，明确审核主体、审核流程，严把政治关、法律关、政策关、保密关、文字关。规范转载发布工作，原则上只转载党委和政府网站以及有关主管部门确定的稿源单位发布的信息，不得擅自发布代表个人观点、意见及情绪的言论，不得刊登商业广告或链接商业广告页面。建立原创激励机制，按照规范加大信息采编力度，提高原创信息比例。发布信息涉及其他单位工作内容的，要提前做好沟通协调。建立值班值守制度，加强日常监测，确保信息更新及时、内容准确权威，发现违法有害信息要第一时间处理，发现重大舆情要按程序转送相关部门办理。政务新媒体如从事互联网新闻信息服务或传播网络视听节目，须按照有关规定具备相应资质。

3. 安全防护

严格执行网络安全法等法律法规，落实安全管理责任，建立健全安全管理制度、保密审查制度和应急预案，提高政务新媒体安全防护能力。加强对账号密码的安全管理，防止账号被盗用或被恶意攻击等安全事件发生。加强监测预警和应急处置，对于泄露后会危及国家安全、公共安全、经济安全、社会稳定的信息和国家秘密、商业秘密、个人隐私，要加强管理，确保不泄露。强化用户信息安全保护，不得违法违规获取超过服务需求的个人信息，不得公开损害用户权益的内容。

4.监督管理

加强政务新媒体的日常监管，定期组织检查，积极运用技术手段进行实时监控，及时通报、督促整改存在的突出问题。对发现的假冒政务新媒体，要求第三方平台立即关停，并通报有关部门依法依规处置。严禁购买"粉丝"等数据造假行为，不得强制要求群众下载使用移动客户端等或点赞、转发信息。第三方平台要强化保障能力，持续改进服务，为政务新媒体工作开展提供便利。

（三）强化保障措施

1.加强组织领导

各地区、各部门要充分认识移动互联网环境下做好政务新媒体工作的重大意义，提高认识，转变观念，完善政务公开协调机制，将政务新媒体工作纳入重要议事日程。明确分管负责人，统筹推动政务新媒体与政府网站整体协同发展。加强政务新媒体管理，提供必要经费保障，配齐配强工作人员，专岗专责，抓好工作落实。建立完善与宣传、网信、公安等部门的沟通协调机制，共同做好发布引导、舆情应对、网络安全等工作。

2.加强人员培训

各地区、各部门要将政务新媒体工作纳入各级领导干部和公务员教育培训内容，着力强化运用政务新媒体履职能力。认真组织开展业务培训和研讨交流，增强信息编发能力、舆情研判能力、回应引导能力、应急处置能力，打造一支政治立场坚定、熟悉政策法规、掌握传播规律、具备较强能力的专业队伍。积极开展试点示范，选择发展基础好的地方和部门，开展规范发展、创新发展和融合发展试点，探索可借鉴、可推广的典型经验。

3.加强考核评价

各地区、各部门要将政务新媒体工作情况列入年度绩效考核，制定考核评价办法。树立重实干、重实绩导向，对政务新媒体工作成效好的单位和个人，按照有关规定予以激励表扬。对违反规定发布转载不良或有害信息、破坏网络传播秩序、损害公众权益等突出问题，要严肃追责问责。国务院办公厅将对各地区、各部门政务新媒体进行网上监测和抽查，并通报有关情况。

第8章 大数据技术在政府部门的应用

2017年12月，习近平总书记在主持中央政治局第二次集体学习时指出，善于获取数据、分析数据、运用数据，是领导干部做好工作的基本功。各级领导干部要加强学习，懂得大数据，用好大数据，增强利用数据推进各项工作的本领，不断提高对大数据发展规律的把握能力，使大数据在各项工作中发挥更大作用。

一、领导干部的大数据思维

大数据（Big Data）概念最早是由美国 EMC 公司于 2011 年 5 月提出的。大数据是指以容量大、类型多、存取速度快、应用价值高为主要特征的数据集合，正快速发展为对数量巨大、来源分散、格式多样的数据进行采集、存储和关联分析，从中发现新知识、创造新价值、提升新能力的新一代信息技术和服务业态。

《"十三五"行政机关公务员培训纲要》提出加强大数据思维方面的培训。那什么是领导干部的大数据思维？

领导干部的大数据思维是指领导干部要用数据说话，用数据管理，用数据决策，用数据创新，善于运用大数据解决经济社会发展过程中面临的实际问题，通过大数据创新党建模式、经济调节模式、市场监管模式、社会治理模式和公共服务模式等。

（一）用数据说话

从历史文化传统来看，许多中国人喜欢感性思维，不善于理性思维。许多领导干部往往凭感觉说话，喜欢用"大概""可能"等模糊语言来描述事物，难以准确掌握真实情况。有些领导干部说得头头是道，但拿不出令人信服的数据，难以服众。为此，要改变过去凭感觉说话，而是用数据说话。在工作中，领导干部要对数字敏感，善于用数据摆事实，讲道理，用数据分析现状，用数据发现问题，用数据分析态势。

（二）用数据管理

历史学家黄仁宇提倡的数目字管理，其实就是指用数据管理。1979 年，黄仁宇出版了《万历十五年》，从大历史的角度提出一个新的看法：即中国失败的原因无关道德和个人因素，而是在技术上不能实现"数目字管理"。

我国许多政府部门管理之所以比较粗放，就是由于信息化建设水平低，没有用大数据进行管理。其实，如果用大数据进行管理，许多市场监管和社会治理的漏洞都可以堵住，如偷税漏税、骗保、重婚等。

近年来，数据驱动管理理论在西方国家行政管理学界逐渐兴起。许多行政管理领域的专家学者已经意识到大数据对政府管理的重要性。领导干部要学会通过大数据提供行政效能，以大数据推进国家治理体系和治理能力现代化。

（三）用数据决策

许多领导干部凭经验决策，习惯采用"拍脑袋"的决策方式，容易造成决策失误。这是因为我国现在正处于经济社会转型时期，经济社会状况变化很快，政策形势变化也很快，经验往往靠不住。如今，领导干部决策失误，是要终身问责的。一旦决策失误，轻则挨处分，重则降职甚至免职，影响今后的仕途。为此，领导干部必须要用数据决策，把相关数据作为决策的客观依据，提高决策水平，促进决策科学化。

（四）用数据创新

党的十八届五中全会提出五大发展理念，其中第一大发展理念就是创新发展。党中央、国务院把创新驱动发展战略作为中国今后一段时期的经济社会发展战略。对于领导干部，要推进政府创新，包括政府管理创新、公共服务创新等。在大数据时代，要运用大数据创新市场监管模式，创新社会治理模式、创新公共服务模式等，实现对市场的精准监管、社会的精准治理、"让数据多跑腿，群众少跑腿"。欧美发达国家都非常重视用大数据开展政府创新工作，纽约警察局的 CompStat、巴尔的摩市政厅的 CitiStat，都曾获得哈佛大学肯尼迪政府学院的政府创新奖。全国各级党政部门也要积极运用大数据，创造性地处理公共事务。

二、国外政务大数据发展情况

（一）美国

2012 年 3 月，美国政府发布了"大数据研发计划"（Big Data Research and Development Initiative），旨在通过对采集来的庞大而复杂的数据进行分析，从中获得新的知识和洞见，加速科学发现，强化本土安全。

美国国防部、能源部、国家科学基金会、国家卫生研究所和联邦地质调查局等部门启动了一批大数据研究项目或行动计划，成立了一批大数据研究机构，如表8-1所示。

表 8-1　美国一些政府部门的大数据项目

部门名称	大数据项目
国防部	多尺度异常检测（ADAMS）项目，机器阅读项目，大脑眼睛（Mind's Eye）项目，任务导向的高可用性云计算项目，视频、图像的检索和分析工具（VIRAT）计划，XDATA 项目
能源部	高性能存储系统，下一代网络，高能物理计算计划，美国核数据计划

续表

部门名称	大数据项目
国家科学基金会	大数据科学与工程核心技术研究计划，21 世纪科学与工程网络基础设施框架（CIF21）项目，数据引文（Data Citation）项目，计算先行者（Expeditions in Computing）项目，激光干涉引力波观测站（LIGO），开放式科学网格（OSG）
国家卫生研究所	癌症成像存档（TCIA）项目，纳米材料注册计划，生理网络（PhysioNet），影像信息学工具和资源交换中心（NITRC），神经学信息框架（NIF），人类连接体项目，国家生物医学计算中心，国家通用医学科学研究所病例研究项目，全球蛋白质数据银行，生物医学信息研究网（BIRN），美国国家药物图书馆集成生物学和临床信息学（i2b2）项目，国家老龄化计算机数据档案项目
联邦地质调查局	约翰·威斯利·鲍威尔分析及合成中心
国土安全部	卓越可视化和数据分析研究中心
退伍军人管理部	医疗保健信息研究所
卫生和人类服务部	疾病预防和控制中心生物传感 2.0（BioSense 2.0），疾病预防和控制中心特别细菌学参考实验室（SBRL），护理和医疗救助服务中心（CMS），食品和药物管理局的虚拟实验室
国家档案和记录局	十亿电子记录网络基础设施（CI-BER）
国家航空航天局	地球科学数据和信息系统（ESDIS）项目，全球对地观测系统（GEOSS）项目，行星数据系统（PDS），太空望远镜研究所多任务档案（MAST），地球系统网格联盟

2013 年 11 月，美国信息技术与创新基金会发布了题为《支持数据驱动型创新的技术与政策》的报告。该报告建议政府大力培养所需的有技能的劳动力，推动数据相关技术的研发。政府不仅要收集和提供数据，还要制定推动数据共享的法律框架，并提高社会公众对数据共享重大意义的认识[①]。

2014 年 5 月，美国发布《大数据：把握机遇，守护价值》白皮书，阐述了美国大数据应用与管理现状、政策框架和改进建议，指出应警惕大数据应用对隐私、公平等带来的负面影响，建议推进消费者隐私法案，通过信息泄露立法，将隐私保护对象扩展到非美国公民，对在校学生的数据采集仅应用于教育目的，修订电子通信隐私法案。

2016 年 1 月，美国联邦贸易委员会发布了一份题为《大数据：包容工具抑或排斥工具》的研究报告，分析了大数据的生命周期、大数据技术应用给消费者带来的利益和风险，探讨了应当如何利用大数据使人们既能充分享受其给社会带来的利益，又能最小化其法律和道德风险。

（二）澳大利亚

2013 年 8 月，澳大利亚财政部下属的政府信息管理办公室发布了《澳大利亚

---

① 参见姜桂兴：《美国智库建议政府支持数据驱动型创新》《学习时报》2014 年 3 月 3 日。

公共服务大数据战略》，提出了在公共服务开展大数据应用的六大原则和六大行动计划，其中"六大原则"包括数据是一种国家资产；通过设计保护隐私（Privacy by design）；数据完整、程序透明；共享技能、资源和能力；与产业界和学术界合作；促进数据公开。六大行动计划如下：

1. 制定大数据最佳实践指南

澳大利亚政府信息管理办公室的大数据工作组将与澳大利亚税务局下属的数据分析高级中心（Data Analytics Centre of Excellence，DACoE）一起合作制定最佳实践指南，该指南旨在改善政府机构在大数据分析方面的能力。内容包括：帮助政府机构识别在哪些方面大数据分析可以支持服务的改进，以及制定更好的政策；为大数据分析计划提供必要的管理；帮助政府机构识别高价值的数据集；为政府机构使用第三方数据集以及第三方使用政府数据提供建议；通过设计保护隐私；促进隐私影响评估（PIA）、同行评审和质量保证程序；利用云计算为政策和指南提供参考等。

2. 识别和报告大数据分析的障碍

大数据工作组将与DACoE合作，找出政府机构有效利用大数据的障碍，包括技术、政策、法律技能、资源、组织和文化障碍等。尽管不是所有的障碍问题都能解决，政府信息管理办公室将发布一份详细阐述了这些障碍以及可能的缓解措施以及补救战略和行动的报告。

3. 提高大数据分析技能和经验

大数据工作组将与DACoE一起确定并支持一批大数据试点项目，包括利用大数据分析已有项目，以及由一些选定的政府机构主导的新的大数据项目。这些试点项目将通过促进学习、创新和协作来加强大数据相关技能的开发。此外，大数据工作组将与DACoE一起推广多种大数据分析专业技能，这些技能比传统的ICT教学内容更宽泛，包括信息和通信技术、信息学和统计学、数学、社会经济学、商学、语言学和影响评估技能。

4. 制定数据分析指南

大数据工作组将与DACoE一起制定数据分析指南。该指南将侧重于大数据项目管理，并将OAIC在隐私保护方面的建议和指南纳入其中。该指南还包括有关NSS和交叉组合数据整合监督委员会（Cross Portfolio Data Integration Oversight Board）及其秘书处作用的信息。该指南将NSS的《为统计研究目的的服务的联邦数据集成高级原则》纳入其中，包括当实施涉及整合由联邦机构持有的数据的大数据项目时，联邦机构与秘书处打交道的方式和时间要求。此外，该指南还将为支持这些项目的一个透明审查程序开展潜力调查。

5. 建立信息资产登记注册系统

大数据工作组将与DACoE一起制定一个帮助澳大利亚联邦政府机构建立专业信息资产登记系统的指南。该信息资产登记系统将明确每个政府机构可以访问和重复利用哪些数据集。这项行动建立在跨机构实施政府2.0的基础上，将有助于更好地管理由联邦机构持有的数据，并增加发布到澳大利亚政府数据网站的数据集数量。本指南将充分利用现有文献资料,包括出版 PSI 的指南以及澳大利亚政府数据网站的相关工作文献。

6.积极跟踪大数据分析技术进展

由澳大利亚政府信息管理办公室支持的大数据工作组的成员们将积极跟踪大数据分析技术进展,并呼吁产业界、研究机构和学术机构的专家为工作组提供大数据分析的最新信息。

三、大数据在政府部门的应用

(一)概述

目前,大数据已在公安、市场监管、税务、文化旅游等部门得到应用,各政府部门大数据应用领域如表 8-2 所示。

表 8-2　政府部门大数据应用示例

政府职能部门	应用示例
办公厅 / 办公室	建设政府数据网站,开放公共数据资源;运用大数据促进领导决策科学化
发展改革部门	运用大数据监测宏观经济运行情况,促进宏观调控科学化;运用大数据进行物价监测
工业和信息化部门	发展工业大数据。推动大数据在研发设计、生产制造、经营管理、市场营销、售后服务等环节的应用,发展基于大数据的智能制造、大规模定制、服务型制造等新一代制造业
教育部门	运用大数据分析教育发展情况分析,科学配置教育资源(新建多少学校,建在哪里),因材施教
科技部门	运用大数据进行科技查新;运用大数据进行科技成果供需匹配,促进科技成果转化
公安部门	在社会治安管理、车辆管理、户籍管理、出入境管理、打拐、反扒、消防、踩踏预警、反恐、打击电信诈骗等领域应用大数据,建立基于大数据的立体化防控体系。在重要场所安装具有人脸识别功能的视频监控系统,提升视频智能化处理能力,为案件侦破提供精准线索
监察部门	数据铁笼;运用大数据进行干部画像,对干部进行监督
民政部门	在居民婚姻状况分析、社会救助对象经济状况核查、民政专项资金监管等领域应用大数据,杜绝重婚、骗婚、骗保、开大处方等违法违规行为。运用大数据帮助儿童福利院的儿童找到亲生父母,精准对接社会帮扶
司法部门	在法律援助分析、公证、司法鉴定、服刑人员分析、戒毒人员分析、律师分析等领域应用大数据
财政部门	财政收支大数据分析;财政数据可视化
人力资源和社会保障部门	运用大数据分析城乡居民就业情况、人才市场供求状况、行业薪资待遇等,引导社会就业。通过招聘单位和招聘人员的数据自动匹配,促进社会就业。建立基于大数据的社保监管平台,实现社保基金、就业专项资金和劳动用工的智能监管和医保的智能审核,杜绝骗保、冒领养老金等违法违规行为

续表

政府职能部门	应用示例
自然资源部门	加强不动产登记有关信息与住建、农业、林业、公安、民政等部门等部门的信息共享。运用大数据开展地质调查、自然资源评价等工作，查处违法占地等行为。运用大数据对地质灾害进行监测预警，保障城市地质安全
住房和城乡建设部门	运用大数据支撑"多规合一"，编制城市规划，查处违章建筑，建立住房和城乡建设"一张图"
交通运输部门	建立基于大数据的城市智能交通系统，运用大数据治理城市交通拥堵，改善市区交通状况，方便人们的出行
农业农村部门	在农业产前、产中、产后各个环节推广应用大数据技术，发展设施农业、订单农业、精准农业等现代农业，促进农业组织化、规范化、品牌化。加强涉农数据汇聚和共享，增强涉农信息系统大数据分析功能。建立农产品质量追溯系统，归集生态环境、生产资料、生产过程、市场流通、加工储藏、检验检测等农产品生产、流通、消费相关数据，实现信息可查询、来源可追溯、责任可追究
商务部门	运用大数据分析内外贸态势
文化旅游部门	运用大数据分析广大人民群众的文化需求、偏好，引导文化工作者创作出适销对路的文化产品。运用大数据分析客源、游客行为等，对景点景区人群踩踏进行预警，对旅游市场进行精确监管，科学、合理地开展旅游景区规划和评价
卫生健康部门	在医疗卫生发展情况分析、居民健康状况调查、医院等医疗资源科学配置、疫情监测和预警等领域应用大数据。鼓励医院运用大数据开展疾病研究、辅助看病等
生态环境部门	运用大数据分析环境污染态势
市场监管部门	建立和完善市场主体数据库，以社会信用代码关联市场主体信息，对市场主体进行信用画像。通过大数据分析发现各类市场主体违法违规规律、市场主体经营异常规律、消费者投诉举报情况等，通过跨部门数据比对发现市场监管漏洞，对市场主体实行分类、分级监管，科学地配置有限的执法力量。构建以企业信用信息公示为基础、以信用监管为核心的事中事后监管体系
税务部门	对涉税数据进行比对，发现税收征管漏洞，促进财税增收。运用大数据分析税收结构等
信访部门	在信访调研、访情预判、绩效考核、管理决策、记录历史等领域应用大数据。
行政服务中心	通过大数据分析为企业和社会公众提供个性化的、主动的服务，助力"最多跑一次"改革。推行"互联网＋政务服务"，以部门联网、信息共享和数据交换支撑行政事项跨部门、跨地区、跨层级办理，让数据多跑腿，群众少跑腿，实现"一号"申请，"一窗"受理，"一网"通办

　　大数据中心是智慧城市的重要基础设施，要加快构建基于大数据的"城市大脑"。大数据可以给政府部门带来的六大价值：

　　1. 领导决策科学化。大数据可以使领导干部决策方式从"凭经验"转变为"用数据说话"，杜绝"拍脑袋决策，拍胸脯保证，拍屁股走人"现象，提高决策科学化水平，避免领导干部因决策失误被问责。

2. 行政管理精细化、精确化。大数据可以使政府管理从"粗放管理"转变为"精细管理"，从"人海战术"转变为"精确管理"，提高政府管理水平。不少市场监管部门都反映人手不够，管不过来，必须运用大数据对市场主体实现分级分类管理，使有限的执法力量用在刀刃上，对违法分子进行精确打击。

3. 公共资源配置合理化。大数据可以使医院、学校等基本公共服务资源、配套设施、执法力量配置科学化、合理化。例如，随着城镇化发展和人口跨区域流动，一个城市到底应该新建多少所医院、多少所中小学，建在什么地方比较合理，都应该用数据说话。

4. 公共服务人性化。通过大数据分析，政府部门可以为企业和社会公众提供个性化、主动的公共服务，提高企业和社会公众对政府的满意度，让他们有获得感。例如，根据公安部门的人口信息，可以识别出快年满60周岁的人群，告知他们什么时间之后就可以到什么地方去办理老年证，需要提交哪些材料。

5. 政府运行整体化。目前，我国条块分割的行政管理体制，容易导致行政碎片化。行政碎片化、信息化建设各自为政，是导致政府部门之间"信息不对称"的重要原因。而政府部门之间"信息不对称"是导致市场监管和社会治理漏洞的主要原因。通过政务信息资源的整合、信息系统的互联互通，实现跨部门信息共享和业务协同，可以破解行政碎片化问题，构建整体政府。

6. 政府运作智慧化。大数据是智慧政府的关键技术之一。政府的"智慧"在很大程度上来源于大数据分析之后掌握事物全局情况、发现事物发展规律。大数据可以帮助公务员自动完成一些比对、分析工作，减少公务员工作量。例如，通过跨部门数据比对和信息核查，自动剔除不符合条件的申请者。由人口、法人单位等基础信息库和电子证照、社会信用等专题数据库，自动生成一些信息，避免基层办事人员重复录入。

（二）大数据在市场监管领域的应用

对于具有市场监管职能的政府部门，通过大数据分析可以发现各类市场主体违法违规的规律、市场监管漏洞等，对市场主体进行分类、分级监管，科学地配置有限的执法力量，增强市场监管能力。

2015年6月，国务院办公厅印发了《关于运用大数据加强对市场主体服务和监管的若干意见》，提出运用大数据加强和改进市场监管。

1. 健全事中事后监管机制

创新市场经营交易行为监管方式，在企业监管、环境治理、食品药品安全、消费安全、安全生产、信用体系建设等领域，推动汇总整合并及时向社会公开有关市场监管数据、法定检验监测数据、违法失信数据、投诉举报数据和企业依法依规应公开的数据，鼓励和引导企业自愿公示更多生产经营数据、销售物流数据等，构建大数据监管模型，进行关联分析，及时掌握市场主体经营行为、规律与特征，主动发现违法违规现象，提高政府科学决策和风险预判能力，加强对市场主体的事中事后监管。对企业的商业轨迹进行整理和分析，全面、客观地评估企业经营状况和信用等级，实现有效监管。建立行政执法与司法、金融等信息共享平台，增强联合执法能力。

2. 建立健全信用承诺制度

全面建立市场主体准入前信用承诺制度，要求市场主体以规范格式向社会做出公开承诺，违法失信经营后将自愿接受约束和惩戒。信用承诺纳入市场主体信用记录，接受社会监督，并作为事中事后监管的参考。

3. 加快建立统一的信用信息共享交换平台

以社会信用信息系统先导工程为基础，充分发挥国家人口基础信息库、法人单位信息资源库的基础作用和企业信用信息公示系统的依托作用，建立国家统一的信用信息共享交换平台，整合金融、工商登记、税收缴纳、社保缴费、交通违法、安全生产、质量监管、统计调查等领域信用信息，实现各地区、各部门信用信息共建共享。具有市场监管职责的部门在履职过程中应准确采集市场主体信用记录，建立部门和行业信用信息系统，按要求纳入国家统一的信用信息共享交换平台。

4. 建立健全失信联合惩戒机制

各级人民政府应将使用信用信息和信用报告嵌入行政管理和公共服务的各领域、各环节，作为必要条件或重要参考依据。充分发挥行政、司法、金融、社会等领域的综合监管效能，在市场准入、行政审批、资质认定、享受财政补贴和税收优惠政策、企业法定代表人和负责人任职资格审查、政府采购、政府购买服务、银行信贷、招标投标、国有土地出让、企业上市、货物通关、税收征缴、社保缴费、外汇管理、劳动用工、价格制定、电子商务、产品质量、食品药品安全、消费品安全、知识产权、环境保护、治安管理、人口管理、出入境管理、授予荣誉称号等方面，建立跨部门联动响应和失信约束机制，对违法失信主体依法予以限制或禁入。建立各行业"黑名单"制度和市场退出机制。推动将申请人良好的信用状况作为各类行政许可的必备条件。

5. 建立产品信息溯源制度

对食品、药品、农产品、日用消费品、特种设备、地理标志保护产品等关系人民群众生命财产安全的重要产品加强监督管理，利用物联网、射频识别等信息技术，建立产品质量追溯体系，形成来源可查、去向可追、责任可究的信息链条，方便监管部门监管和社会公众查询。

6. 加强对电子商务领域的市场监管

明确电子商务平台责任，加强对交易行为的监督管理，推行网络经营者身份标识制度，完善网店实名制和交易信用评价制度，加强网上支付安全保障，严厉打击电子商务领域违法失信行为。加强对电子商务平台的监督管理，加强电子商务信息采集和分析，指导开展电子商务网站可信认证服务，推广应用网站可信标识，推进电子商务可信交易环境建设。健全权益保护和争议调处机制。

7. 运用大数据科学制定和调整监管制度和政策

在研究制定市场监管制度和政策过程中，应充分运用大数据，建立科学合理的仿真模型，对监管对象、市场和社会反应进行预测，并就可能出现的风险提出处置预案。跟踪监测有关制度和政策的实施效果，定期评估并根据需要及时调整。

8. 推动形成全社会共同参与监管的环境和机制

通过政府信息公开和数据开放、社会信息资源开放共享，提高市场主体生产经营活动的透明度，为新闻媒体、行业组织、利益相关主体和消费者共同参与对市场主体的监督创造条件。引导有关方面对违法失信者进行市场性、行业性、社会性约束和惩戒，形成全社会广泛参与的监管格局。

2015 年 8 月底，国务院印发了《促进大数据发展行动纲要》，提出在企业监管、质量安全、节能降耗、环境保护、食品安全、安全生产、信用体系建设、旅游服务等领域，推动有关政府部门和企事业单位将市场监管、检验检测、违法失信、企业生产经营、销售物流、投诉举报、消费维权等数据进行汇聚整合和关联分析，统一公示企业信用信息，预警企业不正当行为，提升政府决策和风险防范能力，支持加强事中事后监管和服务，提高监管和服务的针对性、有效性。

对于地方政府，要推行信用监管和"互联网＋监管"，建立和完善基于大数据分析的智慧监管体系。建设"互联网＋监管"平台，通过大数据分析发现各类市场主体违法违规的规律、市场监管漏洞以及市场主体经营异常规律、某个行业发展态势、消费者投诉举报情况等。运用大数据对市场主体实行分类分级监管，科学配置执法资源，实现对市场主体的全生命周期监管。完善法人信用数据库、自然人信用数据库和信用信息平台，对市场主体进行信用画像，构建以企业信用信息公示为基础、以信用监管为核心的事中事后监管体系，提升事中事后监管规范化、精准化和智能化水平。

（三）大数据在社会治理领域的应用

对于地方政府，要以大数据创新社会治理模式，推进社会治理精细化、精准化、智能化。

1. 以大数据推进社会综合治理

依托网格化管理，推进政府部门、企事业单位、社会组织、新闻媒体等社会综合治理相关数据的有效集成，在流动人口管理、刑释人员安置帮教、预防青少年违法犯罪等领域开展大数据应用试点，推进雪亮工程建设。

2. 以大数据推进科技强警

把大数据技术应用到维稳、社会治安管理、车辆管理、户籍管理、出入境管理、打拐、反扒、消防、踩踏预警、反恐、打击电信诈骗等领域，建立基于大数据的立体化社会治安防控体系。在重要场所安装具有人脸识别功能的智能化视频监控系统，为案件侦破提供精准线索。

3. 以大数据创新司法工作

加快推进智慧法院、智慧检务和智慧司法建设。把大数据技术应用到检察院办案实时监测、电子证据分析、案件规律分析、案件智能研判、预防职务犯罪等领域。把大数据技术应用到法院审判流程管理、审判全程留痕、裁判文书分析、被执行人联网查控、失信被执行人联合惩戒等领域。通过案例大数据分析，减少"同案不同判"现象。把大数据技术应用到法律援助分析、公证、司法鉴定、服刑人员分析、戒毒人员分析、律师分析等领域。

4. 以大数据创新信访工作

推行"网上信访"，把大数据应用到信访调研、访情预判、绩效考核、管理决策、记录历史等领域。开展信访大数据分析，准确研判信访形势，发现信访规律，服务信访管理。

5. 以大数据创新行政执法

推进执法部门政务信息共享，为联合执法、综合执法提供数据支撑。实时采集并汇总分析综合治理、行政许可、市场监管、劳动用工、检验检测、投诉举报、消费维权等数据，提升行政执法能力。在综合执法过程中，加强相关业务部门的信息共享。通过大数据技术与数字城管、数字交通、视联网等系统的融合，提升城市管理、交通违法行为精准判定和处理水平。

6. 以大数据加强应急管理

建立基于大数据的应急管理指挥中心，利用大数据技术提高应急管理水平，最大限度地减少人员伤亡和经济损失，保障城市安全。建立应急管理数据库，整合应急管理数据资源，推进相关部门信息共享，以信息流来调配应急管理工作中的资金流、物资流、人员流等。通过大数据分析，掌握突发公共事件发生和发展的规律，以便采取有效的防范措施。

近年来，重庆市合川区建立了社会治理大数据系统，有效地提升了社会治理的广度和深度，消除了社会治理的盲区和死角。该系统包含人口管理、场所管理、事件处理、分析研判等13个功能模块，整合了公安、信访、民政、教育等多个部门的信息资源。在区社会治理指挥中心建立了视频指挥调度中心，打破部门壁垒，集中接入了2.5万余个监控视频。系统可以自动对海量数据进行分析和挖掘，分种类、分区域、分时段对全区刑事治安案件、社会矛盾纠纷、民情民意等进行智能预警。利用手机App建立特殊人群"日点名""日见面"制度，掌握全区社区矫正人员、吸毒人员、过激言行人员、精神障碍患者的表现情况。一旦出现危害社会的行为或苗头，立即调动力量依法处置。系统投入运行之后，全区刑事案件发案数量逐年下降，公众安全感指数名列重庆市前茅。

（四）大数据在公共服务领域的应用

对于地方政府，要推行"互联网＋政务服务"，实现"一号"申请，"一窗"受理，"一网"通办。借鉴浙江"最多跑一次"改革经验，加快推进一体化政务服务平台建设，实现政务服务"一张网"，做到大多数事项"网上办"。建立"政务服务网"，使之具备主题套餐、场景引导、政民互动等功能。加快构建"掌上办事""掌上办公"

体系，提高行政效能。加快建设政务数据交换平台，编制政务数据共享需求清单，让数据多跑腿，群众少跑腿。开展政务服务态势分析，提升政务服务质量。运用大数据分析政务服务中心办件情况，有针对性地优化业务流程，合理分配政务服务中心工作人员的工作量。分析办事人特征、办事历史、事项关联等，预判办事需求，为企业和人民群众提供个性化、主动的服务。依托"12345"政务服务热线平台，健全统一的政务服务热线办理机制。充分利用社会第三方拓展办事渠道，实现公共服务"就近办"。

四、政务大数据发展对策

自 2002 年《国家信息化领导小组关于我国电子政务建设指导意见》发布以来，许多政府部门开展大规模的电子政务建设。经过十多年的电子政务建设，各级政府部门积累了大量数据资源。一些国家部委开展了"数据大集中"工作，建立了数据中心。在信息社会，数据是一种重要的资产，越来越多的人开始认识到大数据的价值。

（一）为什么要发展政务大数据

发展政务大数据，可以促进政务信息资源开发利用，提高行政效能，促进决策科学化。

1. 促进政务信息资源开发利用

据初步估算，政府部门掌握着全社会 80% 的数据资源。各个政府部门每天在履行职能过程中，都产生大量的数据。这些数据如果闲置在政府部门，不会产生什么价值。但许多数据对于企事业单位来说，具有重大的应用价值。企事业单位利用大数据技术对公共数据资源进行分析，分析结果用于企业管理、科学研究等领域，可以使这些数据转化为巨大的社会财富。

2. 提高行政效能

行政管理要从"粗放式管理"向"精细化管理"转变，必须采用大数据技术，实现数据驱动型管理。例如，纽约警察部门的治安管理系统 CompStat 具有可视化的数据分析功能，可以帮助警察发现各类犯罪规律，采取有针对性的预防措施。该系统启用以来，纽约凶杀案从 1994 年的 1561 宗下降到 2009 年的 466 宗，效果非常明显。

3. 促进决策科学化

传统"拍脑袋"的经验式决策，往往造成决策失误。2013 年 12 月，中组部印发了《关于改进地方党政领导班子和领导干部政绩考核工作的通知》，规定"对拍脑袋决策、拍胸脯蛮干，给国家利益造成重大损失的，损害群众利益造成恶劣影响的，造成资源严重浪费的，造成生态严重破坏的，盲目举债留下一摊子烂账的，要记录在案，视情节轻重，给予组织处理或党纪政纪处分，已经离任的也要追究责任"。科学决策，需要数据支撑，"用数据说话"。

（二）如何发展政务大数据

第一，建设政府数据网站，开放公共数据资源。数据开放是发展政务大数据的前提条件，数据网站是政府数据开放的重要渠道。2009年以来，美国、英国、澳大利亚等西方发达国家相继掀起了开放政府运动。2011年9月，巴西、印度尼西亚、墨西哥、挪威、菲律宾、南非、英国、美国等8个国家联合签署《开放数据声明》，成立开放政府合作伙伴组织。截至2014年2月，全球已有63个国家加入开放政府合作伙伴组织。目前，全球已有40多个国家和地区开通了政府数据网站。其中既有美国、德国、英国、法国这样的发达国家，也有秘鲁、乌拉圭、智利、肯尼亚这样的发展中国家。在中国，只有北京、上海、香港开通了政府数据网站。政府部门掌握的数据多是由企业和社会公众提供的，应遵循"取之于民，用之于民"的原则，在保护国家安全、商业机密、个人隐私等基础上，以政府数据网站为渠道，向社会免费公开非涉密、非敏感的公共数据，促进社会化、市场化的数据资源开发利用。要制定国家层面的公共数据资源开放法律法规，用法律法规破除部门利益，使各级政府部门依法依规开放公共数据资源。

第二，开展重点领域的政务大数据应用。在公共安全、城市规划、经济运行、医疗卫生、社会管理、旅游等重点领域开展政务大数据应用试点工作。例如，利用大数据技术分析特定区域（车站、体育馆、景区等大型活动场所）的人群密集程度，对可能发生踩踏事件进行及时预警，及时疏导人群。利用大数据技术分析人口分布、出行规律，科学编制城市规划。利用大数据技术分析宏观经济运行情况，及时采取有针对性的政策措施。利用大数据技术分析疾病发生规律、病因机理等，为疫情防控、疾病治疗等提供科学依据。利用大数据技术分析社会舆情，及时采取措施化解社会矛盾。利用大数据技术分析游客行为，优化景区旅游设施布局，提高景区服务的人性化水平。

第三，保障政府数据安全，防止政务大数据被滥用。采用举国体制突破国产CPU、操作系统、大型数据库管理系统等核心技术并实现大规模商用。扶持一批从事国产数据库管理系统研发、大数据分析工具研发、大数据加工、大数据分析咨询服务的企业，培育和发展大数据产业。建立政府数据安全管理制度，加强政府数据中心的规范化管理。尽快制定《数据保护法》，避免政务大数据被滥用。目前，欧美、日本等发达国家普遍制定了《数据保护法》。近年来，由于缺乏相应的法律法规和有效的政府监管，个人数据被非法买卖、网络信息泄露等事件屡屡发生，亟待制定《数据保护法》，使发展政务大数据纳入法制化轨道。

第九章 人工智能技术在政府部门的应用

人工智能是研究、开发用于模拟、延伸和扩展人的智能的理论、方法、技术及应用系统的一门新的技术科学。人工智能技术可以提高政府行政管理和公共服务的智能化水平。

一、人工智能技术概述

人工智能是计算机科学的一个分支,它试图了解智能的实质,并生产出一种新的能以人类智能相似的方式做出反应的智能机器。

表 9-1 人工智能发展阶段

阶段	时间	理论方法
第一阶段	20 世纪 40 年代中期到 50 年代中期	控制论、信息论和系统论
第二阶段	20 世纪 50 年代中期到 80 年代末期	心理学、认知科学
第三阶段	20 世纪 80 年代末期到 21 世纪初	人工神经网络
第四阶段	21 世纪初到现在	互联网、深度学习

近十年来,类脑计算、深度学习等人工智能技术快速发展,被广泛应用于人机大战、医疗、机器人、无人驾驶汽车、搜索引擎、人脸识别等领域,人们的生产、生活的智能化程度越来越高。例如,工业机器人是面向工业领域的多关节机械手或多自由度的自动装置,是智能制造的核心设备。运用工业机器人,可以极大地提高劳动生产率。

1997 年 5 月,IBM 公司的计算机程序"深蓝"在国际象棋比赛中击败国际象棋冠军卡斯帕罗夫,标志着国际象棋人机大战进入新时代。

超级电脑"沃森"由 IBM 公司和美国德克萨斯大学历时四年联合打造,电脑存储了海量的数据,而且拥有一套逻辑推理程序,可以推理出它认为最正确的答案。2011年 2 月,在一档类似于"最强大脑"的综艺节目《危险边缘》中,沃森击败了两位最高纪录保持者——詹宁斯和鲁特。在问答过程中,沃森独自完成对自然语言的分析,并以远超人类的速度完成抢答。目前,"沃森"已被应用于医疗领域。病人向"沃森"说自己的症状,沃森就自动分析出患者最有可能患上了哪种疾病,并提供医治方法。

1950 年,阿兰·图灵提出了著名的"图灵测试"理论,能够通过测试的就是具有人工智能的机器人。2014 年 6 月 7 日是图灵逝世 60 周年纪念日，在英国皇家学会举行的"2014 图灵测试"大会上，聊天程序"尤金·古斯特曼"（Eugene Goostman）通过了图灵测试，标志着人工智能进入一个新时代。

图 9-1　聊天程序"尤金·古斯特曼"（Eugene Goostman）

阿尔法围棋（AlphaGo，阿尔法狗）是一款围棋人工智能程序，由谷歌公司旗下 DeepMind 公司团队开发。这个程序利用"价值网络"去计算局面，用"策略网络"去选择下子。2015 年 10 月，AlphaGo 以 5:0 完胜欧洲围棋冠军、职业二段选手樊麾。2016 年 3 月，AlphaGo 以 4:1 的总比分战胜世界围棋冠军、职业九段选手李世石。

图 9-2　AlphaGo 击败世界围棋冠军李世石

AlphaGo 采取的是深度学习模式，而不再"死记硬背"。AlphaGo 输入了 3000 万盘人类顶级棋手对弈数据，可以通过"自我对战"来进行增强学习，改善此前的决策网络。还可以通过价值网络来进行整体局面判断，由决策网络与价值网络协作决定落子位置。

延伸阅读：卡塔尔人工智能应灾软件（AIDR）

卡塔尔的人工智能应灾软件（AIDR）是一款免费的开源软件，能够对社交媒体信息进行自动收集和分类，包括在人道主义危机中发布的推特信息。AIDR最大限度地利用机器智能，并在灾害发生时帮助分析社交媒体上出现的大量数据、视频、图像和文本。一旦开始采集信息，就开始收集推特信息，创建不同的关键词和标签，如#医疗需求或#避难所。该AIDR小组与联合国人道主义事务协调办公室（UNOCHA）、红十字国际委员会（ICRC）及其他组织密切合作，共同推进部署AIDR的使用。

人工智能是具有显著产业溢出效应的基础性技术，能够推动多个领域的变革和跨越式发展。例如，人工智能可以加速发现医治疾病的新疗法，大幅降低新药研发成本；可以带动工业机器人、无人驾驶汽车等新兴产业的飞跃式发展；可以大幅提升国防信息化水平，加速无人作战装备的应用。人工智能技术将极大地提升和扩展人类的能力边界，对促进技术创新、提升国家竞争优势，乃至推动人类社会发展产生深远影响。

发展人工智能技术，要加强人脑研究。美国早在2013年就发布"脑计划"，欧盟和日本也在2013年、2014年相继发布各自的"脑计划"。中国也应制定"脑科学研究计划"，加强人工智能的基础科学研究。

二、我国人工智能发展情况

（一）发展现状

近年来，我国人工智能产业飞速发展，科技成果不断涌现，促进了智能经济发展。

1. 产业规模飞速增长

根据清华大学中国科技政策研究中心发布的《中国人工智能发展报告2018》，2017年，我国人工智能产业市场规模达到237亿元，同比增长67%。2018年中国机器人市场规模达73.7亿美元，其中工业机器人占1/3，成为世界第一大市场。

2. 科技成果不断涌现

近年来，我国在人工智能技术研发方面取得重要进展，语音识别、视觉识别等技术处于世界领先水平。例如，科大迅飞的语音识别和语音合成技术研发水平走在世界前列，眼擎科技公司发布了全球首个人工智能视觉成像芯片。百度的无人驾驶平台、阿里云的智慧城市平台、腾讯的医疗人工智能平台，科大讯飞的智能语音系统平台成为国家级人工智能开放创新平台。根据科技部新一代人工智能发展研究中心、中国科学技术发展战略研究院联合发布的《中国新一代人工智能发展报告2019》，2013-2018年，全球人工智能领域的论文文献产出共30.5万篇，其中中国发表7.4万篇，位居全球首位。

3. 智能经济快速发展

人工智能技术在工业、交通、家居、安防等领域得到越来越广泛的应用。人脸识别在抓铺逃犯方面成效明显，刷脸支付普及率快速提高。我国东南沿海地区面临"招工难""招工贵"问题，越来越多的企业推行"机器换人"。国产工业机器人已服务于国民经济37个行业大类、102个行业中类，以机器人产业为代表的智能经济迅速发展。

（二）存在问题

虽然我国人工智能产业快速发展，但依然存在一些不容忽视的问题：

1. 基础研究比较落后

我国人工智能产业基础研究、前沿研究与发达国家相比存在较大差距。人工智能学术研究以跟踪、模仿、改进为主，缺少重大原创性成果。人工智能基础理论、核心算法、前沿技术等方面的研究滞后，核心芯片、高端软件等尚未取得重大突破，许多国产人工智能产品智能化程度较低。

2. 核心技术受制于人

工业机器人的伺服电机等核心零部件依赖进口。国产机器人以组装为主，性能与国外同类产品相比差距较大。面向工业领域的人工智能技术和产品少，智能制造装备产业发展滞后。以中低档数控机床为主，缺乏高档工业机器人。

3. 产业环境有待改善

人工智能产业还处于起步阶段，标准、数据、人才等方面都存在问题。人工智能相关标准规范不健全。以医疗人工智能为例，虽然许多巨头进军医疗人工智能领域，但医疗图像的病灶标注方式缺乏标准，即使同一个科室的医生也可能有不同的标注方式。医院信息化建设各自为政，医疗信息系统缺乏数据共享，患者的电子病历数据很难完全准确同步。我国人工智能产业从业人员不足5万人，每年高校培养的人工智能相关专业学生不足2000人。美国人工智能产业从业人员拥有10年以上工作经验的约占一半，而中国不到1/4。

（三）发展对策

加快推进我国人工智能产业，建议做好如下一些方面的工作：

1. 大力发展机器人产业

进一步加大机器人关键零部件的研发力度，夯实中国机器人产业的基础。集中力量攻克精密减速器、伺服装置、变频装置、高性能控制器、传感器与驱动器等关键零部件及系统集成设计制造等核心技术，开发工业机器人、特种机器人、家庭机器人、军用机器人等产品。规划建设一批机器人产业园区，促进机器人产业集聚发展。

2. 加快发展智能汽车产业

加大智能汽车研发力度，推进无人驾驶汽车研发生产，推动泊车辅助、并线辅助、距离控制、自适应悬挂等先进技术研究和应用，提高汽车智能化水平。对现有交通基础设施进行升级改造，发展车联网，以适应智能汽车的推广普及。

3. 推进人工智能与实体经济融合

实施以人工智能为引领的创新驱动发展战略，发展智能经济。重点发展智能制造、智慧农业、智慧交通、智慧旅游、智慧社区等。引导企业采用智能装备，建设智能工厂，研制智能产品，提高研发设计、生产制造、经营管理、市场营销等关键环节的智能化水平。实施"机器换人"计划。制定融资租赁、财政补贴等方面的政策，支持企业应用工业机器人。

4. 加大扶持力度

进一步完善人工智能产业发展扶持政策，加大资金扶持力度，加强对人工智能的知识产权保护，优化人工智能产业发展环境。有条件的省市可以设立人工智能专项资金，重点支持人工智能技术攻关、人才培养和应用推广等。鼓励对人工智能应用系统进行软件产品登记，登记后享受相关税收优惠政策。

5. 建设公共平台

加强人工智能技术创新载体和行业公共服务平台建设。建立面向行业的人工智能工程中心，符合条件的优先推荐认定为各级企业技术中心，享受相关优惠政策。建设一批以人工智能产品研发设计、检验测试、推广应用等为主要内容的行业公共服务平台，完善人工智能产业链。鼓励建立由骨干企业、专业机构、行业协会、产业园区、重点高校、科研院所多方参与组建资源共享、优势互补的人工智能产业联盟，围绕产业重点，开展人工智能标准规范研究、核心关键技术攻关和产业化推广。

6. 促进供需对接

促进人工智能技术、产品和解决方案提供商与企业的供需对接，以应用促发展。促进从事人工智能研发的科研院所与投资机构的对接，推进人工智能产业化。促进人工智能企业与高校的对接，联合培养人工智能专门人才。鼓励企业应用人工智能来提高产品信息技术含量和自身信息化水平。鼓励科研院所开展人工智能技术攻关，打破国外技术垄断。人工智能企业要抓住传统产业升级改造对人工智能的迫切需求，贴近用户实际需求，推出实用的人工智能技术产品和行业解决方案，完善售后服务体系，提高市场竞争力。

三、机器人

机器人既是先进制造业的关键支撑装备，也是改善人类生活方式的重要切入点，其研发及产业化应用是衡量一个国家科技创新、高端制造发展水平的重要标志。

近年来，许多发达国家纷纷布局机器人产业。例如，美国发布了机器人发展路线报告。欧盟启动了民用机器人研发计划"SPARC"。日本制定了机器人技术长期发展战略。韩国制定了"智能机器人基本计划"。

根据中国电子学会发布的《中国机器人产业发展报告（2018年）》，2018年，全球机器人市场规模将达到298.2亿美元，2013-2018年的平均增长率约为15.1%。其中工业机器人168.2亿美元，服务机器人92.5亿美元，特种机器人37.5亿美元。

机器人分为工业机器人、服务机器人、特种机器人，其中工业机器人包括焊接机器人、搬运机器人、码垛机器人、包装机器人、喷涂机器人、切割机器人等，服务机器人包括家用服务机器人、医疗服务机器人、公共服务机器人等，特种机器人包括军事应用机器人、极限作业机器人和应急救援机器人等，如图9-3所示。

大力发展机器人产业，对于打造我国制造新优势，推动工业转型升级，加快制造强国建设，改善人民生活水平具有重要意义。

（一）工业机器人

工业机器人是集机械、电子、控制、计算机、传感器、人工智能等多学科先进技术于一体的自动化、智能化装备，是智能制造的重要支撑。

美国是工业机器人的发源地，早在1962年就研制出世界上第一台工业机器人。

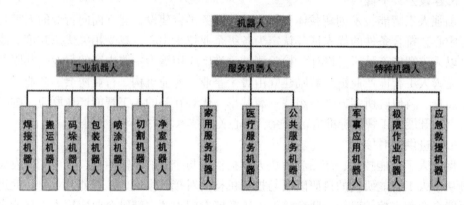

图9-3 机器人主要类型

1978年，美国Unimation公司推出通用工业机器人PUMA，标志着工业机器人技术已经完全成熟。

根据国际机器人联合会发布的《2018年世界机器人报告》，2017年，全球的工业机器人销量高达38万台，同比增长29%。其中中国是最大买家，在2017年买下13.8万台设备，超过全球总销量的1/3，同比增长58%。

2013年12月，工业和信息化部印发了《关于推进工业机器人产业发展的指导意见》，提出了七大任务：围绕市场需求，突破核心技术；培育龙头企业，形成产业集聚；突出区域特色，推进产业布局；推动应用示范，促进转型升级；加强总体设计，完善标准体系；强化公共服务，创新服务模式；推进国际合作，提升行业水平。

为了破解浙江经济长期以来过多依赖低端产业、过多依赖低成本劳动力、过多依赖资源要素消耗、过多依赖传统市场和传统商业模式的问题，浙江省委、省政府于2013年做出了加快推进"四换三名"的重大决策。其中"四换"是指腾笼换鸟、机器换人、空间换地、电商换市，"三名"是指名企、名品、名家。

2013年，浙江省政府提出实施"555机器换人"推进计划，即未来5年每年实施5000个项目，投入5000亿投资。通过"机器换人"，浙江省在2013年一年就减少普通劳动用工 70 万人。2014 年 1-8 月，全省规模以上工业企业的人均劳动生产率、利润同比分别增长 9.1%、10.6%，全省万元工业增加值用工人数下降了 9.1%，减少了 60 万简单劳动为主的操作工人。浙江众泰控股集团引进 12 台全自动智能焊接机器人，生产线员工从 120 人减至 30 人，产品一次性合格率提高至 99%[①]。

广东一家企业负责人说，以前这家企业的一个工作岗位需要雇佣两个工人，实行两班倒，一年下来工资加"五险一金"等福利需要花费 10 万元。现在花 10 万元买一台工业机器人，可以根据订单情况决定是否开启机器、开启多长时间，想什么时候开就什么时候开，想什么时候关就什么时候关，非常方便，一年就可以收回成本。在传统人工生产方式下，企业无法做到想什么时候辞退工人就什么时候辞退工人，想什么时候招到工人就什么时候招到工人。因此，在东南沿海地区，许多企业愿意购买工业机器人来替代工人。富士康昆山工厂通过使用工业机器人，工人数量从 11 万人减少到了 5 万人。许多专家学者担心中国人口老龄化以及现行计划生育政策造成劳动力短缺。其实通过推广工业机器人可以大大减少产业经济发展对青壮年劳动力的需求，这样的担心大可不必。

（二）服务机器人

目前，服务机器人有扫地机器人、导购机器人、政务服务机器人等。1999 年，日本索尼公司推出犬型机器人爱宝 (AIBO)，当即销售一空。2009 年 6 月 9 日，在东京"国际食品机械和技术展"上，东洋理机工业株式会社推出了什锦烧机器人。什锦烧机器人能够用刮铲制作什锦烧，将什锦烧盛入盘中双手奉上，问用户喜欢什么样的调料。2002 年，美国 iRobot 公司推出了吸尘器机器人 Roomba，它能避开障碍，自动设计行进路线，还能在电量不足时，自动驶向充电座。2014 年，在广交会会展中心，科沃斯（ECOVACS）推出了导购机器人"旺宝"（BENEBOT）可以与人类进行视频或音频对话，使消费者迅速了解商品信息。

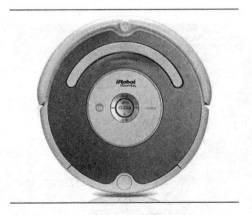

图 9-4　吸尘器机器人 Roomba

① 参见洪枫、朱艺艺：《"机器换人"浙江样本调查》《金华日报》2014 年 12 月 21 日。

（三）特种机器人

特种机器人包括太空机器人、海洋机器人、危险品作业机器人、消防机器人、军用机器人等。2012年，"发现号"航天飞机的最后一项太空任务是将首台人形机器人送入国际空间站。这位机器宇航员被命名为"R2"，它的活动范围接近于人类，并可以执行那些对人类宇航员来说太过危险的任务。在寻找马航370的过程中，澳大利亚海军使用了美国制造的"蓝鳍金枪鱼"水下机器人。

目前出现的军用机器人有扫雷机器人、无人战斗机、无人攻击武器、后勤机器人等。

在武器方面，美军海军研制出了X-47B无人驾驶空战系统（UCAS）。美国陆军一直在开发自主旋翼飞机狙击系统，该系统由一挺遥控狙击步枪和一架无人自主直升机组成，将用于城市作战或其他需要部署狙击手的任务中。2009年4月8日，在马萨诸塞州沃尔瑟姆，美国陆军测试了高等武装机器人系统（MAARS）——一部可变形的机器人。

在后勤方面，谷歌的智能机器驮驴已用于美军士兵搬运沉重的背包，士兵们可轻装上阵。美国开发了一种名为"寻血猎犬"（Bloodhound）的医疗机器人，这种机器人能够找到受伤的士兵，对其生命机能进行检查并为其提供吗啡。

与发达国家相比，中国机器人产业仍存在较大差距。一是产业基础薄弱。关键零部件仍严重依赖进口，造成国产机器人成本居高不下。精密减速机、控制器、伺服系统以及高性能驱动器等关键零部件大部分依赖进口，成本占到整体生产成本的70%以上。采购核心零部件的成本就已高于国外同款机器人整体售价，让国内企业很难在国际竞争中胜出。二是产业支撑体系有待完善。国内缺乏机器人公共技术服务平台，在机器人标准规范方面缺乏国际话语权，机器人专业技术人才严重短缺。我国机器人研发以高校和科研院所为主，科研成果转化率低。机器人是个跨学科的专业，而我国高校普遍存在学科分割的现象。企业研发各自为政，存在重复研发的现象。三是自主品牌机器人市场影响力弱，推广应用难度大。目前，国产机器人的市场份额仅占约

图9-5　"蓝鳍金枪鱼"水下机器人

图 9-6 美国军用机器人

30%，且主要处于行业低端、产业下游。例如，我国自主品牌工业机器人以中低端的三轴、四轴为主，高端的六轴关节机器人占比不足 6%。

2014 年 6 月，习近平总书记在与中国科学院院士和中国工程院院士座谈时指出：要把中国机器人水平提高上去，而且要尽可能多地占领市场。目前，机器人和智能制造已被纳入国家科技创新的优先重点领域。

今后，我国要进一步加大机器人关键零部件的研发力度，夯实中国机器人产业的基础。完善产学研联动机制，建立一批机器人协同创新中心。打破高校院系、学科分割的局面，组建一批机器人研究机构，培养跨学科人才。支持校企合作建立机器人实训基地，培养实用型人才。规划建设一批机器人产业园区，促进机器人产业集聚发展。

四、新硬件

"新硬件"是由极客和创客为主要参与群体，以硬件为表现形式的一种新产业形态。这里说的新硬件，不是主板、显示器、键盘这些计算机硬件，而是指一切物理上存在的，在过去的生产和生活中闻所未闻、见所未见的人造事物，如多轴无人飞行器、无人驾驶汽车、3D 打印机、可穿戴设备、智能机器驮驴、机器人厨师。

（一）发展现状

在美国等发达国家，以穿戴式设备、无人驾驶汽车等为代表的新硬件快速发展。谷歌、亚马逊、Facebook、百度、腾讯等大型互联网企业纷纷布局新硬件。例如谷歌公司的谷歌眼镜和无人驾驶汽车，亚马逊公司的 Kindle 电子书阅读器和多轴无人飞行器。

早在 2011 年，谷歌就注册成立了"谷歌汽车公司"（Google Auto LLC）。谷歌的第一代无人驾驶车是在丰田普锐斯的基础上进行改装的，第二代无人驾驶汽车是在雷克萨斯 SUV 的基础上进行改装的。2012 年 5 月，美国内华达州正式颁发一台搭载谷歌无人驾驶系统的丰田普锐斯上路许可证。谷歌无人驾驶系统通过雷达、激光测距仪、摄像机等来"看到"其他车辆，并使用 GPS 和高精度地图进行导航。2014 年，谷歌汽车公司作为一家乘用车制造商在美国加利福尼亚取得了汽车制造许可证。

2013 年 12 月，亚马逊公司发布了新 Prime Air 计划。采用无人机送货，突破地面运输限制，用户下单后货物最快可在半小时内送到用户手中。目前，无人飞行器已经广泛应用于军事侦察、空中打击、航拍、农药喷洒、电网巡查、反恐等领域。2014 年 3 月，Facebook 以 20 亿美元收购了 Oculus VR，以便让年轻人用虚拟现实设备体验"真实世界"。

此外，Autodesk 公司利用 3D 打印机打出来的假肢让残疾人变成了炫酷人群。

图 9-7　谷歌无人驾驶汽车

图 9-8　亚马逊公司的货运无人机

延伸阅读：极客和创客引领美国新硬件时代

引领"新硬件时代"的是那些极客和创客 (Geek & Maker)，大公司充其量不过是"买手"和"推手"。它们看到一个好东西，就花小钱把创客团队和"硬蛋"买下来慢慢孵化，一旦养大了，动辄就会撬动百亿级的市场。创客 1/3 在大学里，1/3 在自家车库里，还有 1/3 在孵化器里。

在国内，百度、阿里巴巴、腾讯、京东等大型互联网企业也开始布局新硬件领域。例如，百度与交通运输部公路研究院合作开展无人驾驶技术研究。2015 年 12 月，百度无人驾驶车在国内首次实现城市、环路及高速道路混合路况下的全自动驾驶。随后，百度公司宣布成立自动驾驶事业部，聚焦技术研发、生态建设与产业落地，加快研发普通城市道路的无人驾驶技术，计划三年商用化，五年实现量产。目前，京东已经开展了无人机送货试验。

（二）发展对策

1. 组建产业联盟

组建产业联盟，有利于整合新硬件产业链资源。例如，2014 年 10 月，由京东、百度、奇虎、小米等 21 家龙头企业共同发起的"中关村智能硬件产业联盟"成立。该联盟是在中关村管委会指导下，由智能硬件产业链上下游企业级相关企事业单位发起成立的。首任理事长单位为京东，副理事长单位由小米、乐视、百度、海尔、奇虎、京东方、科通芯城、中科创达、清华、北大、北航、中国电子技术标准化研究院、工业和信息化部电信研究院、中科院计算所等 20 家机构组成。该联盟覆盖了芯片设计、工业设计、软件、互联网 +、大数据、检测认证等产业环节。

2. 打造产业集群

规划建设新硬件产业园，吸引新硬件相关企业入驻，促进新硬件产业集聚发展。建设新硬件公共技术和服务平台，为企业提供芯片设计、工业设计、软件、互联网 +、大数据、检测认证等服务。

3. 制定扶持政策

新硬件产业属于新兴产业，需要政府部门进行扶持。2015 年 3 月，中关村管委会联合海淀区政府出台了《促进中关村智能硬件产业创新发展的若干支持措施》。该措施一共有 29 项，从资金、技术、场地等各个方面为智能硬件产业发展提供支持。

五、人工智能技术在政府部门的应用

目前，人工智能技术已经在市场监管、社会治理、公共服务、公共安全、生态环境、智慧城市、科学决策等得到初步应用。

（一）市场监管

人工智能在市场监管中能够展现出强大的追踪、搜集、计算和分析能力，可帮助监管部门认识并把握网络市场的行为特征与规律，可发现网络市场交易中的涉案违法案件及线索，可增强网络市场监管执法的针对性与有效性，可显著提升网络市场监管的能力和效率。

在保证监管精准客观要求方面。人工智通过海量数据搜集、信息处理和对违法商品与交易的深度挖掘，能够给监管部门提供更多决策依据和执法证据，从而减少传统人工监管下的出错概率，节约资源分配利用和成本，增强监管效果。同时，监管部门也能设定相应算法，对全网信息进行收集、分析和提炼，实现对网络市场的针对性监控和精准监管。

在保证监管公正本质要求方面。应用人工智能技术，一方面可以推动网监执法数据的充分应用，帮助执法人员作出高效、公正的决策；另一方面，也可以减少人为因素的干扰，增强执法人员的法治意识，通过法治思维和法治方式履行市场监管职责，人工智能让市场监管变得更加公平、公正和透明。

此外，人工智能还能根本上改变传统监管的被动局势。利用人工智能进行市场数据与信息分析，能提早预测市场违法行为，从而给出及时的预防、制止和治理措施，变被动式监管为主动式监管。这不仅弥补了传统监管的滞后和不足，而且还能大幅降低执法成本。

佛山市市场监管局采用人工智能技术进行市场主体风险的高精准预测研判，在全国首创"人工智能＋双随机"监管模式。佛山市市场监管局与科研院所合作，将机器学习算法、大数据、概率与统计学等前沿理论运用于监管实践，以风险点为导向、创新开展信用风险监管，采用人工智能技术对市场主体全数据进行风险研判。通过对历史监管数据的分析计算，发现企业发生经济违法行为的规律和特征，构建风险研判模型，寻找影响企业发生违法行为概率的因子，剔除与违法概率相关性低的因子，保留了存续期、股东认缴出资额等12项与违法概率相关性高的因子，以此作为计算违法概率的基本要素，自动寻找出高风险的市场主体。经历史数据校验，通过将构建风险研判模型预测出的高风险市场主体，与实际监管中发生违法违规行为的市场主体对比，风险预测准确率高达77.6%。以检查市场主体100户为例，可减少对68户次守法市场主体的打扰；对佛山78万市场主体而言，即可减少非有效监管53万户次。

2019年初，佛山市市场监管局把研判出的2.9万户高风险市场主体纳入"双随机"抽查计划，通过人工智能技术精准研判出风险程度高的重点地域、行业及市场主体，加强"双随机"的精准性，以此为靶向开展差异性抽查。

（二）社会治理

在政法领域，人工智能可以应用于如下一些领域：利用智能语音识别技术减轻书记员的劳动强度、提供量刑建议、快速核对案件卷宗及证据链完整性等，服务法院法官决策，服务法治社会建设。应用人工智能技术，庭审时间可以缩短20%–30%，疑难复杂案件的审判时间可以缩短50%以上。

2016年9月，浙江省高级人民法院智能语音识别系统上线，庭审记录方式迈入"智能书记员"时代。智能语音识别系统可根据案件性质、诉讼参与人多少等不同情况，预先设置身份，语音文字转换时自动注明发言人角色，自动区分庭审发言对象及发言内容。

（三）公共服务

人工智能技术可以应用于行政服务中心。深圳市龙岗区利用人工智能技术打造的智慧便民服务大厅，使现场排队群众减少90%。上海市徐汇区行政服务中心引入机器人"徐小智"和"徐小境"，通过人脸识别和语音、文字交互并结合录入的专项业务场景语料和知识图谱，为企业和群众办事提供便捷、高效服务。

在徐汇区政务服务中心一层，"徐小智"可提供一楼政务大厅多事项办理窗口引导。当办事民众不清楚自己的待办事项该前往哪个服务窗口时，"徐小智"可通过多轮对话引导民众，完成精确的业务引流工作。而位于徐汇区行政服务中心二层的出入境办证中心处，"徐小境"可以通过对话交互方式，为民众提供业务事项办理流程、所需材料等业务咨询服务，并针对不同业务情况提供个性化政策指引。

人工智能技术可以应用于政府热线电话。通过对语音的质检和分析，可挖掘语音价值，对来电原因、通话时长、满意度、来电次数等方面进行分析，政务服务机器人能准确把握人民群众需求热点变化趋势，提供全时段、媒体化、社交化等多种特性的服务，通过对网页、微博、微信及手机应用等渠道的用户问题及行为智能意图进行识别，再对接政务知识库、各种政务业务规程、流程的查询，实现精准回复。

图9-9　上海市徐汇区行政服务中心机器人

（四）公共安全

上海建立了刑事案件智能辅助办案系统，包括由16.55万份电子卷宗、裁判文书和庭审笔录组成的数据库。

浙江省桐乡市公安局出入境管理局自从接入了人工智能语音交互咨询接待服务系统，就在政务服务方面拥有了快速高效的服务效率，摆脱了需要大量咨询人员在大厅提供服务的难题。预约咨询、证件办理、证件更换、代办理等都可以通过这一套人工智能系统提前解决。

桐乡公安研发了"情报魔方"实战平台，人脸识别、车脸识别、物联网等工具模型在实战平台上应用，使办案准确率、办案效率大幅提升。2016年2月16日，一名姓范的男子在浙江桐乡市乘公交时，被盗走一部价值近6000元的手机。当地警方在获取嫌犯在公交上的视频截图后，立即通过人脸识别系统进行比对，当天就将其抓获，顺利追回被盗手机。

（五）生态环境

运用无人机，生态环境保护部门可以更好地监测空气污染、水污染、固体废物污染和土壤污染，为环境治理决策提供依据。

在环卫行业，中联重科环境产业有限公司推出了环卫智慧作业机器人和无人驾驶小型扫路车。

环卫智慧作业机器人具有智能保洁与巡检、智能地面垃圾检测及清理、垃圾智能识别和作业模式智慧选择、智能清洁作业与机械臂智能协同作业、自动无线充电、室内作业与室外作业双模式无缝切换、自适应不同外界环境场景、"互联网云＋环卫机器人"智慧远程集群物联互联等功能。环卫智慧作业机器人具有高可靠虚拟安全屏障、绿色新能源动力、智慧智能高效作业、自动无线充电续航等特点，可完全替代人工的高端智慧环卫装备产品。环卫智慧机器人可以应用于广场、公园、产业园区、人行道、街区、生活小区、机场、高铁站等众多场所，将大幅提升环卫行业的智能化水平和作业效率，杜绝环卫人工作业的安全隐患及安全事故发生，大幅节省环境环卫人力成本。

无人驾驶小型扫路车具有全工况无人驾驶能力，能自动感知到周边行人、车辆、动物等物体，还能对垃圾进行精准的追踪清扫，并会根据地面垃圾种类及负荷，调整作业车速、扫盘转速、风机功率等作业参数，实现节能清扫。同时，"无人小扫"的运行视频、作业轨迹和工况数据都会实时传输到公司的调度云平台，可以对"无人小扫"进行实时控制。

第十章　区块链技术在政府部门的应用

区块链是由多个参与方共同记录和维护的分布式数据库，该数据库通过哈希索引形成一种链状结构，其中数据的记录和维护通过密码学技术来保护其完整性，使得任何一方难以篡改、抵赖、造假。区块链技术提供了不同机构在非可信环境下建立信任的可能性，降低了电子数据取证的成本，带来了建立信任的范式转变，在政府数字化转型方面可以发挥重要作用。

一、区块链技术概述

（一）内涵和特点

2008 年，日裔美国人中本聪在《比特币：一种点对点电子现金系统》一文中提出了"区块链"（Blockchain）概念。

区块链有狭义和广义之分。从狭义来讲，区块链是一种按照时间顺序将数据区块以顺序相连的方式组合成的一种链式数据结构，并以密码学方式保证的不可篡改和不可伪造的分布式账本。从广义来讲，区块链技术是利用块链式数据结构来验证与存储数据、利用分布式节点共识算法来生成和更新数据、利用密码学的方式保证数据传输和访问的安全、利用由自动化脚本代码组成的智能合约来编程和操作数据的一种全新的分布式基础架构与计算范式。

区块链的主要特点如下：

（1）自治性：没有中心节点，不依赖第三方管理机构；（2）难篡改：数据全网传播和同步，篡改成本极高；（3）可信任：对人的信任变为对机器的信任；（4）可追溯：区块按时间顺序线性连接；（5）智能化：智能合约可以执行复杂的业务逻辑；（6）隐私性：运用加密技术保护用户身份或其他隐私信息；（7）容错性：不会因为某个节点而影响整个系统的功能和安全。

区块链是分布式数据存储、点对点传输、共识机制、加密算法等计算机技术在互联网时代的创新应用模式。区块链是新一代信息基础设施，目前还处于初级阶段。

值得指出的是，区块链不等于比特币（Bitcoin）。比特币是一种 P2P 的、虚拟的、加密的、非官方的数字货币，是复杂算法生成的特解。2017 年 9 月，中国人民银行等七部委宣布中国禁止虚拟货币交易。

（二）主要类型

区块链主要有公有链、联盟链、私有链三种类型。对于公有链，各个节点可以自由加入和退出区块链，并参加链上数据的读写，如以太坊。联盟链是多个机构共同参与管理的区块链，如中国分布式总账基础协议联盟（China Ledger）。对于私有链，需要授权才能加入节点，各个节点的写入权限被严格控制，如蚂蚁金服。

（三）应用价值

区块链优点是单点发起、全网广播、交叉审核、共同记账。打个比方，同村的张三向李四借钱，随后通过广播告诉全体村民，村民经过点对点的交叉确认核实了这个情况，随后各自在自己的账本上记上一笔，这样一来，全村村民账本上都有了记载。

未来一段时间内，随着区块链技术不断成熟，其应用将带来以下几个方面的价值：一是推动新一代信息技术产业的发展。随着区块链技术应用的不断深入，将为云计算、大数据、物联网、人工智能等新一代信息技术的发展创造新的机遇。二是为经济社会转型升级提供技术支撑。随着区块链技术广泛应用于金融服务、供应链管理、文化娱乐、智能制造、社会公益以及教育就业等经济社会各领域，必将优化各行业的业务流程、降低运营成本、提升协同效率，进而为经济社会转型升级提供系统化的支撑。三是培育新的创业创新机会。国内外已有的应用实践证明，区块链技术作为一种大规模协作的工具，能推动不同经济体内交易的广度和深度迈上一个新的台阶，并能有效降低交易成本。四是为社会管理和治理水平的提升提供技术手段。随着区块链技术在公共管理、社会保障、知识产权管理和保护、土地所有权管理等领域的应用不断成熟和深入，将有效提升公众参与度，降低社会运营成本，提高社会管理的质量和效率，对社会管理和治理水平的提升具有重要的促进作用。

有学者认为，区块链在信任中发挥的作用正犹如互联网在信息中发挥的作用。第一代互联网解决了信息传输的成本和效率问题，却没有办法解决信息的信用问题，没有信用的信息就缺乏价值支撑。所以第二代互联网必须突破的是：怎样去中心化地建立起全球信用？让价值传递也能像信息传递一样低成本高效率进行，这就是区块链的历史使命。

大力发展区块链，有利于推进国家治理体系和治理能力现代化，有利于促进数字经济发展，有利于推动下一代互联网发展，有利于推进社会信用体系建设。

二、区块链相关国家政策

（一）习近平总书记关于区块链的重要论述

2019年10月24日，中共中央政治局就区块链技术发展现状和趋势进行第18次集体学习。习近平总书记在主持学习时强调，区块链技术的集成应用在新的技术革新和产业变革中起着重要作用。我们要把区块链作为核心技术自主创新的重要突破口，明确主攻方向，加大投入力度，着力攻克一批关键核心技术，加快推动区块链技术和产业创新发展。

习近平总书记指出，区块链技术应用已延伸到数字金融、物联网、智能制造、供应链管理、数字资产交易等多个领域。目前，全球主要国家都在加快布局区块链技术发展。我国在区块链领域拥有良好基础，要加快推动区块链技术和产业创新发展，积极推进区块链和经济社会融合发展。

习近平总书记强调，要强化基础研究，提升原始创新能力，努力让我国在区块链这个新兴领域走在理论最前沿、占据创新制高点、取得产业新优势。要推动协同攻关，加快推进核心技术突破，为区块链应用发展提供安全可控的技术支撑。要加强区块链标准化研究，提升国际话语权和规则制定权。要加快产业发展，发挥好市场优势，进一步打通创新链、应用链、价值链。要构建区块链产业生态，加快区块链和人工智能、大数据、物联网等前沿信息技术的深度融合，推动集成创新和融合应用。要加强人才队伍建设，建立完善人才培养体系，打造多种形式的高层次人才培养平台，培育一批领军人物和高水平创新团队。

习近平总书记指出，要抓住区块链技术融合、功能拓展、产业细分的契机，发挥区块链在促进数据共享、优化业务流程、降低运营成本、提升协同效率、建设可信体系等方面的作用。要推动区块链和实体经济深度融合，解决中小企业贷款融资难、银行风控难、部门监管难等问题。要利用区块链技术探索数字经济模式创新，为打造便捷高效、公平竞争、稳定透明的营商环境提供动力，为推进供给侧结构性改革、实现各行业供需有效对接提供服务，为加快新旧动能接续转换、推动经济高质量发展提供支撑。要探索"区块链+"在民生领域的运用，积极推动区块链技术在教育、就业、养老、精准脱贫、医疗健康、商品防伪、食品安全、公益、社会救助等领域的应用，为人民群众提供更加智能、更加便捷、更加优质的公共服务。要推动区块链底层技术服务和新型智慧城市建设相结合，探索在信息基础设施、智慧交通、能源电力等领域的推广应用，提升城市管理的智能化、精准化水平。要利用区块链技术促进城市间在信息、资金、人才、征信等方面更大规模的互联互通，保障生产要素在区域内有序高效流动。要探索利用区块链数据共享模式，实现政务数据跨部门、跨区域共同维护和利用，促进业务协同办理，深化"最多跑一次"改革，为人民群众带来更好的政务服务体验。

习近平总书记强调，要加强对区块链技术的引导和规范，加强对区块链安全风险的研究和分析，密切跟踪发展动态，积极探索发展规律。要探索建立适应区块链技术机制的安全保障体系，引导和推动区块链开发者、平台运营者加强行业自律、落实安全责任。要把依法治网落实到区块链管理中，推动区块链安全有序发展。

习近平总书记指出，相关部门及其负责领导同志要注意区块链技术发展现状和趋势，提高运用和管理区块链技术能力，使区块链技术在建设网络强国、发展数字经济、助力经济社会发展等方面发挥更大作用。

（二）区块链相关政策

2016 年以来，国务院出台了一系列区块链相关政策文件。例如，2016 年 12 月，国务院印发的《"十三五"国家信息化规划》中将区块链作为战略性前沿技术。

2017年7月，国务院印发的《新一代人工智能发展规划》提出"促进区块链技术与人工智能的融合，建立新型社会信用体系，最大限度降低人际交往成本和风险"。

2017年10月，国务院印发的《关于积极推进供应链创新与应用的指导意见》提出"研究利用区块链、人工智能等新兴技术，建立基于供应链的信用评价机制"。

2019年1月，国家互联网信息办公室公布了《区块链信息服务管理规定》，自2019年2月15日起施行。根据该规定，区块链信息服务提供者应当落实信息内容安全管理责任，建立健全用户注册、信息审核、应急处置、安全防护等管理制度。区块链信息服务提供者应当制定并公开管理规则和平台公约，与区块链信息服务使用者签订服务协议，明确双方权利义务，要求其承诺遵守法律规定和平台公约。

三、区块链技术在党政机关应用情况

近年来，区块链技术在政府部门的应用不断涌现。据统计，2019年上半年，区块链政务应用的数量占区块链应用总量的20.3%。2019年第二季度区块链政务应用数量较第一季度增长了59.3%。

从区域来看，北京、广州、佛山、雄安新区、杭州、重庆等地的区块链政务应用项目较多，应用类型包括数据存证、数据共享、监管追溯、电子票据、电子证照、数字身份等。

目前，区块链技术在智慧党建、司法公信、政务服务、市场监管、自然资源、生态环境、公共安全、卫生健康、志愿服务、资金管理等领域得到初步应用。

（一）智慧党建

在党建领域，区块链技术可以应用于数据共享、数据存证等方面。2018年6月，重庆市渝中区智慧党建信息平台建设项目正式启动。该平台采用了区块链技术，实现了党务公开、支部活动、组织关系转接等上网，打通了区内各部门数据壁垒。

2019年10月，中国共产党新闻网·人民党建云推出的《"链"上初心》正式上线，把党建与区块链技术结合起来，让广大党员干部在体验区块链技术的过程中，以新颖形式让党员留住初心、验证初心、不忘初心。党员可通过此款产品记录下自己的"初心"，它将被生成"初心"区块，被永久保留在区块链上，不可更改。党员会获取一枚密匙，并有三个选择：一是可以将它装入时光胶囊，在每年的政治生日（入党日）或党的生日那天用初心密匙打开，查看"初心"；二是选择登上初心墙，直接公开自己的"初心"，让所有人共同见证；三是邮寄给未来的自己，设定邮件收取时间，无需密匙，届时登陆人民党建云平台时会自动弹出。

（二）司法公信

在司法实践中，区块链一方面可以对当事人上传到电子诉讼平台的诉讼文件和证据进行存证，防止篡改，保障诉讼安全；另一方面可以对进行过区块链存证的诉讼证据进行验证，解决当事人取证难、认证难的问题。

在司法公信领域，区块链技术可以应用于法院、检察院以及司法行政部门的仲裁、公证、社区矫正等方面。

2019 年 6 月 13 日，广州市智慧破产审理系统上线，这是全国首个地方管理人智能服务平台、全国首个地方破产审判动态监管平台、全国首个债权人评价监督平台、全国首个破产审判区块链协同平台。此外，广州司法公信领域的区块链应用项目还包括广州市司法局的"仲裁链"等。

2018 年 9 月，最高人民法院公布了《关于互联网法院审理案件若干问题的规定》。其中第 11 条规定，当事人提交的电子数据，通过电子签名、可信时间戳、哈希值校验、区块链等证据收集、固定和防篡改的技术手段或者通过电子取证存证平台认证，能够证明其真实性的，互联网法院应当确认。

北京、杭州、广州等一些互联网法院应用了区块链技术。例如，2018 年 12 月，北京互联网法院电子证据平台"天平链"上线运行。2019 年 10 月，北京互联网法院在办理网络侵权纠纷案件时，采用区块链智能合约实现执行"一键立案"。2018 年 9 月，杭州互联网法院司法区块链正式上线。2019 年 6 月，杭州互联网法院推出"5G+区块链"涉网执行新模式。2019 年 3 月，广州互联网法院"网通法链"智慧信用生态系统正式上线。

2019 年 6 月，广州市智慧破产审理系统上线运行，这是全国首个地方管理人智能服务平台、全国首个地方破产审判动态监管平台、全国首个债权人评价监督平台、全国首个破产审判区块链协同平台。

2019 年 11 月，司法部在南京举办"区块链+法治"论坛，司法部部长傅政华提出要把"区块链+法治"作为"数字法治、智慧司法"建设新内容，为国家治理体系和治理能力现代化提供有力法治保障。

2019 年 3 月，江苏省推出了区块链公证摇号系统。使用区块链公证摇号系统进行现场摇号公证和直播，在全国尚属首次。2019 年 5 月，浙江区块链公证摇号系统正式启动运营。

在社区矫正方面，山东省建立了区块链社区矫正智能化平台，佛山市建立了"社矫链"平台。

此外，山东省烟台市探索"区块链+司法行政"的实现形式，推动区块链技术在社区矫正、公证、司法鉴定等司法行政领域应用。

（三）政务服务

在政务服务领域，区块链技术可以应用于政务数据共享、数字身份、电子证照等方面，方便企业和群众办事。

2018 年 4 月，通过"陕数通"，陕西省咸阳市将公安、民政、社保、医院、银行等市县镇三级 1300 多个单位部门涉及的 85 类数据上链。

2018 年 5 月，青岛市北区开始试点探索区块链在政务方面的应用，将政府业务"上链"，实现市民"零跑腿"和"无纸化"办理。

2018年7月，开封市兰考县建立"链政通"，可以为兰考县85万居民用户提供区块链数字身份。

2019年10月，山东自贸区济南片区的"区块链+政务"可信服务平台正式上线，可实现申请材料跨部门复用，企业开办只需47分钟。

2019年12月，"i深圳"App区块链电子证照应用平台正式上线，居民身份证等24类常用电子证照上链，支持100多项高频政务服务事项。市民和企业在办事时，可以通过直接授权、扫码授权等形式，授权他人在特定时间、特定场合、特定业务调取电子证照，电子证照使用记录被区块链平台留存。

（四）市场监管

在市场监管领域，区块链技术可以应用于商事制度改革、产品质量监管、食品药品监管、海关监管、金融监管、信用监管、知识产权保护等方面。

2018年6月，济南市"企业开办一次办成"系统上线，诞生了山东省内第一张在区块链存储和传递的数字营业执照。

2019年1月，重庆市场监管局利用区块链技术进行食品药品监管追溯。2019年6月，利用区块链和人脸识别技术建设的重庆市企业开办网上服务平台正式上线运行。

2019年2月，《广州市深化商事制度改革实施方案》印发，提出在黄埔区试点"区块链+商事服务"，探索打造共享式登记模式。此外，广州市税务局推出了基于区块链的"税链"平台。

2019年4月，"TBC区块链跨境贸易直通车"在天津海关上线运行。区块链平台对每个贸易环节的数据进行前后交叉比对，形成不可篡改的、带有时间戳、清晰责任人的可信过程数据，利益相关方避免了赔付、贷款、交税等环节产生差异，形成对可信数据一致性的认可，一旦出现问题，可追踪，可确责。通过运用区块链技术，天津海关监管模式从"被动查验"变为"主动采集验证"，降低了监管成本，提高了监管效率和精度。

2019年6月，深圳在全国范围内率先推出P2P网贷机构良性退出统一投票表决系统，该系统采用了区块链技术。

区块链将重构社会信用体系建设。2018年5月，山东省日照市开出首单区块链信用证。2018年8月，重庆采用区块链技术建立了贸易港企业主质量信用公示管理体系。2019年5月，全国首份区块链信用报告在福州亮相。

区块链技术可以应用于知识产权保护领域。通过区块链，知识产权生成的瞬间就被确权，确权后可以公开、透明、可信地进行交易。有了区块链，网络音乐、网络影视、网络文学、知识付费等数字内容平台所有交易记录都是真实可信的，平台方无法造假，保护创作者的合法权益。2018年9月，杭州互联网法院司法区块链正式上线。司法区块链平台事实认定更加清晰、简单，使该院知识产权纠纷类案件调解撤诉率超过90%。

（五）自然资源

在自然资源管理领域，区块链技术可以应用于房屋租赁、不动产管理、二手房交易等方面。2018年4月，河北雄安新区建成区块链租房应用平台，解决了房屋租赁市场的"假房东、假房源"问题。2018年10月，乐山市基于区块链的房屋租赁平台上线运行。2018年11月，娄底市不动产区块链信息共享平台正式上线启用。

2019年4月中旬，北京市海淀区率先推出"不动产登记＋用电过户"同步办理的新举措。以前去供电公司办理用电过户手续需要携带4-6种证件，办理工作时长为5个工作日，现在办理不超过5分钟。

2019年5月，北京市公安局、市民政局数据信息完成上链，区块链技术正式在京籍存量房交易场景开展对外服务。

（六）生态环境

在生态环境保护领域，区块链技术可以应用于环保监管、垃圾分类等方面。2019年5月，福州市永泰县通过建设环保生态综合监管区块链弹性数字云平台，实现了以信息化的方式助力生态综合治理。

雄安新区部署了基于区块链技术的智慧垃圾收集器。市民可通过下载APP，在通过扫码后进行垃圾分类倾倒，该垃圾箱内置系统可以根据垃圾种类和重量，给予垃圾投递者积分奖励，所有积分则可以通过未来遍布新区的服务体系用来兑换生活用品等。

（七）公共安全

在公共安全领域，区块链技术可以应用于数字身份、数据共享等方面。2018年2月，重庆"社区民警智能名片"区块链应用项目正式启动。同于通常对公众进行数字身份认证，该项目对社区民警和驻校民警进行数字身份认证。通过基于区块链的三级身份验证系统，给民警佩戴防伪身份证二维码的智能民警联系卡。

2018年11月，徐州市公安局建立了淮海经济区警务数据区块链共享协作系统，实现跨省相邻城市间警务数据实时加密共享。以往跨省警务联动布控要层层审批近一个小时，嫌疑犯早就逃跑了。现在申请即布控，有利于公安实战。

（八）卫生健康

区块链在"互联网＋医疗"方面具有降低隐私信息泄露的可能性、提高数据信息可靠性、实现数据使用的可追溯性、以患者为导向的医疗信息体系、实现医疗数据的价值传递等优势。2017年8月，常州市政府与阿里健康合作实施了"医联体＋区块链"试点项目。

2018年5月，中国银行与国家卫生健康委员会统计信息中心签署了居民健康卡创新应用战略合作协议。电子健康卡利用二维码技术，可实现账户互通，线上、线下一体化服务。利用区块链技术，中国银行与卫健委、医院等机构实现数据快速同步，兼具高安全性和可扩展性。

（九）志愿服务

在自愿服务领域，区块链技术可以应用于信息溯源、积分兑换等方面，使信息更安全、数据更公正、管理更智能、服务更及时。

2018 年 4 月，成都青年志愿服务区块链联盟成立并发出了全国首张青年志愿服务区块链证书。系统可以记录志愿者活动记录、服务时长、公益积分等数据，并生成唯一、真实的志愿服务区块链证书。

2019 年 1 月，志愿汇与 everiToken 在杭州签订战略合作协议，就搭建区块链志愿服务应用场景达成合作。双方合作的第一个阶段是实现记录每个人公益行为的透明、公开的公益账目。第二阶段是把志愿者的服务记录在个人授权前提下变成益积分形式的交易凭证。

2019 年 7 月，海南省海口市龙华区启动了海南首个"区块链 + 志愿服务"项目，通过建立区委宣传部、团委、民政、司法等部门与志愿服务工作的衔接机制，在志愿服务平台上实现互联互通。

（十）财政

对于财政部门，区块链技术可以应用于资金管理、电子票据等领域。例如，河北雄安新区建立了区块链资金管理平台，实现了多个建设项目在融资、资金管控、工资发放等方面的透明管理。河北雄安新区在征地拆迁安置资金管理方面采用了区块链技术，实现了征地拆迁原始档案和资金穿透式拨付的全流程链上管理。

2019 年 10 月，广东省财政厅区块链电子票据平台正式上线。电子票据的生成、存储、流传全过程记录在区块链上，各环节操作痕迹可实时查看、可追溯，防篡改和造假。所有数据加密保存，保护交款人隐私。

（十一）税务

对于税务部门，区块链技术可以应用于电子发票等领域。例如，2018 年 8 月，深圳市税务局开出首张区块链电子发票。截至 2019 年 11 月，深圳区块链电子发票的开票量突破 1000 万张，实现"交易即开票""开票即报销"。深圳市已有 7600 多家企业接入区块链电子发票系统，开票金额超 70 亿元。区块链电子发票被广泛应用在金融保险、零售商超、酒店餐饮、停车服务等行业。使用区块链电子发票以后，企业不用定期往返税务部门领购发票，降低了企业财务成本。用户购物后自行申请开票，减少了企业的人力投入。

（十二）智慧城市

区块链技术可以应用于新型智慧城市建设。2018 年 4 月，陕西省咸阳市通过"陕数通"将公安、民政、社保、医院、银行等市县镇三级 1300 多个单位涉及的 85 类数据上链，利用沙盒技术在保障数据安全和权属不变的情况下，实现数据一桥链通、数权不变、融合应用，并成功应用在多个民生领域。在精准扶贫方面，累计发现问题数据 55577 条，剔除不符合要求 320 人。在卫生健康方面，通过大处方和套保识别，减少大处方 29%，过度医疗 21%，累计节约医保资金 6720 万，减少老百姓医疗费用支出 1.21 亿元。

2018 年 9 月，山东省荣成市政府与企业合作打造了区块链智慧城市平台，并广泛用于荣成智慧城市多个项目。2019 年 1 月，福州市与比特大陆合作，运用区块链技术共同打造福州"城市大脑"。

北京利用区块链将全市 53 个政府部门的职责、目录和数据联结在一起，解决了数据缺位、越位的问题。依托"目录区块链"将部门间的共享关系和流程上链锁定，建立数据共享规则，解决了数据流转随意、业务协同无序等问题。所有的数据共享、业务协同行为在"链"上共建共管，无数据的职责会被调整，未上链的系统将被关停。

2019 年 10 月，首个线上数据共享流程依托"目录区块链"开启，市水务局对市规划和自然资源委员会"建设用地规划许可证"和"建设工程规划许可证"两项数据的共享，申请、授权、确认、共享、使用等环节均在"目录区块链"管控下自动执行，10 分钟内全部完成。

四、佛山市禅城区区块链技术应用实践

近年来，广东省佛山市禅城区积极实施"智信禅城"计划，探索区块链技术在政务服务、民生服务、产业升级等领域的应用。

（一）发展背景

佛山市禅城区推进区块链技术应用探索的最初动力来自于"一门式一网式"政务服务改革的再深化。"一门式一网式"改革实现了简政放权从"N"到"1"的转变，而从简到"1"基础上进一步简到"0"，需要突破两大难点：一是要破解互联网时代"如何证明我是我"的难题。当前，随着技术的不断发展，DNA、指纹、虹膜等生理特征都可以复制，在这种环境下，如何证明办事人员的身份和材料的真实性成为亟待突破的难点。二是现有政务外网的条件下，如何保障信息安全。

数据的真实性和安全性问题不仅存在于政务服务领域，也存在于经济和社会发展领域，互联网时代真实身份难辨，信息盗用、网络诈骗让人处处设防，人与人交往、企业与企业交易的过程中摩擦和存疑时有发生，成为现代社会共同的"痛点"。而区块链不可复制、不可篡改、保障安全的技术特点，为进一步深化改革提供了解决方案。在建设自然人库和法人库的过程中，一个人和企业的整个生命周期过程中，会不断地产生各种行为和记录，如 果把这些行为和记录用大数据的形式在安全、不可逆的区块链上固化下来，并通过身份认证机制进行保护，随着数据的不断积累，可以达到三个方面的效果：一是数据链条具备唯一性，能为自然人和法人身份提供数字化证明，助力突破互联网时代"证明我是我"的难题。二是链上信息不可篡改、不可复制，切实保障自然人和法人数据主权和数据安全，实现"我的数据我作主"。三是守信行为和失信行为同时记录在链，为守信激励、失信惩戒提供有效抓手，有效引导数据主体的信用预期，推动形成诚实守信的良好社会氛围。

（二）主要做法

2016年，佛山市禅城区从政务服务领域起步，探索区块链创新应用，并逐步拓展到民生服务、社会治理和经济发展领域，尝试构建摩擦小、效率高、成本低的新型信用社会，抢抓互联网、大数据时代发展机遇，利用区块链技术打开经济社会发展新局面。

1. 构建一套推进机制，助力实施智信禅城计划。

一是健全组织架构。成立佛山市禅城区大数据发展决策委员会，构建"一局、一中心、一公司"的大数据发展组织体系，明确职责分工，构建起大数据发展和应用协同推进工作格局。在此基础上，为保障智信禅城计划的顺利实施，成立以区委书记为组长的智信禅城与区块链创新应用工作领导小组，并设立产业应用、技术及能力平台、政务与民生应用三个专责组，实行联席会议制度，切实加强对区块链创新应用相关工作的统筹领导。

二是完善制度配套。为推进信息共享、区块链应用和信用体系建设，配套出台《禅城区政务信息资源共享管理办法（试行）》《禅城区社会信用体系建设三年行动计划（2018-2020年）》《禅城区深化IMI身份认证平台推广行动方案》等制度规范，正在抓紧制定《禅城区加强个人信用体系建设实施方案》，着力完善"禅信分"信用评分机制，构建常住人口信用指数体系，为在经济社会生活各个领域开展个人信用应用提供信用评价基础。

三是探索市场化合作模式。瞄准行业标杆，找准战略合作伙伴，探索借助市场化力量共同探索开发区块链创新应用。2016年7月，禅城国有独资企业广东佛盈智慧大数据科技有限公司与北京世纪互联宽带数据中心有限公司签署区块链合作战略协议，双方联手推动禅城区区块链应用的创新探索。同时，区内多个部门正在与清华大学、中关村区块链产业联盟、哈希科技等高校、机构开展合作对接。

2017年6月，禅城区举办智信城市与区块链创新应用（禅城）发布会，正式启动智信禅城计划，明确了区块链应用探索的重点和方向：即"一个平台、三个应用方向"。"一个平台"是搭建可信"数字身份"平台。"三个应用方向"是面向政务服务、民生服务以及产业经济等三个方向挖掘行业应用。

2. 打造一个平台，为区块链应用构建基础支撑。

基于区块链底层技术，依托禅城区真实自然人库和法人库，开发IMI身份认证平台，构建"我是我"信用身份认证机制，目前自然人IMI身份认证平台已完成开发并上线运行。

一是建立健全底层数据库。以一门式一网式政务服务积累的实时数据为基础，整合卫健、流管、人社等10多个部门的自然人数据和市场监管、生态环境、发展改革、税务等部门的法人数据，建设自然人库和法人库，目前自然人库已入库6700多万条数据，涉及1600多项自然人标签；法人库已整合包含5800多万条数据，形成1800多个标签的企业画像。

二是运用区块链技术搭建个人数据空间。以自然人库为基础，以身份证号为索引，围绕数据、业务、安全三个维度，运用区块链技术构建个人主体相关数据及其关系的数据集合，打造个人数据空间，作为个人产生的数据、经认证资料的存储空间，形成个人真实可信的"数据资产"，为自然人提供高效的数据资产管理能力、严密的核心数据安全能力和标准的多态数据共享能力。

三是通过实名认证获取数字身份。以个人数据空间为支撑，自然人通过 IMI 身份认证平台获取数字身份，以政府实名认证作背书，利用区块链安全、可溯源、不可篡改、不可抵赖的技术特点，有效解决自然人网上或自助办事所面临的人员身份真实性问题，实现用 IMI 登录验证就如本人亲临的效果，实现政府部门从"限制监管"向"服务见证"的角色转移。

四是链接个人数据，延伸个人数据链条。在 IMI 身份认证平台的框架下，自然人数据可实现跨政府部门安全、可信流转，政府内部复用共享，"群众跑腿"变为"数据跑路"。同时，随着新产生数据的持续接入，个人"数据资产"不断扩充，数据链条不断延伸，数据的价值不断增加。

3. 聚焦三大方向，探索多场景应用。

以 IMI 身份认证平台为基础支撑，禅城区瞄准群众关心的热点难点问题和深化改革的关键环节，聚焦政务服务、民生服务、产业经济等三大方向，从多个场景深度挖掘区块链创新应用，不断提升运用新一代信息技术服务经济社会发展的能力和水平。

一是政务服务方面，将 IMI 身份认证平台应用于一门式一网式政务服务改革、社区矫正、司法公证等领域，正在探索推进区块链 + 政务服务"零跑腿"、区块链 + 社区矫正、区块链 + 公证等应用：（1）区块链 + 政务服务"零跑腿"。依托数据共享和 IMI 身份认证平台，重构行政审批流程，办事群众利用 IMI 确定身份后，通过"零跑腿"APP 对接自然人库和部门业务系统数据，提供政务事项自助办理和申请表单自助填写服务，电子结果物经审核后保存至个人数据空间，可做到零材料提交及结果物重复利用，实现安全、可靠、可信的自助办理。同时，为避免部分办事材料重复提交，推动群众、企业办事最多跑一次，积极探索容缓预审和容缺审批机制，推动区人力资源和社会保障局等 5 个部门 35 项事项纳入一门式信任审批，79 个自然人事项实现材料"零提交"、审批"不见面"、办事"零跑腿"，2019 年 12 月底前各部门 80% 以上高频公共服务事项（月均业务量 300 宗及以上）实现网上申办"零跑腿"、材料"零提交"目标。（2）区块链 + 社区矫正。打造"区块链 + 社区矫正"联动平台，打通公、检、法、司等部门系统壁垒，优化社区矫正流程链条，实现多方联动和全方位监管；平台建立信息共享共识签名机制，整合社区矫正相关信息，经过多方比对、达到共识后，形成区块挂接上链，即时共享，切实保障数据的准确性、客观性和权威性。同时，构建"区块链 + 社区矫正"信用评价模型及激励机制，对接 IMI 身份认证平台，把服刑人员的社矫记录"写进"个人信用，社矫人员直观看到自己的"矫正进程"和信用分值，增强了参与矫正的获得感和对未来的期盼，不仅倒逼社矫人员遵纪守法，还有效破解社区矫正人员回归社会时"自证清白难"的困境，逐步形成监管部门信息共享、业务协同、智慧矫治、高效监管，监管对象守法守信、主动受矫、真心向善、重塑人生的良好局面。目前，全区共有 433 名社矫人员进入平台，累积 3011 条社矫档案。2018 年 11 月，最高人民检察院在佛山举办社区矫正调研交流活动推介禅城经验。（3）区块链 + 公证。

搭建区块链＋公证平台，推动公证业务"上链"，在政府相关职能部门数据互享互用基础上，进一步提升办证、公证的效率和质量，杜绝假证和错证，破解群众"办证难""多跑腿""耗时长"等难题，市民办理出生医学证明、学历、学位、无犯罪记录等20项公证业务实现零跑腿，一小时出证事项达13项。同时，建立公证电子档案，当事人建立信用和资料档案，为构建信用社会提供依据。

二是民生服务方面，将IMI身份认证平台或应用于社区服务、青少年眼健康管理、食品监管等领域，正在探索推进区块链＋共享社区、区块链＋微服务中心、区块链＋视力、区块链＋食品安全等应用：（1）区块链＋共享社区。在基层党建的引领下，以社区党组织为核心，以城市小区为单位，发挥小区在职党员干部、离退休党员、流动党员等群体的领头雁作用，激发社区居民的主体作用，创新引入"区块链"理念和"爱心积分"机制，通过IMI身份认证平台进行实名注册，构建共享互信机制，通过"线上"APP和"线下"共享小屋两大互助平台打通供需两端，推进社区居民资源共享和技能互助，搭建点对点党群服务体系，冲破人与人之间的冷漠和隔阂，营造信任、合作的良好氛围，催化社区"熟人社会"温情回归，构建"我为人人、人人为我"的共享社区。目前，共享社区建设已在全区91个社区全面铺开，"共享社区"APP注册人数近6.4万人，其中党员1.5万人，共享物品14万件，共享技能40余种，受益群众超6万人次。项目2018年获评全国"十佳社会治理创新十佳案例""改革开放40年地方改革创新40案例"、第四届"互联网＋政务"优秀实践案例50强。（2）区块链＋微服务中心。在禅城区祖庙街道试点打造区块链＋微服务中心，以社会服务信息化平台(线上)＋微服务中心实体(线下)运营相结合的方式，打造"互联网＋社会服务"综合体。信息平台提供IMI身份认证登录方式，市民通过IMI一键扫码，快速登录禅城区祖庙街道微服务中心，将可享受自助式查阅和按需申请订餐、家政、职业培训、康复训练、托管等为不同年龄阶段、不同类型人群量身定做的各类无偿低偿服务，不需要亲自到现场确认和提证明材料，实现用IMI登录就如本人亲临现场。目前，祖庙微服务中心已与IMI平台完成登录对接工作和基础测试，即将开放使用。（3）区块链＋视力。为加强中小学生眼健康数字化管理，建设儿童青少年眼健康综合平台，开展"区块链＋视力"应用。从个体的视力切入，跟踪记录每个学生的眼睛健康数据，进行视力筛查并建立眼健康档案，实现眼健康从筛查到治疗的全过程数字化管理，所有记录纯电子化，加密存储，家长可通过IMI身份认证平台，申请学生的个人身份，授权认证后即可查询学生视力数据，以便家长及时带孩子进行视力检查和治疗。同时，希望通过3-5年的观察和连续数据，探索有效改善儿童青少年眼健康的干预措施，为政府制定防控策略和相关政策提供科学依据和数据支撑。（4）区块链＋食品溯源。正在策划建设一个通过接入食品流转链条中监管部门、相关市场参与主体的应用型平台系统，提供透明可感的区块链运行特性支持，实现食品流转过程中信息的可追踪和易监管，逐步增强居民对食品安全性的获得感，保护合法、合规经营市场主体的利益。项目建成后，通过各个主体在业务发生环节实时将信息上链存证，交易各方同时对信息互认共享，并且食品流转信息在区块链网络中以链式结构进行存储，并不会因为时间的原因而丢失、删除或被覆盖,实现了食品溯源的实时性、真实性、不可篡改性。(5)区块链 + 疫苗安全管理平台。为更好地解决疫苗管理各项需求,保障广大儿童健康和生命安全,禅城区在全省卫生健康领域首次引入区块链技术,建设"区块链 + 疫苗安全管理平台"。平台建成后将实现对辖区内 75 万针疫苗全链条"透明监管",进一步规范疫苗全生命周期管理,显著增强人民群众对疫苗安全信心,并通过信息共享技术使服务更便民,市民可以通过手机预约轻松打上更放心疫苗。该项目是禅城区"智信城市"建设的重要内容,是落实国家、省、市"互联网 + 医疗健康"的创新探索。

三是产业经济方面,2018 年 5 月 29 日,禅城区经科局与哈希科技签署"区块链 + 产业"战略合作协议,共同推进区块链在产业领域的落地应用,引导传统产业利用区块链技术降低信任成本,构建更开放的供应链协同生态,提升产业整体竞争力。正式发布《禅城区"区块链 + 产业"白皮书》,旨在将区块链技术应用于版权管理、产业信用、供应链金融和产业清分等四个方面。目前,佛山市禅城区已推动区块链应用在版权管理和供应链金融方面取得阶段性成效。在版权管理方面,于 2019 年 3 月 26 日正式发布"区块链 + 工业设计"版权交易平台,平台将区块链与知识产权保护的有效地结合,有效解决传统版权保护中长期未能解决的痛点问题,成为禅城打造的全省首个"区块链 + 产业"应用平台,荣获 CITE2019 区块链应用创新优秀案例,为区县级政府唯一获此殊荣。下一步,佛山市禅城区将以工业设计为突破口,加快建设和推广"区块链 + 工业设计"版权交易平台,努力为企业、设计师提供一个价值存证、价值传递、价值交换(交易)的平台,解决工业设计行业知识产权确权难、盗版严重、流动性不足等问题,促进工业设计版权上链管理、交易,并实现更好的知识产权维权及保护。在供应链金融方面,于 2019 年 7 月 15 日正式发布"基于区块链的中小企业融资平台",平台旨在疏通中小企业融资痛点堵点,是地方政府基于区块链技术解决中小企业融资难问题的首次尝试,目前建行佛山分行、佛山农商行两家银行已成为首批签约进驻平台的企业。下一步,佛山市禅城区计划推动平台在 2019 年 10 月布署上线试运行,并推动平台对接更多金融机构和政府部门,采集更丰富的数据,不断丰富金融产品和扶持政策,扩大应用范围,着力将平台打造成为中小企业金融及政策服务的创新试验田。

(三)典型应用

2017 年 6 月,佛山市禅城区在一门式"政务服务"改革形成的真实自然人和法人数据库基础上,运用区块链技术探索社会信用体系建设,创新打造 IMI(I am I,即"我是我")身份认证平台,改变原来以第三方授信为主的单点信用模式,构建"自信 + 他信 + 你信"的信用机制。实施"智信城市"计划,着力营造摩擦小、效率高、成本低的信用社会。目前,佛山市禅城区已形成 14 项区块链创新应用成果。

1. 区块链 + 政务服务

通过区块链 + 信息共享,深化"一门式"政务服务模式改革,推出"零跑腿"App,市民办事足不出户便可全程"网上办"。目前已推出 59 项"零跑腿"政务服务事项,其中 5 项事项实现即办即有,整体运行实现零差错。此外,搭建新市民综合服务平台,接入 IMI 身份认证平台，通过打通各个公共服务部门的信息孤岛，让市民能随时随地掌握行政审批事项办理进度，了解个人可享受的各项社会服务。新市民综合服务平台自启动建设以来，通过大数据分析，主动、精准为非户籍常住人口推送均等化公共服务。

2. 区块链 + 共享社区

在基层党建的引领下，以物业小区为单元，以共享小屋为载体，建设和谐共享社区平台，搭建点对点党群服务体系。利用 IMI 身份认证平台对社区居民进行身份认证，降低系统资料外泄风险，避免用户身份信息被随意篡改，通过党员带头群众参与，推出"物品"和"技能"共享，打通服务供需两端，以"爱心积分"兑换服务的形式，激励党员和群众参与共享热情，打造熟人社区，实现共建共治共享。目前和谐共享社区线上平台已在 7 个试点社区以党员带头先行方式开展试运行。

3. 区块链 + 社区矫正

推动公、检、法、司部门之间信息互通互联，实现对社区矫正工作的动态监督，促进社区矫正工作公开、透明、规范运行，预防和减少社矫人员的重新犯罪问题。通过构建服刑人员信用评价体系，助力社矫人员"自证清白"、重塑心理和人生，顺利回归社会。

4. 区块链 + 公证

依托区块链技术，通过对各职能部门数据的提取比对和互用互享，实现公证业务的无纸化申请，减少假证和错证发生率，极大提升"公证"事项的办理效率。目前，市民办理出生医学证明、学历、学位、无犯罪记录等 20 项公证业务已实现"零跑腿"，并杜绝了假证和错证。

5. 区块链 + 食品安全

给菜市场的食品配上唯一的身份 ID，从生产到运输，再到销售等各个环节的信息都记录到区块链上，消费者可以随时查询、验证、最终确认其来源，打造菜篮子的"安全卫士"，让老百姓吃得放心。此外，对中小学生配餐进行溯源，参与主体包括猪贩、肉联厂、猪肉批发商、配餐企业、监管部门。

6. 区块链 + 医疗健康

利用区块链技术，搭建"盘古健康 e 园"App，市民通过互联网即可完成预约挂号、预防接种、智能叫号、在线缴费、健康档案等就医功能。目前，正在佛山市第一人民医院、佛山市中医院、佛山市禅城区向阳医院试点推进。搭建儿童青少年眼健康综合平台，利用区块链技术，为辖区每位学生建立眼健康档案，实现儿童眼健康从筛查到治疗的全过程数字化管理。目前，已在全区选取 10 间小学和 3 间中学试点探索开展中小学生眼健康数字化管理建设工作。

7. 区块链 + 门禁

在流动人员出租屋管理中，通过门禁系统对接 IMI 后，屋主只需要在"IMI"App 进行授权，访客就可以通过扫描二维码进入家中，而且访客的信息也会实时反馈到屋主的手机中，是谁、什么时候进入等信息一目了然。

第十一章　服务型政府和"互联网＋政务服务"

《中共中央关于坚持和完善中国特色社会主义制度推进国家治理体系和治理能力现代化若干重大问题的决定》提出深入推进简政放权、放管结合、优化服务。"放管服"改革是我国深化行政体制改革、切实转变政府职能的突破口。我国已经进入互联网时代。在这一时代背景下，各级政府部门提供公共服务，要顺应互联网发展潮流，积极运用互联网思维提升公共服务水平，推动"互联网＋政务服务"发展，构建服务型政府。

一、互联网时代的"放管服"改革

党的十八大以来，党中央对深化行政体制改革提出了明确要求。十八届二中全会指出，转变政府职能是深化行政体制改革的核心。新一届政府把"简政放权、放管结合、优化服务"（简称"放管服"）作为深化行政体制改革、切实转变政府职能的突破口。

国务院通过取消下放行政审批事项、精简工商登记前置审批、压减资质资格认定事项等一系列"放管服"举措，解放和发展了生产力，激发了市场活力和社会创造力，促进了稳增长、调结构、惠民生，提高了政府治理能力，推动了党风廉政建设。但目前还存在放权不到位，监管缺失、疏漏等问题，公共服务还有不少薄弱环节，转变政府职能、提高行政效能依然有很大空间。

在互联网时代，开展简政放权、放管结合、优化服务工作要有互联网思维，推动"互联网＋政务"发展，充分利用信息化手段支撑简政放权，加强事中事后监管，提高公共服务水平。

（一）利用信息化手段支撑简政放权

简政放权不能是一笔"糊涂账"。许多人都听说过简政放权，可哪些审批事项取消了、简化了，知道的人并不多。为此，要建立简政放权"台账"，建设简政放权管理信息系统，明确记录哪些部门在什么时间取消了哪些行政审批事项；哪些部门在什么时间下放了哪些行政审批事项，下放给哪些部门了；市场监管部门取消了哪些企业登记前置审批事项；哪些部门在什么时间取消了哪些资质资格认定事项，等等。政府部门的简政放权事项、权力清单、负面清单、责任清单、收费项目清单、行政审批事项、行政许可事项、登记备案事项以及前置评估、审查、检验事项等要在网上进行公示。考虑目前手机网民比例已超过90%，可开发简政放权移动客户端（App），便于人们随时查询、点评。要收集整理网民意见，开展绩效评估，为进一步深化简政放权提供决策参考,由政府部门"端菜"变为由人民群众"点菜",破解一些政府部门"放小不放大、放虚不放实、放责不放权、明放暗不放"问题。

目前,有些事项从政府部门转移到行业协会等社会组织办理。为此,要加强对中介机构的监管,制定中介机构服务规范,加快中介服务行业的社会信用体系建设。归集中介服务机构的信用记录,建立中介服务机构信用档案,建设中介服务行业信用数据库和信用信息系统,并接入全国统一信用信息平台,开展信用数据交换和信用联合惩戒。

延伸阅读:银川以信息化支撑简政放权

2004年以来,银川先后进行了12轮行政审批事项清理规范工作。2012年和2013年开展了两次"三减两提高"(减程序、减时限、减费用、提高行政效率、提高服务质量)。2014年11月,银川市行政审批服务局成立,把26个部门的153大类行政审批事项划转到该局。封存了59枚审批公章,实现了"一个印章管审批"。银川市行政审批服务局组织开发了审批服务系统,改变了传统串联审批模式,实现了"简单事项立等审批、联办事项一口办理,关联事项一章多效,踏勘验收统一勘验",审批效率平均提高了75%。其中政府投资项目审批时间从185天缩到50天以内,企业注册登记从5天缩到1天。打破了区县分割的局面,实现了同城通办,群众可跨区办理。此外,银川市行政审批服务局还建立了审管互动平台,审批内容及结果同步推送给有关局委办,有关局委办则把行政处罚信息共享给银川市行政审批服务局。建立了电子监察系统,对审批过程进行全程监控。建立了视频监控系统,对窗口工作人员行为和服务态度进行监控。设置了电子评价器,让群众对窗口工作人员进行满意度评价。在重点岗位设置了双向显示屏,让群众明明白白办事。开通了银川市行政审批服务局网站和App,方便群众查询审批事项名称、依据、条件、程序、时限、收费标准及依据、办理进度和结果等。制定了《银川市行政审批和监管信息共享工作制度》等规章制度。

(二)利用信息化手段加强市场监管

加强事中事后监管要依靠信息化和社会信用体系。信息不对称是产生监管漏洞的重要原因。市场监管领域的信息不对称主要表现在政府部门之间的信息不对称、政府部门和市场主体之间的信息不对称、消费者和市场主体之间的信息不对称。

不同政府部门负责不同市场行业的监管,"行政碎片化"造成"信息碎片化"。为此,要整合政府信息资源,打破"信息孤岛",建立整体政府。以社会信用代码为唯一标识,关联不同政府部门掌握的同一市场主体的监管信息,实现对市场主体从"注册"到"注销"的全生命周期监管。以身份证号为唯一标识,关联不同政府部门掌握的同一个人的监管信息,实现对自然人从"摇篮"到"坟墓"的全生命周期监管。要通过数据比对、大数据分析,及时发现对政府部门进行弄虚作假、骗保骗补等行为。市场监管部门要加快社会信用体系,建立法人和自然人信用数据库,建设行业信用信息系统并接入全国统一信用信息平台。通过开展信用数据交换，对不法企业和不法人员开展信用联合惩戒，提高违法者的机会成本。及时在网上公示市场主体的违法犯罪行为，引导消费者选择遵纪守法的市场主体，避免上当受骗。

随着电子商务的发展，越来越多的人在网上购买物品或服务。市场监管部门可要求电子商务平台运营商开放接口，自动接收用户的差评、投诉信息，经核实后对不良商家依法进行处罚。

近年来，"地沟油""僵尸肉""天价虾""天价鱼"等事件屡屡发生。许多消费者都拥有智能手机。可建立基于地理信息系统（GIS）的消费者网上投诉举报平台及其 App，利用智能手机的定位功能，让消费者随时随地对不良商家进行投诉举报，把在什么时间在哪里遇到什么事情编辑上传到消费者网上投诉举报平台，系统自动分类转发到不同市场监管部门进行处理，有针对性地开展执法检查。这样就可以避免单独依靠政府部门而出现"执法人员太少、商家太多、管不过来"的局面，依靠群众实现协同治理、社会共治。

（三）利用信息化手段优化公共服务

办事效率低下，公共服务不高，在很大程度上与政府部门之间存在"信息孤岛"有关。由于政府部门之间没有实现信息共享，人们要一遍遍地向不同政府部门提交相同的材料，一遍遍地在不同政府部门要求的表格上填写信息。不同政府部门的工作人员要一遍遍地审核某个企业、个人同样的信息。为此，要加快建立和完善人口基础信息库、法人单位基础信息库，建设统一的电子证照库。推行"互联网＋政务服务"，为企业和社会公众提供"一站式服务"，逐步实现"一号"申请、"一窗"受理、"一网"通办。在网上办事大厅等公共服务信息平台建立用户评价机制，允许用户对所办理的事项进行打分、点评。其所在单位和公务员管理部门要对得"差评"的政府办事人员进行批评教育，对情节恶劣者进行行政处分。

此外，还要推进"放管服"标准化、法治化，明确具体事项的监管职责，及时修改现有相关法律法规的相应条款，做好下放权力接收部门人员配备和培训工作，做到"放下来、接得住"；建立和完善"放管服"问责机制，实现政府部门"责、权、利"相一致，事权与财权、人权相匹配。

二、"互联网＋政务服务"相关政策

"互联网＋政务服务"是指推进互联网与政府部门公共服务的深度融合，创新政府部门的公共服务模式。以部门联网、信息共享和数据交换实现行政事项跨部门、跨地区、跨层级办理，让数据多跑腿，群众少跑腿。

"互联网＋政务服务"是互联网时代的公共服务模式，是构建服务型政府的重要举措，是深化"简政放权、放管结合、优化服务"改革的重要内容，对加快转变政府职能，提高政府服务效率和透明度，便利群众办事创业，进一步激发市场活力和社会创造力具有重要意义。

（一）"互联网＋政务服务"相关国家政策法规

《国务院关于积极推进"互联网＋"行动的指导意见》把益民服务作为"互联网＋"11个重点行动之一，提出加快互联网与政府公共服务体系的深度融合，推动公共数据资源开放，促进公共服务创新供给和服务资源整合，构建面向公众的一体化在线公共服务体系。积极推广基于移动互联网入口的城市服务，开展网上社保办理、个人社保权益查询、跨地区医保结算等互联网应用，让老百姓足不出户享受便捷高效的服务。

中华人民共和国《国民经济和社会发展第十三个五年规划纲要》提出推广"互联网＋政务服务"。积极应用新技术、发展新业态，促进线上线下服务衔接，让人民群众享受高效便捷优质服务。

2016年4月，国务院办公厅转发了国家发展改革委等部门制定的《推进"互联网＋政务服务"开展信息惠民试点实施方案》，提出通过两年左右时间，在80个信息惠民国家试点城市实现"一号"申请，"一窗"受理，"一网"通办，变"群众跑腿"为"信息跑路"，变"群众来回跑"为"部门协同办"，变被动服务为主动服务。

1. "一号"申请，简化优化群众办事流程。

依托统一的数据共享交换平台，以公民身份号码作为唯一标识，构建电子证照库，实现涉及政务服务事项的证件数据、相关证明信息等跨部门、跨区域、跨行业互认共享。在群众办事过程中，通过公民身份号码，直接查询所需的电子证照和相关信息，作为群众办事的依据，避免重复提交，实现以"一号"为标识，为居民"记录一生，管理一生，服务一生"的目标。

建立居民电子证照目录。结合编制权力清单、责任清单等工作，全面梳理涉及群众办事的政务服务事项，逐项梳理基本流程和办事依据，简化无谓证明和繁琐手续。推行群众办事相关证件、证照、证明等电子化，形成居民个人电子证照目录。

建设电子证照库。按照分散集中相结合原则，以电子证照目录为基础，启动电子证照库建设，在城区、街道、社区统一应用，并逐步向农村延伸，实现基础证照信息的多元采集、互通共享、多方利用。推进制证系统、业务办理系统与电子证照库对接联通，做到电子证照与纸质证照同步签发。以电子证照库支撑各部门办事过程中相关信息"一次生成、多方复用，一库管理、互认共享"。

建立跨区域电子证照互认共享机制。为方便群众跨区域业务办理，依托统一的数据共享交换平台，推进跨层级、跨区域、跨部门的电子证照互认共享，逐步实现在全国范围内异地业务办理。

研究制定电子证照法规与相关标准。积极开展电子证照相关政策的研究和试点工作，为制定电子证照相关法规和政策提供实践依据。健全完善电子证照关键技术标准和跨地区互认共享标准，推动相关标准在信息惠民国家试点城市及所在省（区、市）的实施应用。

2. "一窗"受理，改革创新政务服务模式。

前端整合构建综合政务服务窗口和统一的政务服务信息系统，后端建设完善统一的分层管理的数据共享交换平台体系，推动涉及政务服务事项的信息跨部门、跨区域、跨行业互通共享、校验核对，建立高效便民的新型"互联网＋政务服务"体系，推进网上网下一体化管理，实现"一窗口受理、一平台共享、一站式服务"。

建立政务服务事项优化管理机制。按照权力清单和责任清单，全面梳理编制政务服务事项目录，对延伸到基层特别是乡镇（街道）、村（社区）的政务服务事项进行统一规范，最大限度精简办事程序，减少办事环节，缩短办理时限。探索建立涉及多部门的政务服务事项协同办理机制。

升级政务服务大厅功能，整合构建综合服务窗口。加快各级政务服务大厅和城乡社区综合服务机构功能升级，推动政务服务事项分级进驻，采取"前台综合受理、后台分类审批、统一窗口出件"的服务模式，实现一站式服务。建立健全首问负责、一次性告知、并联办理、限时办结等制度，促进政务服务规范化、标准化、便捷化。

整合构建统一的数据共享交换平台和政务服务信息系统。统筹整合建设覆盖全国的数据共享交换平台体系，统一管理政务信息资源目录，实现与人口、法人、空间地理、电子证照、社会信用等基础信息库和业务信息库的联通，逐步推进各级共享交换平台对接，支撑政务信息资源跨部门、跨层级、跨区域互通和协同共享。

依托统一的数据共享交换平台及社区公共服务综合信息平台等已有信息平台，构建统一的政务服务信息系统，完成与各部门业务系统对接，实现相关审批数据、结果同步推送和业务协同办理。推进与电子监察系统对接，确保所有政务服务事项审批办理的流程、结果信息即时可查可用，做到办事过程公开，方便群众监督。

构建网上网下一体化政务服务体系。围绕便民服务，通过综合政务服务窗口和政务服务信息系统，实现对各级政务服务事项从受理、审批到出件的全流程监督管理，促进政务服务规范运作。拓展自助服务、社区代办、邮政快递等服务渠道，构建跨区域、跨层级、网上网下一体化的政务服务体系。

3. "一网"通办，畅通政务服务方式渠道。

以建设群众办事统一身份认证体系为抓手，逐步构建多渠道多形式相结合、相统一的便民服务"一张网"，实现群众网上办事一次认证、多点互联、"一网"通办。运用"互联网＋"思维和大数据手段，做好政务服务个性化精准推送，为公众提供多渠道、无差别、全业务、全过程的便捷服务。

构建群众办事统一身份认证体系。以公民身份号码为唯一标识，结合实名制，探索运用生物特征及网络身份识别等技术，联通整合实体政务服务大厅、政府网站、移动客户端、自助终端、服务热线等不同渠道的用户认证，形成基于公民身份号码的线上线下互认的群众办事统一身份认证体系，实现群众办事多渠道的一次认证、多点互联、无缝切换。

构建便民服务"一张网"。梳理整合教育、医疗卫生、社会救助、社会福利、社区服务、婚姻登记、殡葬服务、社会工作、劳动就业、社会保障、计划生育、住房保障、住房公积金、公共安全等民生服务领域的网上服务资源，借助统一身份认证体系，联通各个网上办事渠道，构建便民服务"一张网"。结合不同接入渠道和受众特点，优化服务界面，提升服务渠道的便捷性和办事效率。

以大数据创新网络服务模式。有效整合"一张网"中的群众行为数据、电子证照库、数据共享交换平台数据库等资源，形成为群众服务的大数据资源体系。运用大数据技术，开展跨领域、跨渠道的综合分析，了解政务服务需求，不断优化资源配置，丰富服务内容，做好个性化精准推送服务，变被动服务为主动服务，有效提升政务服务质量和效率。

2016年7月，中共中央办公厅、国务院办公厅印发了《国家信息化发展战略纲要》，提出完善一体化公共服务体系。制定在线公共服务指南，支持各级政府整合服务资源，面向企业和公众提供一体化在线公共服务，促进公共行政从独立办事向协同治理转变。各部门要根据基层服务需求，开放业务系统和数据接口，推动电子政务服务向基层延伸。

2016年9月，国务院出台了《关于加快推进"互联网＋政务服务"工作的指导意见》。提出优化再造政务服务。规范网上服务事项，优化网上服务流程，推进服务事项网上办理，创新网上服务模式，全面公开服务信息。融合升级平台渠道。规范网上政务服务平台建设，推进实体政务大厅与网上服务平台融合发展，推动基层服务网点与网上服务平台无缝对接。夯实支撑基础。推进政务信息共享，加快新型智慧城市建设，建立健全制度标准规范，完善网络基础设施，加强网络和信息安全保护。建立"互联网＋政务服务"工作绩效考核制度，纳入政府绩效考核体系，加大考核权重，列入重点督查事项。将"互联网＋政务服务"工作纳入干部教育培训体系，定期组织开展培训。

2016年12月，国务院办公厅印发了《"互联网＋政务服务"技术体系建设指南》。该指南以服务驱动和技术支撑为主线，围绕"互联网＋政务服务"业务支撑体系、基础平台体系、关键保障技术、评价考核体系等方面，提出了优化政务服务供给的信息化解决路径和操作方法，为构建统一、规范、多级联动的"互联网＋政务服务"技术和服务体系提供保障。

党的十九大报告提出转变政府职能，深化简政放权，创新监管方式，增强政府公信力和执行力，建设人民满意的服务型政府。

2018年5月，中办、国办印发了《关于深入推进审批服务便民化的指导意见》，提出着力提升"互联网＋政务服务"水平。打破信息孤岛，统一明确各部门信息共享的种类、标准、范围、流程，加快推进部门政务信息联通共用。按照"整合是原则、孤网是例外"的要求，清理整合分散、独立的政务信息系统，统一接入国家数据共享交换平台，构建网络安全防护体系，实现跨部门跨地区跨层级政务信息可靠交换与安全共享，并依法依规向社会开放。完善网上实名身份认证体系，明确电子证照、电子公文、电子印章法律效力，建立健全基本标准规范，实现"一次采集、一库管理、多方使用、即调即用"。中央和省级部门审批服务系统尽快向各级政务服务机构开放端口、权限和共享数据，打通数据查询互认通道，实现对自然人和企业身份核验、纳税证明、不动产登记、学位学历证明、资格资质、社会保险等数据查询需求。整合省级各部门信息建设资金资源和管理职能，探索建立统一的政务数据管理机构，加快实现全省域"一平台、一张网、一个库"。除有特殊保密要求外，各业务部门原则上不再单独建设审批服务业务平台系统。探索对适宜的事项开展智能审批，实现即报即批、即批即得。深度开发各类便民应用，推动更多审批服务事项通过互联网移动端办理。开展市民个人网页和企业专属网页建设，提高网上办事精细化水平。运用大数据精准分析和评估审批服务办件情况，有针对性地改进办理流程，让办事更快捷、服务更优质。加大非紧急类热线整合力度，建设统一的政务咨询投诉举报平台，除因专业性强、集成度高、咨询服务量大确需保留的热线外，其他热线力争做到"一号响应"企业和群众诉求。以审批智能化、服务自助化、办事移动化为重点，把实体大厅、网上平台、移动客户端、自助终端、服务热线等结合起来，实现线上线下功能互补、融合发展。

（二）"互联网＋政务服务"发展对策

以"互联网＋"优化公共服务，是在互联网时代建设服务型政府的必然要求。今后，有关政府部门要做好如下三个方面的工作：

第一，以"制度＋技术"推进政务信息跨部门、跨地区互联互通和共享，构建整体政府。公共服务效率难以提高，在很大程度上由于政府部门各自为政造成的"行政碎片化"和"信息孤岛"。在全面依法治国的背景下，要在国家层面研究制定《政务信息共享条例》及其实施细则，明确政务信息共享的范围、内容、方式、程序和责任等，使政务信息共享有法可依，改变目前主要靠领导协调的局面。对于国家部委，要加快业务信息全国联网，实现行政事项"异地办理"，方便外出工作人员。对于地方政府，要加快建立政务信息共享目录和交换体系，整合政务信息资源，建设电子证照库，开通"网上办事大厅"，并实现前后台无缝衔接。以社会信用代码为唯一标识，为企事业单位提供一站式的、从"注册"到"注销"的全生命周期服务。以身份证号为唯一标识，为城乡居民提供一站式的、从"摇篮"到"坟墓"的全生命周期服务。

第二，以用户为中心，推进公共服务多渠道融合发展。行政服务中心、热线电话、自助服务终端机、网站、微博、微信和App各有优缺点，要取长补短，融合发展。例如，推进行政服务中心和网上办事大厅一体化建设，实现公共服务线上线下（O2O）互动。行政服务中心要同时开通网站、微博、微信和App，在办事大厅部署自助服务终端机，让人民群众自助申报，打印办理结果。政府网站要同时开通手机版网站、微博、微信和App，以顺应手机网民占90％以上这一现实。整合热线电话，建立政府呼叫中心。政府呼叫中心要同时开通网站、微博、微信和App，让人民群众及时知道受理进度和受理结果。

第三，采取有效措施深化各个公共服务渠道的应用，弥补他们的短板。对于行政服务中心，要加快信息化建设，结合"一个印章管审批"改革，实现"一进一出"，即一个窗口统一受理,一个窗口统一取结果"。对于政府热线电话,要整合成紧急号和非紧急号两个号码,并与城市网格化管理和服务平台对接或融合,对居民求助、投诉、举报等事项进行全程管理和督办。对于自助服务终端机,要采取PPP模式,走"政府购买服务"之路。对于政府网站,要及时更新,回应社会关切,提供场景式服务。对于政务微博,要及时发布信息,回应社会关切。对于微信,要加强政企合作,推广微信城市服务。对于App,要整合政府App资源,建立政府App网站、子网站或栏目,按部门、按用户等进行分类,方便用户查找、下载。

今后,要把"互联网+政务服务"从服务百姓拓展到服务企业。从构建"整体政府"的高度推进"互联网+政务服务"。以客户为中心,为企业和社会公众提供全生命周期服务。

三、"互联网+政务服务"地方实践

近年来,一些地方政府按照党中央、国务院的部署和要求,积极探索创新,推动"互联网+政务服务"发展,涌现出一批优秀案例。

(一)上海"一网通办"改革

2018年全国"两会"期间,上海率先提出"一网通办"改革,并于当年3月30日印发《全面推进"一网通办"加快建设智慧政府工作方案》,4月12日成立市大数据中心,10月17日"一网通办"总门户正式上线运行,至今已一年有余。

党和国家领导人非常关注上海"一网通办"改革。2018年11月,习近平总书记考察上海时指出,上海要优化政务服务,推进"一网通办",在全市通办、全网通办、只跑一次、一次办成上取得实实在在的成效。2019年7月,李克强总理考察上海市大数据中心时强调,用大数据改善政府服务、更好满足群众需求是深化"放管服"改革的重要内容。

市委、市政府主要领导高度重视"一网通办"改革,亲自决策、亲自部署、强力推进。2019年4月3日,本市召开"一网通办"工作推进会议,李强书记、应勇市长共同出席,提出明确工作要求,全市上下进一步统一了思想,以更大力度推动"一网通办"改革。

"一网通办"总门户正式上线一年来,我们注重加强顶层设计,先后出台了《上海市公共数据和一网通办管理办法》《上海市公共数据开放暂行办法》以及一系列配套文件。同时,注重前端和后台的联动发力,持续推进行政审批制度改革;不断加强技术平台建设,构建了坚实的技术支撑体系。在全市各方的共同努力下,"一网通办"改革有序有力推进,成效初步显现。

1.大力破解政务服务多头受理问题,推动从"找部门"到"找整体政府"的转变

"一网通办"平台的服务能力是实现"进一网、能通办"的基础。我们坚持需求导向、效果导向,不断优化完善平台功能,基本实现了政务服务"线上进一网、线下进一窗"。

经过不懈努力,"一网通办"社会受益面逐步扩大。目前,总门户个人实名用户

注册量已突破 1008 万，其中户籍用户数量 489 万，占全市户籍人口总数的 33.8%；法人用户注册量超过 199 万，占本市企业法人总数的 92%。平台累计办件量已超 2489 万件，其中，最多跑一次办件量为 1377.1 万件，占总量的 55.32%。"随申办"App 月活跃用户数 312 万，占总用户数的 30.95%。

接入"一网通办"平台事项不断丰富。目前，平台已接入 2035 个政务服务事项，实现行政审批事项全覆盖，并不断丰富公共服务和其它行政权力事项。其中，1400 个事项具备全程网办能力，占比 68.80%；1839 个事项具备最多跑一次能力，占比 90.37%。

"一网通办"平台功能不断完善。我们整合微信、支付宝、银联三种主要支付渠道，对接 47 项收费事项，累计缴费 887 万笔，总金额超 11.8 亿元。与邮政、顺丰深度合作，能够为 1142 个事项寄送材料，累计寄件 89.6 万笔。我们不断深化移动端"随申办"APP 建设，接入 637 项高频的、适合在移动端办理的事项，持续优化用户体验。

"一网通办"覆盖地域不断拓展。我们与江浙皖三省合力攻关，打造长三角"一网通办"专栏，上线全国首个区域政务服务"一网通办"旗舰店。目前，已经开通 18 个城市 164 个线下专窗办理点，实现了 51 个事项跨省办理。长三角全程网办总量为 170 万余件，线下专窗跨省办件 729 件，政务服务区域一体化效应逐步显现。

2. 大力实施业务流程革命性再造，推动从"以部门为中心"到"以用户为中心"的转变

业务流程再造是实现"进一网、能通办"的核心。一年来，我们以高效办成一件事为目标，以"双减半"（行政审批事项办理时限减少一半、提交材料减少一半）和"双 100"（推进 1 0 0 个业务流程优化再造事项落地，新增实现 1 0 0 项个人事项全市通办）为抓手，全力推进业务流程再造，切实提升企业群众办事获得感和满意度。

扎实推进"减材料""减时限"工作，规定"没有法律法规依据的证明材料""能够通过数据共享或网络核验的材料""能够通过电子证照库调取的证照""能够通过告知承诺方式解决的材料"4 类材料一律不需提交。目前，全市所有审批事项减材料已达到 50.5%，100 个事项实现"零材料提交"；"减时限"达到 59.8%，均已完成全年目标。

突出重点、以点带面，着力推动业务流程再造。今年，聚焦群众反映突出的、涉及跨部门、具有代表性的 100 个事项，重点推动减环节、减时间、减材料、减跑动，确保群众进一网、跑一次、能办成。目前，100 个事项中，88 个已明确改革方案，46 个具备上线条件，6 个已完成改革，极大简化了市民和企业办事流程。

继续推进简政放权工作。进一步取消和调整行政审批，已由市政府决定取消 15 项、调整 2 项，近期还将再取消 17 项、调整 2 项。对标世行标准，进一步优化营商环境，其中获得电力、开办企业、办理施工许可、登记财产、跨境贸易等 5 个事项，企业办事时间在去年缩短了 50.2% 的基础上再缩短 40% 左右，手续环节在去年减少 30.8% 的基础上再减少近 50%。

3. 大力解决数据整合共享难问题，推动从"群众跑腿"到"数据跑路"的转变

数据整合共享是实现"进一网、能通办"的关键。一年来，我们依托电子政务云，把分散、孤立的数据汇集起来、流动起来，方便群众办事。

大力推进数据共享。建成 1 个市级和 16 个区级数据共享交换平台，累计实现数据共享交换 5.15 亿余次，调用国家数据 304 万次。通过数据共享，进一步精简办事材料，减少不必要的证明，简化各类申请表格填报，让"数据多跑路"。

持续推进电子证照归集和政务服务应用。电子证照库已入库 200 类、共计 7700万余张高频电子证照。企业群众在线上办事，可直接使用名下电子证照；前往线下窗口办事，利用"随申办"App 电子亮证功能，可免交相应实体证照和复印件。打造"在线开具证明"功能，提供 22 类高频电子证明服务。目前，电子证照库调用总量已突破 4000 万次，日均访问量超 40 万次，共开具 60 万张电子证明。

此外，我们积极推进电子证照的社会化应用，在交通执法、宾馆入住，以及部分服务性行业开展应用试点。今年 9 月 1 日起，在本市如遇交警路面查验，当事人可通过出示电子驾驶证、行驶证处理交通违法和事故，实现电子亮证，受到了市民的欢迎。

4. 大力提升政务服务智能化水平，推动从"人找服务"到"服务找人"的转变

办事更方便、体验更满意是"一网通办"的根本目标。我们利用大数据资源，及时向用户提供个性化、精准化、主动化、智能化的政务服务。比如，可以通过"随申办"App推送"证照到期提醒"信息。再如，申请人居住登记满 6 个月后，通过主题引导方式指引申请人线上申领居住证，15 个工作日内完成制证，快递送达。

加快实现线上线下融合，标准一致、服务一体。今年，新增 177 项事项"全市通办"，累计达到 364 项，超额完成年度任务。在全市推行"一窗受理、分类审批、一口发证"的"综合窗口"机制。比如，徐汇区将原先 83 个受理专业窗口整合为 18 个"零差别受理"综合窗口，受理人员从"专科医生"升级为"全科医生"，申请人等候时间平均减少三分之一。又如，市公安局目前已在全市 106 个派出所设立"综合窗口"，可办理出入境、交警、治安、人口等 43 项业务。

实行政务服务"好差评"制度，把对政务服务的评价权交给群众，使之成为政务版的"大众点评"。截至目前，共收到评价 21 万余条，其中差评 1900 条。对于每条差评，我们都及时分析处理，作为改进工作的重要依据。

"一网通办"不仅是上海政务服务的重要组成，更是优化营商环境、提升城市能级和核心竞争力的重要举措。下一步，我们将按照市委、市政府的部署要求，继续坚持以用户为中心，更加突出改革创新、更加突出业务流程再造、更加突出数据共享应用、更加突出利企便民服务，努力将"一网通办"改革推向深入，把"一网通办"品牌擦得更亮，叫得更响，不断增强市民群众和市场主体的获得感和满意度。

（二）浙江"最多跑一次"改革

浙江省顺应新时代发展要求、回应人民群众期盼，在"四张清单一张网"改革基础上，推行"最多跑一次"改革。2017 年底"最多跑一次"事项覆盖 80% 办事事项，

基本实现"最多跑一次是原则、跑多次为例外",使人民群众得到了实实在在的获得感、幸福感、安全感。

一是推行"一窗受理、集成服务"。将各个部门在行政服务中心分散设置的服务窗口整合为综合受理窗口,建立"前台综合受理、后台分类审批、综合窗口出件"的全新工作模式,实现受理与办理相分离、办理与监督评价相分离。按照整体政府理念,以"一窗受理"为切入点,倒逼部门衔接管理制度、整合办事流程,推进部门协同作战、集成服务,推动群众办事从"找部门"向"找政府"转变。

二是梳理公布"最多跑一次"事项。以人民群众办好"一件事"为标准,以权力清单、公共服务事项清单为基础,全面梳理群众和企业到政府办事事项,按照事项名称、申请材料、办事流程和办理时限等"八统一"的要求,由省级各主管部门分别制定《群众和企业到政府办事事项主项和子项两级指导目录》,梳理制定全省统一规范的办事指南,建立动态调整机制。

三是推进便民服务、投资审批、市场准入等重点领域改革。推进不动产交易登记全流程"最多跑一次"。实行居民身份证、驾驶证、出入境证件等异地可办。以身份证为唯一标识推进便民服务类事项"一证通办"。推行全省社保信息和参保证明在线查询、全省就医一卡通和诊间结算。制定《各级各部门需要群众(企业)提供的证明事项目录》,推行"目录之外无证明"。建设投资项目在线审批监管平台2.0版,推动投资项目100%应用平台、100%系统打通、100%网上审批、100%网上申报。推进区域环评、区域能评,建设、人防、消防施工图"多审合一",建筑工程"竣工测验合一"。推进企业投资项目承诺制改革和国有土地出让"标准地"改革。推行外贸、餐饮、住宿等20个领域"证照联办"和12个事项"多证合一、一照一码"等改革。对住所登记、经营范围登记和章程审查等工商登记重点环节,实行便利化改革。

四是建立"12345"统一政务咨询投诉举报平台。以设区的市为单位,除110、120、119等紧急类热线以外,将各部门非紧急类政务热线以及网上信箱等网络渠道整合,纳入12345统一政务咨询投诉举报平台统一管理,建立"统一接收、及时分流、按责转办、限时办结、统一督办、评价反馈、行政问责"的运行机制。

五是推进"最多跑一次"改革向事中事后监管延伸。建立综合行政执法局,集中行使基层专业技术要求不高的行政执法权,构建"部门专业执法＋综合行政执法"的行政执法体系。全面推行"双随机、一公开"监管。构建覆盖企业、自然人、社会组织、事业单位和政府机构5类主体的公共信用评价、信用综合监管、信用联合奖惩3大信用监管体系。乡镇(街道)整合形成综治工作、市场监管、综合执法、便民服务4个功能性平台,承接"最多跑一次"改革在基层落地。

六是打破信息孤岛实现数据共享。加强"互联网＋政务服务"顶层设计,运用系统工程方法论建设全省统一的政务服务网。加强一窗受理系统、部门业务办理系统、交换与共享系统3个审批服务子系统建设。按照受办分离要求,各地各部门受理群众办事申请,不论是网上办,还是在政务大厅办,都要先进入一窗受理系统,再转到各部门业务系统办理。

我国人口数据库是在户籍制度基础上，以公安人口信息为基础，以公民身份证号（境外人口为护照号）为唯一标识，以少量其他部门提供的信息为补充和核准的。目前我国人口数据管理"条块分割"，相关部门只是从本部门的角度出发对人口信息进行管理，相互之间缺乏信息共享。随着我国经济社会的发展，这种人口数据管理模式的弊病越来越明显，难以适应数字政府建设要求。

根据国务院印发的《促进大数据发展行动纲要》和浙江省政府印发的《加快推进"最多跑一次"改革实施方案》要求，浙江省建立了"1253"政务信息资源共享体系。其中作为五大基础数据库库之一的人口综合库，由数梦工场承建。数梦工场通过编制浙江人口数据标准规范，清洗、比对、转换、整合有关部门异源异构数据资源，建成了全省统一的人口综合库，在"最多跑一次"改革中发挥了重要作用。

浙江省人口综合库汇聚了 60 多个部门 1000 多张表 2 万多个字段，数梦工场采用基于全链路的数据血缘和数据质量技术，对不同部门的数据进行治理质量分析、治理中质量监控、治理后质量评估，参考了 40 多份国家标准和行业标准，历时两年形成了 1300 多个标准数据元，200 多个数据字典的浙江省人口综合库地方标准，包含基本信息、资产信息、行为信息、关系信息、涉事违法 5 个一级分类，32 个二级分类，691 个三级分类，2100 个字段。

浙江省人口综合库建设遵循"一数一源、多源核验"原则，要求有关部门对数据完整性、准确性、时效性负责，提供方数据一旦发生变化，必须及时通过授权修改共享方的数据项，确保共享数据的及时统一更新。截至 2019 年 7 月，浙江省人口综合库已为各级政府部门提供数据共享调用服务 3.9 亿次。

在人口综合库基础上，浙江深改办从办事人角度界定"一件事"，梳理企业和个人全生命周期政务事项目录，实现"一件事"全流程"最多跑一次"。所谓"一件事"，是指一个办事事项或可以一次性提交申请材料的相关联的多个办事事项。其中企业"一件事"包括登记开办、项目投资、不动产交易、水电气和网络报装、员工招聘、设备研发与购置、创新研发、生产经营、获得信贷、清算注销等 10 大类 19 件事，企业获得感明显提升。

浙江省人口综合库成为"最多跑一次"改革中人口数据共享的有力支撑，推动了人口数据各个领域的应用，为浙江政府数字化转型做出了重要贡献。

（三）江苏"不见面审批"改革

江苏省坚持问题导向，在完成省市县"三级四同"标准化权力清单基础上，全面推进"不见面审批"改革，推动形成"网上办、集中批、联合审、区域评、代办制、不见面"的办事模式，构建"不见面审批 + 强化监管服务 + 综合行政执法"新型管理体系，着力优化营商环境，切实增强企业和群众的改革获得感。

1. 网上办

将 65 个省直部门和所有市县的政务网整合成全省统一的政务服务网，实现政务服务信息系统互联互通。2017 年 6 月，江苏政务服务网正式上线运行，实现了省市县三级审批（服务）事项应上尽上。截至 2017 年底，省市县三级行政机关大部分审批服务事项都已经实现网上办理，变"面对面"为"键对键"。

2. 集中批

按照"撤一建一"的原则，全省共有 5 个设区的市、17 个县（市、区）、27 个开发区成立了行政审批局，将市场准入、投资建设、复杂民生办事等领域的行政许可权划转至行政审批局行使，变多个主体批为一个主体批，实行"一枚印章管审批"。大力推行"3550"改革，即"3 个工作日内开办企业、5 个工作日内获得不动产登记、50 个工作日内取得工业建设项目施工许可证"，打通投资建设领域审批中的"堵点"，解决群众不动产登记的"痛点"，最大限度利企便民，着力打造国际先进水平的营商环境。

3. 联合审

在全省推广"五联合一简化""多评合一""网上联合审图"经验做法，大力推动可研报告、节能评估报告、社会稳定风险评估报告"三书合一"，变"接力跑"为"齐步走"，报告编制时间压缩 2/3，支出费用减少 60%。积极推动网上联合审图、电子踏勘等，实现"多图联审"的材料网上递转、网上审图、网上反馈、网上查询，全面开启了"线上受理、联合审图、集成服务、综合监管"的不见面审图新模式。

4. 区域评

出台《以"区域能评、环评 + 区块能耗、环境标准"取代能评环评工作机制试点工作的方案》，在环评、能评、安评等方面，探索开展区域评估，取代区域内每个独立项目的重复评价，变"独立评"为"集中评"。在开发区统一编制地质灾害危险性评估、社会稳定风险评估、地下水水质监测等区域性评估报告，评估结果开发区内项目全部共享使用，通过政府买单、企业共享，节约了项目落地时间，减轻了企业负担。

5. 代办制

在全省开发区、高新区、乡镇（街道）率先推行企业投资建设项目全程代办制度，提供"店小二"式专业化服务，由各地公布代办事项目录，组建专业化代办队伍，为企业提供无偿帮办服务，变"企业办"为"政府办"。

6. 不见面

积极推行审批结果"两微一端"推送、快递送达、代办送达等服务模式。江苏邮政 EMS 快递服务已进驻全省 121 个政务服务中心，实现省市县三级政务服务中心全覆盖，变"少跑腿"为"不跑腿"。截至 2017 年底，全省各级政务服务中心寄送审批结果 185 万件。

（四）佛山市禅城区"一门式、一网式"政务服务改革

2014 年 3 月起，广东省佛山市禅城区启动"一门式、一网式"政务服务改革，以信息化支撑"放管服"改革，全力推动"数字政府"改革建设，增创营商环境新优势。经过五年多的努力，佛山市禅城区在着力解决人民群众反映强烈的办事难、办事慢、

办事繁等问题方面取得突破性进展，建成覆盖区、镇（街）、村（居）三级政务服务体系，实现"办事不求人"。

佛山市禅城区"一门式、一网式"政务服务改革以问题和需求为导向，秉持"把简单带给群众、把复杂留给政府"的理念，坚持以人民为中心，为企业和市民提供全流程、规范化、无差别、标准化的政务服务。借助大数据、区块链等现代信息技术，通过"五化"（标准化、信息化、阳光化、数据化、人性化）建设，梳理、整合、再造政府部门行政审批事项，推动"两个集中"（政府不同职能部门的多个办事大厅向一个集中、不同业务多个办事窗口向一个集中），形成"前台统一受理、部分直接办理；后台分类处置，部门协同办理；业务流程优化、管理全程监控"的政务服务运行体系，实现"六个办"（一窗办、马上办、限时办、网上办、天天办、全区通办），让人民群众办事"找谁都一样，谁找都一样，找哪都一样，哪找都一样"，促进公共服务高效化。

1. 主要做法

一窗办理。佛山市禅城区将职能部门专业办事大厅整合到行政服务中心大厅一个"门"，将部门分设的办事窗口整合为综合窗口，授予每个综合窗口相同的职能，对接政府的所有行政审批服务，包括跨部门、跨行业事项，任一窗口都可办理多项业务。人民群众和企业办事无需在多个大厅、多个窗口之间来回奔跑，办事只认窗口，不认面孔（部门），极大方便了人民群众和企业办事。通过前台改革，实现窗口办理人员身份和职能的转变，使窗口工作人员由部门派驻人员变为行政服务中心人员，由"专科"变"全能"人员，由全部受理变全部受理并部分审批。群众等候时间缩短近一半，事项平均审批时间大为缩短，以镇街办理事项为例，六成以上办理量实现即办。

统一平台。佛山市禅城区按"法无授权不可为、法无禁止即可为、法定职责必须为"的原则编制部门权力清单，厘清部门职责权限，梳理和整合审批事项，大力压缩审批时限和最大程度减少申请材料。在此基础上，形成前台受理、后台审批和服务流程"三个标准化"，并固化到一门式综合信息平台系统，大幅压缩自由裁量空间，实现无差别审批服务。创新信息技术手段，通过跳转、对接等技术，联通社保、计生等国家、省、市24个专线系统，强化协同服务，变串联审批为并联审批。制定区域性工作规则，推广使用电子章、电子化材料，减少"公章"旅行和纸质材料，压缩办事流程，提高服务效率。运用"表单云"免去企业办事重复填表，推行"五证同办""一照一码"缩减办事环节，节省企业办事时间，推动企业办事"路上跑"向信息"网上跑"的转变。在不改变各专线系统架构的基础上，建设一门式政务服务平台，巧用跳转对接、网络爬虫等技术，实现44个专线子系统（含法人专线子系统5个）贯通，审批服务信息实时流转、共享。强力推进"三单管理"，对政府审批事项进行全面梳理，把1000多项审批事项进行要件流程标准化，理清部门职责权限并固化在系统中，形成"三个标准"和"三个清晰告知"。实现办理过程全留痕，减少权力审批的弹性空间，有效杜绝人情办事。

一网通办。佛山市禅城区利用互联网技术，构建一张立体化服务网络，实现所有服务事项"一网打尽"，做到"一门在基层，服务在网上"。一是与广东省政务服务网对接，将虚拟大厅与实体大厅充分结合，推动互联网审批。目前，进驻事项网上办理率达93.43%，网上办事深度达到三级的服务事项占85.03%。二是开发"禅城一门式"移动终端应用软件和微信公众号，让群众足不出户随时随地享受材料预审、办事预约、办事查询等掌上服务。三是设置24小时自助服务区，为群众和企业提供出入境、户政、消防、车辆等多项便民业务，超过一半的公安事项可自助办理，并探索建立自助办税服务区。制定区域性工作规则，推广使用电子章、电子化材料，减少"公章"旅行和纸质材料，压缩办事流程，推动群众和企业办事"路上跑"向信息"网上跑"的转变。

信息共享。禅城区通过搭建政务数据共享交换平台，实现了省市区三级互联互通，目前，禅城区大数据池已沉淀3.62亿条鲜活数据。在保证数据安全的前提下，将卫生健康、教育、公安、市场监管、生态环境等部门信息实现共享，促进部门信息共享和业务协同。同时，收集群众和企业办事沉淀的动态数据，以身份证和企业信用代码为识别码，建立"我的空间"，通过数据的交换比对和动态分析，找准群众和企业的个性化需求，为政府科学决策和精准服务提供支撑。实现强化对群众和企业的"全生命周期"的监管，逐步完善了社会征信体系，打破"放则乱，抓就死"的魔咒。

数据复用。佛山市禅城区通过一门式改革对群众和企业办事过程的数据信息进行动态收集，建立包含130多万个体的自然人库和15万市场主体的法人库，分别梳理形成1600和1800多个标签，并对自然人和法人进行精准画像，为在养老、医疗、教育等民生服务以及企业设立、市场监管等企业服务精准匹配，政府行政资源科学调配，基础设施建设投放等精准决策方面提供了强力支撑。同时建立统一标准的证明材料、表格样式和范例，探索推行"表单云"和自助填表系统，实现群众和企业表格不用重复填写、材料不用重复提交。以区块链底层技术为支撑，开发推出"IMI"App，全面解决目前网上或自助办事时所面临的人员真实身份的确认问题，为数据穿上"安全马甲"，推动数据在主体真实基础上实现跨平台、跨部门，助推政务服务实现"零距离""全天候"。

制度保障。佛山市禅城区建立了"一按灵"咨询服务热线，随时随地解答群众和企业疑问，截至2019年4月，"一按灵"咨询服务热线已服务72万多人次。开设"空中一门式"电台节目，通过典型案例和法律法规解读，为群众和企业解疑答惑，该节目收视率排第一。建立在线监察系统，对审批全过程进行实时监督和考评，监管工作人员审批行为，压缩自由裁量空间，倒逼政府效能提升。此外，建立一门式电子印章管理、审批服务系统管理、第三方满意度测评、绩效考核问责等一系列规章制度，为政务服务"一门式、一网式"政务服务改革提供制度支持。

2. 主要成效

佛山市禅城区"一门式、一网式"政务服务改革通过信息化方便了人民群众，提高了办事效率，简化了办事流程，有效破解了人民群众"办事难、办事慢、办事繁"问题，人民群众获得感明显增强。

只进一扇门、最多跑一次。改革后，原来 24 个区、镇（街道）行政服务大厅合并为"1"个门，309 个专业窗口改为 252 个综合窗口，镇（街道）行政服务中心事项数由原来的 78 项统一增至 219 项，增长近 3 倍。66 个事项（含法人事项 2 个）实现 24 小时自助办理，358 个法人事项（占纳入一门式事项总数的 37%）实现互联网审批。同时，创新运用区块链技术建立 IMI 身份认证，探索了 79 个自然人服务事项办事"零跑腿"，实现材料"零提交"、审批"不见面"、办事"零跑腿"，2019 年将实现法人"零跑腿"事项 50 项。专业窗口变成综合窗口，群众和企业到任一个窗口即可办理同样的业务。区级自然人每日每窗业务量达 37 件，同比增长 117%。群众和企业办事等候时间由过去的 20 至 30 分钟缩短到现在的 10 至 20 分钟，减少一半，60% 以上的办事量实现立等可取，平均等候时间 9.36 分钟，限时办事项办理时间平均压缩 6 个工作日。镇（街）政务服务中心事项数由原来的 78 项统一增至 268 项，增长了近 3 倍，60% 以上的事项实现一次即办。针对一些难以按照常规解决的"疑难杂症"开设"应急窗口"，积极破解群众多部门跑仍无法解决的历史遗留问题。此外，禅城区群众可享受 24 小时自助服务，共有 180 台服务终端每日平均为群众办理业务 1400 件。张槎街道已实行 24 小时提交证件和自动领取结果。

优化流程，提高效率。按照"一套材料、一次受理、资料互认、网上流转、限时办结"的原则，打通工商、公安、税务、银行等系统，再造审批流程，压缩审批时限。企业开办时间在"减少一半"的基础上进一步优化，压缩至 5 个工作日。以开办内资有限公司为例，5 个工作日就能完成，由名称预先核准、"多证合一"商事登记、补采集税务登记信息、刻章、银行开户许可 5 个程序压缩为商事登记、银行开户许可 2 个程序，办理时间压缩为"3+2"（商事登记 3 个工作日、银行开户许可 2 个工作日）。群众办事等候时间由过去的 10 至 15 分钟缩短到现在的 5 至 10 分钟，减少一半，限时办事项平均办理时限压缩 7.5 个工作日。为破解市场主体"准入不准营"的困局，推行"企业开业"主题办（证照联办）服务，推出"餐饮服务、汽车维修、理发美容"等 12 个主题服务，为企业开业提供核名、设立登记、经营许可等全流程主题服务。以系统互联、流程再造、压缩办事时间和材料为核心，探索"一次采集、协同联办"办事模式，申请人按行业主题一次性提出办事申请，系统自动识别分派至各级部门并联审批，部门之间数据共享、结果互认，实现去部门化、去层级化、去区域化"主题式"服务。采用互联网审批模式，通过企业人员网站上传材料、业务部门网上审批、大厅校验并发放结果物三个步骤即可完成业务办理，简化办理程序，实现"线上受理、网上审批、一窗办结"，真正方便企业办事。通过法人事项主题办，平均每个主题需提交材料精简 35% 以上，平均办理时间缩短 60% 以上。以"开办餐馆"为例，办事材料由 45 份精简至 27 份，时间由 45 个工作日缩减为 10 个工作日。企业投资建设项目投资立项、初步设计、施工许可、竣工验收四个环节均实行并联审批，审批时限由原来 200 工作日压缩至 45 个工作日。如推动建设工程竣工联合验收，提前介入、专人全程跟进，实行"4+4+5"的工作机制，即 4 个工作日审核资料，4 个工作日现场勘察验收，5 个工作日出具验收结论，审批时限由原来 84 个工作日大幅压缩至最长 13 个工作日，平均办结用时为 7.6 天。

减材料，减证明。通过优化流程，凡是无法律法规规定的证明一律取消，取消 82 项无法律法规规定的证明，取消 624 份办事材料。减少申请材料的事项达 70 项共 108 份，对部分群众办事常用的证件、证明等材料实现一次提交，多次使用。同时，对证明材料、表格样式和范例进行了标准化设计推广，探索推行"表单云"和自助填表系统，实现 214 个表格自助填写。对部分群众和企业办事常用的证件、证明等材料实现一次提交，多次使用，部分基础信息自动填报，178 份材料通过复用实现免提交，110 份材料通过信息共享实现免提交，自然人"零跑腿"办事服务事项实现材料零提交。此外，佛山市禅城区"一门式、一网式"政务服务改革提高政府了行政效能，促进了政府决策科学化。例如，通过大数据分析，及时掌握业务办理情况，找准人民群众和企业的个性化需求，及时优化业务流程，实现公共服务精准化。以禅城区祖庙街道"大数据·微服务"的居家养老服务点决策选址为例。祖庙街道辖区 60 周岁以上户籍老人约 6.7 万人，占街道户籍人口总数 21%，占禅城区老年人口 60% 以上，享受政府购买服务的四类 17 种老人约 9700 人，配送餐、家政、医疗等居家养老服务需求旺盛。通过大数据分析可以掌握老人分布情况，为选址决策提供科学依据。越秀岭南隽庭服务站就是祖庙街道利用"大数据·微服务"决策选址新建的居家养老服务点，其长者饭堂的配送餐服务日均超过 200 人次，极大地辐射周边目标人群，提高公共资源利用率。

佛山市禅城区"一门式、一网式"政务服务改革解决了权力放下难、信息共享难、业务协同难、统筹调配难等问题，将复杂审批转变为便捷服务，提高了政府行政效率，增强了人民群众的获得感。

权力放下难。简政放权，社会期盼的是"简"，政府努力的目标也是"简"，要做到"简"，核心和前提是"放"，并且要做到放而不乱，管得住、服务好。为加快实现群众要求迫切，且需要更好获得感的"简"，我们通过事项的梳理和标准化建设，在不突破上位法的情况下，将审批人员手中的权力"放"给了无差别、标准化的信息系统。现已将近 1000 个事项的审批标准全部配置在系统中，工作人员按照系统指引"照单抓药"，群众办理量大、审批技术含量低、程序简易的事项实现窗口即办，办理过程全留痕，人情办事也没有了空间，群众方便简单就可办成事的获得感持续提升，为今后改革深化赢得了时间。

信息共享难。一门式主系统对接的专线子系统层级多、条线多。仅镇街层面需要对接的专线子系统共 24 个，其中国家 1 个、省级 7 个、市级 11 个、区级 5 个，系统设计标准、服务端口等基本不同，对接技术难度大。各部门出于保密、安全、隐私等原因不愿意推动数据共享和信息开放，造成各种信息孤岛。我们运用"妥协"办法，在不破坏原有系统和不威胁到各专线子系统安全性的前提下，采取横向对接、纵向跳转的方式，通过开放部分数据、数据比对、提供"是"与"否"信息确认等方法，逐步联通信息孤岛，进而实现信息共享。已经实现证件、证明等信息的网上查验核对，推进申报材料和审批结果电子化流转，实现群众信息"一次生成、多方复用、互认共享"，避免群众重复提交材料和循环证明，让数据多跑路、让群众少跑腿。另外，我区作为广东省电子政务畅通工程试点，已搭建全省统一的数据共享交换平台，实现了省市区三级联通，且预留了标准的数据接口，在技术上具备有效支撑与上级系统对接的条件，可根据需要实现与上级审批工作的对接。

业务协同难。过去办理事项涉及跨部门、跨层级审批，大多采取前置审批、串联审批的方式，群众需要反复提交申请材料，多部门跑腿盖章导致"公章旅行"，审批效率低。我们通过主系统与专线子系统的联通，抓取数据比对验证、推广应用电子章等多种方式，把过去的线下串联审批变成线上并联审批，实现了跨部门、跨层级协同审批、关联事项审批、容缺审批。如过去新生入读报名，家长需要跑公安、房管、社保等多个部门，反复提交身份证、户口本、计生等多种证明材料。改革后，家长可以直接在网上无纸化报名，系统自动完成户籍地址、居住证年限、计生审核结果等信息对接，减少家长来回奔走于各职能部门收集和提供证明材料的负担，又减轻窗口人员查询比对等工作压力。

统筹调配难。过去，专业窗口设置导致各个窗口忙闲不均，每增加一个审批事项需同步增设一个窗口，行政资源未能整合优化，人员积极性得不到充分发挥。改革后，窗口工作人员归属中心统一管理，通过绩效考核制度、星级窗口评比等激励办法，促使工作人员更加专注于业务，人员岗位属性进一步强化，对行政服务中心的归属感更强，人员潜能充分激发，工作积极性得到最大限度发挥。以镇街为例，窗口减少 25%，每窗日平均办理量增长 2.5 倍，行政效率明显提升。腾出来的工作人员回到原归属部门加强后台审批监管，进一步优化审批服务。

佛山市禅城区"一门式、一网式"政务服务改革切实解决了企业和老百姓办事难、办事慢、办事繁问题。2015 年 10 月，佛山市禅城区"一门式、一网式"政务服务改革获评"全国社会治理创新最佳案例"。2017 年国务院大督查实地督查中，佛山市禅城区"一门式、一网式"政务服务改革被列为落实重大政策措施成效明显、创造典型经验做法，受到"免督查"的激励。2018 年 5 月，中办、国办联合印发《关于深入推进审批服务便民化的指导意见》，将佛山市禅城区"一门式、一网式"政务服务改革作为典型案例向全国推广。

第十二章　推行信用监管和"互联网＋监管"

2019 年 3 月，李克强总理在政府工作报告中提出推行信用监管和"互联网＋监管"。推行信用监管和"互联网＋监管"，是"放管服"改革之后对市场主体加强事中事后监管的重要举措。

一、社会信用体系概述

（一）相关概念

1. 诚信

诚信，是指人们的日常行为诚实、守信用。即为人处事真诚、老实、讲信誉，心口如一，言行一致，言出必行。世无诚信不宁，国无诚信不稳，业无诚信不旺，家无诚信不和，民无诚信不立，官无诚信不忠。

诚信是中华民族的传统美德。"仁、义、礼、智、信"被称为儒家的"五常"，贯穿于中华伦理发展过程中，成为中国人价值体系中最核心的内容。

诚信是社会主义核心价值观的重要内容。党的十八大提出，倡导富强、民主、文明、和谐，倡导自由、平等、公正、法治，倡导爱国、敬业、诚信、友善，积极培育和践行社会主义核心价值观。其中爱国、敬业、诚信、友善是公民个人层面的价值准则。

2. 信用

信用是指遵守诺言、实践成约，从而取得别人的信任。不同学科对信用的解读不一样。从经济学角度来看，信用是在得到或提供货物或服务后并不立即而是允诺在将来付给报酬的做法。从社会学角度来看，信用是一种价值观念以及建立在这一价值观念基础上的社会关系。从伦理学角度来看，信用是参与社会和经济活动的当事人之间所建立起来的、以诚实守信为道德基础的践约行为。

3. 征信

征信是指对企业、事业单位等组织的信用信息和个人的信用信息进行采集、整理、保存、加工，并向信息使用者提供的活动。

2012 年 12 月，国务院第 228 次常务会议通过了《征信业管理条例》，自 2013 年 3 月 15 日起施行。

4. 社会信用体系

社会信用体系也称国家信用管理体系或国家信用体系，它是以法律、法规、标准和契约为依据，以健全覆盖社会成员的信用记录和信用基础设施网络为基础，以信用信息合法、合规应用和信用服务为支撑，以树立诚信文化理念、弘扬诚信传统美德为内在要求，以守信激励和失信约束为奖惩机制的社会治理体系，目的是提高社会诚信意识和信用水平，形成和保持崇尚诚信的社会经济秩序。

社会信用体系包括政务诚信、商务诚信、社会诚信和司法公信四大领域。

社会信用体系建设内容包括诚信教育与诚信文化、信用信息系统、信用奖惩机制等。

加快社会信用体系建设是完善社会主义市场经济体制、加强和创新社会治理的重要手段，对增强社会成员诚信意识，营造优良信用环境，提升国家整体竞争力，促进社会发展与文明进步具有重要意义。

2014年6月，国务院印发了《社会信用体系建设规划纲要（2014—2020年）》，提出推进重点领域诚信建设，加强诚信教育与诚信文化建设，加快推进信用信息系统建设和应用，完善以奖惩制度为重点的社会信用体系运行机制，建立实施支撑体系。

5. 信用管理制度

信用制度是指关于信用及信用关系的规则体系，是信用行为的规范和保障。与其他制度一样，包括正式的和非正式的。前者如有关信用的法律（如契约法）、信用管理制度等，后者如信用观念、信用习惯等。

信用管理制度是指国家为确保信用活动的正常进行而制定的有关法律法规，如信用征集、信用调查、信用评估、信用保证等信用活动中的工具采纳、机构设置、法律责任、监督管理运行机制等。

（二）重要意义

加快社会信用体系建设是完善社会主义市场经济体制、加强和创新社会治理的重要手段，对增强社会成员诚信意识，营造优良信用环境，提升国家整体竞争力，促进社会发展与文明进步具有重要意义。

1. 推动高质量发展的迫切要求

市场经济本质上是信用经济。建立完备的社会信用体系是市场经济发展的客观规律。江苏省正处在全面深化经济体制改革的关键期，充分发挥市场在资源配置中的决定性作用，规范市场秩序，降低交易成本，激发市场活力和创新动力，迫切需要加快建设社会信用体系，打造良好的市场信用环境。

优化信用环境，坚持诚信发展的道路，是提升经济发展质量水平的软实力，是实现富民强省的决定性因素，是又好又快推进"两个率先"的重要基础。采用国际通行准则，建设社会信用体系，优化发展环境，有利于更好适应经济全球化的新变化，树立江苏省开放、守信的良好形象，提升经济和社会发展的综合竞争力。

2. 推进国家治理体系和治理能力现代化的迫切要求

深入推进"放管服"改革，加快转变政府职能，对政府行政管理水平和市场监管能力提出了更高要求。加强以信用为核心的事中事后监管，夯实监管信用基础，有利于市场规范有序运行，不断推进政府管理水平提升和服务型政府建设，进一步提高行政效能和政府公信力。

随着社会转型速度的加快，利益主体和诉求更加多元化，社会治理面临许多新挑战，传统管理理念和手段难以从根本上解决诚信缺失问题。社会信用体系建设成为加强和创新社会治理、提升社会治理能力的有效手段。褒扬诚信，惩戒失信，不断提高社会公共生活的透明度，有效降低社会交往的风险和成本，有利于促进社会互信，减少和化解社会生活中的矛盾与冲突，为社会治理、社会和谐奠定良好的微观基础。

3. 培育和践行社会主义核心价值观的迫切要求

诚信是中华民族的传统美德，是社会主义核心价值观的精神要求。当前人民群众对社会生活中的严重失信现象深恶痛绝，迫切期待改善社会信用环境。构建社会信用体系，弘扬社会主义核心价值观，有利于促进社会公平正义，有利于人际关系融洽和利益关系协调，有利于促进社会和谐发展、文明进步，夯实人民群众幸福安康的社会基础。

（三）理论基础

1. 信息不对称理论

在市场经济的条件下，信息不对称是产生失信行为的重要原因之一。由于缺乏历史交易信息、信息传递不畅，失信者往往不能被市场及时发现而受到约束，推进社会信用体系建设，建立相关信息记录、畅通传递机制，其重要目的就是减少信息不对称。

2001 年度诺贝尔经济学奖授予了美国经济学家约瑟夫·斯蒂格利茨、乔治·阿克尔洛夫、迈克尔·史宾斯，表彰他们从 20 世纪 70 年代就开始的在使用不对称信息进行市场分析方面所做出的重要贡献。

早在 1970 年，美国经济学家乔治·阿克尔洛夫发表了《柠檬市场：质量不确定和市场机制》的论文，成为研究"信息不对称理论"的最经典理论之一，开创了"逆向选择理论"研究的先河。他认为，卖方能向买方推销低质量商品等现象的存在，是因为市场双方各自掌握的信息不对称。信息失衡甚至可能使劣质的二手车挤掉优质车市场。史宾斯则揭示人们应如何利用所掌握的更多信息来谋取更大利益。斯蒂格利茨为掌握信息较少的市场方如何进行市场调整提供了相关理论。

近年来，随着市场经济的快速发展，我国企业诚信缺失问题逐渐显现。失信企业获得超额利益，却不用付出太多代价，社会负效应不断被放大。造成这种现象最根本原因是企业和企业之间信用信息不对称。在市场经济条件下，如果社会信用体系不健全，就会导致合作双方很难完全知道对方的信用信息。在这种情况下，弄虚作假者很容易为了谋取暴利而损害另一方的利益。

随着社会信用体系建设的不断推进，被称为企业"经济身份证"的信用档案和信用报告制度逐渐被更多人接纳。减少信用信息不对称，可以信用良好的企业更容易在市场中获得信赖，赢得更多商机；而信用不良的企业，不良信用记录会在系统内存档，并在互联网上公示，客户会选择性地避开，从而丧失商机。

延伸阅读：信息经济学

信息经济学是从微观的角度入手，研究信息的成本和价格，并提出用不完全信息理论来修正传统的市场模型中信息完全和确知的假设。重点考察运用信息提高市场经济效率的种种机制。因为主要研究在非对称信息情况下，当事人之间如何制定合同、契约、及对当事人行为的规范问题，故又称为契约理论或机制设计理论。

信息经济学起源于20世纪40年代，发展于20世纪五六十年代，到20世纪70年代趋于成熟，当时有大量信息经济的论著问世。例如美国霍罗威茨的《信息经济学》，英国威尔金森的《信息经济学－计算成本和收益的标准》，日本曾田米二的《情报经济学》等。

1996年度诺贝尔经济学奖授予了英国剑桥大学的詹姆斯·莫里斯教授和美国哥伦比亚大学的威廉·维克里教授，以表彰他们对信息经济学研究做出的贡献。

2. 博弈理论

博弈论认为，在一个信息传递方便、市场监督机制健全的良好信用环境中，违约成本高于收益，最优策略是诚实守信；而在一个信用环境不好、市场机制不健全的社会，信用缺失者可获得额外收益，最优策略就是不讲信用。因此，要通过社会信用体系建设，让诚实守信成为市场主体的最优选择、主动选择。

在一个信用环境不好、市场机制不健全的社会，如果某家企业某次不讲信用并因此获得额外利益，但其它企业却无法及时知悉的状态下，继续与其进行交易，那么这家企业就会因此而继续获益。于是，该企业的最优策略及时不讲信用；当其它企业发现不讲信用的企业在短期内可以获得额外收益，而自己讲信用却遭受损失时，这些企业的最优策略也会选择不讲信用。如果不讲信用被大多数企业作为最优策略时，企业之间的信任随之降低，信用环境就会恶化。

在信用信息传递机制和信用监督机制都很健全的社会环境中，企业不讲信用不是其最优策略；其最优策略是讲信用，并防范交易对手不讲信用。

博弈论研究结果表明，如果企业只进行短期博弈而缺乏长期博弈，那么企业就会失信。因此，只有使企业进行短期博弈的失信成本远远大于企业因此博取的收益，才可能使企业进行长期博弈，减少其失信行为。因此，要建立和完善切实有效的信用惩戒措施，使企业不敢失信。

3. 交易成本理论

交易成本理论认为，若失信行为不需要付出足够的代价，失信带来的收益大于失信成本，失信行为就会继续下去；相反，如果失信成本大于失信产生的收益，则失信行为将会减少或消失。因此，加大对失信主体的惩罚，提高失信成本，是减少失信行为的重要举措。

信用也是生产力。当前，我国需要通过加快社会信用体系建设来降低交易成本，提高经济运行效率；促进企业诚信经营，降低政府对企业的监管成本；营造企业诚信经营的氛围，优化营商环境。

延伸阅读：信用经济

最早提及信用经济问题的是德国旧历史学派经济学家布鲁诺．希尔布兰德（Bruno Hildbrand, 1812-1878）。他依据交易方式的不同，把社会经济发展划分为三个阶段：以物易物交换方式为主的自然经济时期、以货币作为交换媒介的货币经济时期和以信用交易为主导的信用经济时期。

瑞典经济学家克尼特．魏克塞尔（Knut Wicksell, 1851-1926）不仅全面采用了希尔布兰德的"信用经济"概念，还在此基础上发展出"纯现金经济""简单的信用经济""有组织的信用经济""纯信用经济"等四个概念，并对每种形态下的经济做出了系统说明。他在1898年出版的《利息与价格》一书中，系统地描述了上述各种经济状态。

英国经济学家约翰．希克斯（John R. Hicks, 1904-1989）明确提出了信用经济的概念，以及信用在商品经济中具有重要作用。他在魏克塞尔的"纯信用经济"的基础上发展了信用经济的两种模式，即"单中心模式"（Mono-centric）和"多中心模式"（Poly-centric）。

进入21世纪以来，我国专家学者积极开展社会信用体系领域的理论研究，出版了《信用问题的经济学分析》《现代信用学》《我国社会信用体系建设问题研究》《社会信用体系运行机制研究》《中国社会信用体系建设的理论与实践》《中国社会信用：理论、实证与对策研究》《大国信用：全球视野的中国社会信用体系》《社会信用体系与诚信建设读本》《中国社会信用体系模式探索》等一批专著。不同专家学者根据自身专业背景，从经济学、社会学、政治学、管理学、法学等不同学科角度开展了社会信用体系领域的理论研究，一些专家学者提出了信用理论模型。

二、加强商务诚信建设

商务诚信是指市场主体诚信经营。加强商务诚信建设，强化信用监管，可以提高市场监管水平。

（一）重要意义

加快商务诚信建设，是扩大内需、促进消费、增强经济发展新动力的有效举措，是维护商务关系、降低商务运行成本、规范商务秩序的基础保障。

社会信用体系是市场经济得以建立和完善的必要条件和基本特征。经过 40 多年改革和开放，我国经济已基本步入了社会主义市场经济的轨道，市场交易关系和交易行为将更多地表现为信用关系，不仅银行信用关系日益广泛，而且企业之间的信用规模也不断扩大。与市场经济信用关系发展紧密相连的社会信用的作用机制也必将发挥基础性作用，成为维系市场经济中各主体之间经济关系的重要纽带。社会信用体系的建立和完善既是市场经济发展的必然结果，也是市场经济体系建立与完善的必要条件和基本特征。

推进商务诚信建设是完善市场经济体制的重要基础，是整顿和规范市场秩序的治本之策，是加快转变政府职能、创新行政管理方式的内在要求；是实现我国贸易转型，实施流通驱动战略，促进资源优化配置，建立现代市场体系的基本前提；是加强国际合作与交往，树立国际品牌和声誉，提升国家软实力和国际影响力的必要条件。

加快建设社会信用体系，既有利于发挥市场在资源配置中的决定性作用、规范市场秩序、降低交易成本、增强经济社会活动的可预期性和效率，也是推动政府职能转变、简政放权、更好做到放管结合的必要条件。（1）社会信用体系的建立有助于各种社会经济资源的优化配置。在买方市场条件下，依靠扩大本国信用交易总额来扩大市场规模、拉动经济增长是许多发达国家的成功经验。（2）社会信用体系的建立有助于我国经济全球化以及适应 WTO 的规则。加入 WTO 后如何更有利地参与国际竞争，这些都与我国信用体系的建设有直接关系。（3）社会信用体系的建立有助于整顿和规范市场经济秩序。在市场经济体制下，社会经济活动的正常运行，有赖于规范的市场经济秩序来维护，这其中具有基础性保障功能的是社会信用体系，它具有自发调节和内生地抑制各种搭便车和失信行为的功能。

（二）制度政策

2014 年 6 月，国务院印发了《社会信用体系建设规划纲要（2014–2020 年）》，提出深入推进商务诚信建设。

2014 年 9 月，商务部印发了《关于加快推进商务诚信建设工作的实施意见》，提出推动建立行政管理信息共享机制，引导建立市场化综合信用评价机制，支持建立第三方专业信用评价机制，鼓励发展商业信用交易市场，着力打造商务诚信文化环境。

2016 年 12 月底，国家发展改革委、中国人民银行、中央网信办、公安部、交通运输部、商务部、国家工商总局、国家质检总局、国家食品药品监管总局等九部委印发了《关于全面加强电子商务领域诚信建设的指导意见》。

（三）重点任务

《社会信用体系建设规划纲要（2014–2020 年）》提出商务诚信建设重点推进

生产、工商、流通、金融、税务、价格、产品质量、工程建设、政府采购、招标投标、交通运输、电子商务、统计、各类中介服务业、会展广告等领域信用体系建设。

1. 生产

建立安全生产信用公告制度，完善安全生产承诺和安全生产不良信用记录及安全生产失信行为惩戒制度。以煤矿、非煤矿山、危险化学品、烟花爆竹、特种设备生产企业以及民用爆炸物品生产、销售企业和爆破企业或单位为重点，健全安全生产准入和退出信用审核机制，促进企业落实安全生产主体责任。以食品、药品、日用消费品、农产品和农业投入品为重点，加强各类生产经营主体生产和加工环节的信用管理，建立产品质量信用信息异地和部门间共享制度。推动建立质量信用征信系统，加快完善 12365 产品质量投诉举报咨询服务平台，建立质量诚信报告、失信黑名单披露、市场禁入和退出制度。

2018 年，江苏省应急管理厅在现有江苏省安全生产监管监察应用平台中，增建企业诚信系统功能，逐步实现"双公示"信息的汇总和管理，完成接口开发，达到与应急管理部信用信息平台和省公共信用信息系统基础数据库对接的条件。对安全生产领域失信行为开展联合惩戒和纳入安全生产不良记录"黑名单"管理，向各级推送联合惩戒企业 5 批次 8 家。

2. 流通

研究制定商贸流通领域企业信用信息征集共享制度，完善商贸流通企业信用评价基本规则和指标体系。推进批发零售、商贸物流、住宿餐饮及居民服务行业信用建设，开展企业信用分类管理。完善零售商与供应商信用合作模式。强化反垄断与反不正当竞争执法，加大对市场混淆行为、虚假宣传、商业欺诈、商业诋毁、商业贿赂等违法行为的查处力度，对典型案件、重大案件予以曝光，增加企业失信成本，促进诚信经营和公平竞争。逐步建立以商品条形码等标识为基础的全国商品流通追溯体系。加强检验检疫质量诚信体系建设。支持商贸服务企业信用融资，发展商业保理，规范预付消费行为。鼓励企业扩大信用销售，促进个人信用消费。推进对外经济贸易信用建设，进一步加强对外贸易、对外援助、对外投资合作等领域的信用信息管理、信用风险监测预警和企业信用等级分类管理。借助电子口岸管理平台，建立完善进出口企业信用评价体系、信用分类管理和联合监管制度。

2018 年，江苏省商务厅委托江苏省公共信用信息中心对质量强省申报企业 55 家，农村电商优秀服务平台、优秀运营平台、优质网销家产品品牌 172 家，商务发展资金申报企业 1068 家，商务系统改革开放 40 周年先进候选个人 3 名、候选集体 14 家，开展信用审查工作，提高了商务行政管理效率；依托商务诚信公众服务平台，对首届中国国际进口博览会采购商报名企业 19443 家，"跨国公司地区总部和功能性机构"申请企业 64 家，2018 年外经贸资金拟扶持的对外投资合作专项扶持项目实施主体 313 个，2018 年全省走出去统保平台资金拟扶持项目实施主体 158 个，参与省级猪肉储备投标企业进行了信用审查。厅财务处对出口信用保险、中小企业国际市场开拓、免申报展会三个项目共 23 家企业核减扶持资金 129.53 万元，降低了行政风险。

3. 金融

创新金融信用产品，改善金融服务，维护金融消费者个人信息安全，保护金融消费者合法权益。加大对金融欺诈、恶意逃废银行债务、内幕交易、制售假保单、骗保骗赔、披露虚假信息、非法集资、逃套骗汇等金融失信行为的惩戒力度，规范金融市场秩序。加强金融信用信息基础设施建设，进一步扩大信用记录的覆盖面，强化金融业对守信者的激励作用和对失信者的约束作用。

江苏省综合金融服务平台通过整合 25 大类、214 子项企业信用信息，为平台上线金融机构免费提供了《企业公共信用信息报告（基础版）》，与注册企业签署《江苏省企业信息采集及信息查询授权委托书》，在企业授权下，在特定时间段向特定对象提供企业征信报告，确保了征信信息合规、安全，有效保护了企业自身的合法权益。截至 2018 年 12 月，平台撮合成功 4249 笔，金额 164.62 亿元，涉及企业 3673 户，其中首次获得融资 1034 户。

4. 税务

建立跨部门信用信息共享机制。开展纳税人基础信息、各类交易信息、财产保有和转让信息以及纳税记录等涉税信息的交换、比对和应用工作。进一步完善纳税信用等级评定和发布制度，加强税务领域信用分类管理，发挥信用评定差异对纳税人的奖惩作用。建立税收违法黑名单制度。推进纳税信用与其他社会信用联动管理，提升纳税人税法遵从度。

江苏省税务局与中国银行、江苏银行等 37 家金融机构签订了"银税互动"协议，省内银行覆盖面超过 80%，为全省 400 万企业纳税人和 2000 万自然人纳税人提供融资服务超过 38 万次，推出信贷产品 35 款，合作银行数量、产品数量、服务纳税人数量均居全国前列。截至 2018 年底，金融机构已累计向纳税人发放贷款超过 1400 亿元，惠及企业 31.2 万户次，其中 95% 以上为民营小微企业，自然人 7.3 万人次，通过开展"银税互动"，银行风险大大降低，不良贷款率低于 1.2%。

5. 价格

指导企业和经营者加强价格自律，规范和引导经营者价格行为，实行经营者明码标价和收费公示制度，着力推行"明码实价"。督促经营者加强内部价格管理，根据经营者条件建立健全内部价格管理制度。完善经营者价格诚信制度，做好信息披露工作，推动实施奖惩制度。强化价格执法检查与反垄断执法，依法查处捏造和散布涨价信息、价格欺诈、价格垄断等价格失信行为，对典型案例予以公开曝光，规范市场价格秩序。

6. 工程建设

推进工程建设市场信用体系建设。加快工程建设市场信用法规制度建设，制定工程建设市场各方主体和从业人员信用标准。推进工程建设领域项目信息公开和诚信体系建设，依托政府网站，全面设立项目信息和信用信息公开共享专栏，集中公开工程建设项目信息和信用信息，推动建设全国性的综合检索平台，实现工程建设项目信息和信用信息公开共享的"一站式"综合检索服务。深入开展工程质量诚信建设。完善工程建设市场准入退出制度，加大对发生重大工程质量、安全责任事故或有其他重大失信行为的企业及负有责任的从业人员的惩戒力度。建立企业和从业人员信用评价结果与资质审批、执业资格注册、资质资格取消等审批审核事项的关联管理机制。建立科学、有效的建设领域从业人员信用评价机制和失信责任追溯制度，将肢解发包、转包、违法分包、拖欠工程款和农民工工资等列入失信责任追究范围。

2018 年，淮安市行政审批局、审计局、财政局、住建局、交通局、水利局等部门建立了政府投资工程建设项目标后监督系统平台，对政府投资工程建设项目实施动态监察预警。对标后施工监理单位的失信行为分别予以打入"黑名单"、限制在淮投标等处罚措施，并纳入企业诚信评估。

7. 公共资源交易

加强政府采购信用管理，强化联动惩戒，保护政府采购当事人的合法权益。制定供应商、评审专家、政府采购代理机构以及相关从业人员的信用记录标准。依法建立政府采购供应商不良行为记录名单，对列入不良行为记录名单的供应商，在一定期限内禁止参加政府采购活动。完善政府采购市场的准入和退出机制，充分利用工商、税务、金融、检察等其他部门提供的信用信息，加强对政府采购当事人和相关人员的信用管理。加快建设全国统一的政府采购管理交易系统，提高政府采购活动透明度，实现信用信息的统一发布和共享。

扩大招标投标信用信息公开和共享范围，建立涵盖招标投标情况的信用评价指标和评价标准体系，健全招标投标信用信息公开和共享制度。进一步贯彻落实招标投标违法行为记录公告制度，推动完善奖惩联动机制。依托电子招标投标系统及其公共服务平台，实现招标投标和合同履行等信用信息的互联互通、实时交换和整合共享。鼓励市场主体运用基本信用信息和第三方信用评价结果，并将其作为投标人资格审查、评标、定标和合同签订的重要依据。

2018 年，江苏省信用办会同江苏省高级人民法院、江苏省住建厅等 12 个部门制定了《关于在公共资源交易领域的招标投标活动中建立对失信被执行人联合惩戒机制的实施意见》，会同省财政厅出台了《江苏省政府采购信用管理暂行办法》。

8. 交通运输

形成部门规章制度和地方性法规、地方政府规章相结合的交通运输信用法规体系。完善信用考核标准，实施分类考核监管。针对公路、铁路、水路、民航、管道等运输市场不同经营门类分别制定考核指标，加强信用考核评价监督管理，积极引导第三方机构参与信用考核评价，逐步建立交通运输管理机构与社会信用评价机构相结合，具有监督、申诉和复核机制的综合考核评价体系。将各类交通运输违法行为列入失信记录。鼓励和支持各单位在采购交通运输服务、招标投标、人员招聘等方面优先选择信用考核等级高的交通运输企业和从业人员。对失信企业和从业人员，要加强监管和惩戒，逐步建立跨地区、跨行业信用奖惩联动机制。

江苏省交通运输厅制定了《江苏省交通运输系统对严重违法失信超限超载运输行为相关主体实施联合惩戒实施意见》，界定了 10 种超限运输严重违法失信行为，将失信当事人信息与有关部门共享，严格实施联合惩戒措施。截至 2018 年四季度，累计报送 23 台超限运输车、13 人超限运输驾驶人信息。

9. 电子商务

建立健全电子商务企业客户信用管理和交易信用评估制度，加强电子商务企业自身开发和销售信用产品的质量监督。推行电子商务主体身份标识制度，完善网店实名制。加强网店产品质量检查，严厉查处电子商务领域制假售假、传销活动、虚假广告、以次充好、服务违约等欺诈行为。打击内外勾结、伪造流量和商业信誉的行为，对失信主体建立行业限期禁入制度。促进电子商务信用信息与社会其他领域相关信息的交换和共享，推动电子商务与线下交易信用评价。完善电子商务信用服务保障制度，推动信用调查、信用评估、信用担保、信用保险、信用支付、商账管理等第三方信用服务和产品在电子商务中的推广应用。开展电子商务网站可信认证服务工作，推广应用网站可信标识，为电子商务用户识别假冒、钓鱼网站提供手段。

江苏省市场监督管理局积极部署推动电子营业执照在电商领域深化运用。2018年 12 月专门下发了《关于深化电子营业执照应用推动电子商务经营者网上亮照工作的通知》，指导推动全省电子商务经营者开展网上亮照，依法公示营业执照信息和链接标识。通过深化拓展电子营业执照应用，进一步推动全省电子商务经营者依法履行信息公示义务，营造公开透明的营商环境，为加强电商领域信用建设提供基础支撑。

10. 统计

开展企业诚信统计承诺活动，营造诚实报数光荣、失信造假可耻的良好风气。完善统计诚信评价标准体系。建立健全企业统计诚信评价制度和统计从业人员诚信档案。加强执法检查，严厉查处统计领域的弄虚作假行为，建立统计失信行为通报和公开曝光制度。加大对统计失信企业的联合惩戒力度。将统计失信企业名单档案及其违法违规信息纳入金融、工商等行业和部门信用信息系统，将统计信用记录与企业融资、政府补贴、工商注册登记等直接挂钩，切实强化对统计失信行为的惩戒和制约。

泰州市统计局结合基层统计规范化建设示范评选、统计执法监督检查对泰州 77家相关企业（单位）进行信用查询和审查，依据泰州市信用办信用审查报告，取消了 1 家企业（单位）基层统计规范化建设示范评选资格，上报了 47 家红榜企业（单位）被泰州市第五批红榜采纳并公示，确定了 2 家统计执法监督检查重点单位，有效提升了统计诚信建设水平。

11. 中介服务

建立完善中介服务机构及其从业人员的信用记录和披露制度，并作为市场行政执法部门实施信用分类管理的重要依据。重点加强公证仲裁类、律师类、会计类、担保类、鉴证类、检验检测类、评估类、认证类、代理类、经纪类、职业介绍类、咨询类、交易类等机构信用分类管理，探索建立科学合理的评估指标体系、评估制度和工作机制。

2018 年，江苏省信用办制定了《江苏省加强涉审社会中介机构信用管理的指导意见》，组织开展了社会中介机构信用管理研究。

12. 会展和广告

推动展会主办机构诚信办展，践行诚信服务公约，建立信用档案和违法违规单位信息披露制度，推广信用服务和产品的应用。加强广告业诚信建设，建立健全广告业信用分类管理制度，打击各类虚假广告，突出广告制作、传播环节各参与者责任，完善广告活动主体失信惩戒机制和严重失信淘汰机制。

江苏省广播电视局推动省级传媒机构（主要是省总台）和省信用中心进行对接，开设信用查询专线，对拟投入广告的单位和个人进行信用查询，同时将广告领域审查过程中所获得的信用信息上传至省信用中心进行共享，有利于提升省级传媒机构广告的公信力。

2018 年，江苏省信用办与江苏省广告协会签订信用信息共享协议，提供接口调用服务，支撑联合奖惩和"信易＋"等信用信息应用服务。江苏省广电局和江苏省信用办、江苏省信用中心共同组织召开省级传媒机构广告领域信用信息产品应用协调会，推动省级传媒机构在广告经营领域的信用信息运用。

三、互联网时代的市场监管

《中共中央关于全面深化改革若干重大问题的决定》提出"改革市场监管体系，实行统一的市场监管"。在简政放权的形势下，政府部门如何加强市场监管是一个值得研究的现实问题。政府部门之间的"信息不对称"是造成监管漏洞的主要原因之一。信息化是加强市场监管的有效手段。

党中央、国务院对全面深化改革、加快转变政府职能进行了部署。国务院把简政放权作为全面深化改革的"先手棋"和转变政府职能的"当头炮"，采取了一系列重大改革措施，有效地释放了市场活力，激发了社会创造力。

《中共中央关于全面深化改革若干重大问题的决定》提出：全面深化改革的总目标是完善和发展中国特色社会主义制度，推进国家治理体系和治理能力现代化。

在国务院推进简政放权、放管结合、转变政府职能的新形势下，市场监管应走向市场治理。

市场监管是指政府部门依靠自身力量对市场主体的产品和行为等进行监督管理，而市场治理则是指政府部门联合消费者、社会组织、新闻媒体、专业机构等社会力量，发挥他们对市场主体的社会监督、舆论监督作用，共同来维护市场秩序。

政府部门的执法力量有限，执法人员的工作时间和工作精力也有限，而市场主体数量多、分布广、流动性大，违法犯罪行为隐秘，花样层出不穷，单纯依靠政府部门的力量，已经难以对市场主体进行有效的监管。

以食品安全监管为例，许多地方把原来工商、质监、卫生部门的食品安全监管职能都整合到食品药品安全监管部门，从表面上看执法人员增加了。但食品安全是个专业性很强的领域，整合之后不少执法人员是新手，监管能力反倒削弱了。不少地方食药监部门的执法车辆少甚至没有，执法装备条件差。

从食品安全违法犯罪的市场主体数量来看，以食品生产加工小作坊居多，特别是"黑作坊"。许多食品生产加工"黑作坊"都隐秘在城乡结合部，在深更半夜从事违法犯罪活动，在执法人员的工作时间以外活动；或生产加工场所很隐蔽，执法人员难以巡查到。从事食品生产经营的"小作坊、小摊贩、小餐饮"量大面广，与人民群众日常生活关系最密切，执法人员很难做到监管"疏而不漏"。一旦出现食品安全问题，人民群众就会提心吊胆，感觉什么都不能吃，什么都吃不放心，抱怨政府部门。近年来，由于违法成本低而收益高等原因，我国食品安全违法犯罪花样也不断翻新，各种非法添加物不断涌现，让政府部门防不胜防。

相对食品"小作坊、小摊贩、小餐饮"而言，大型食品企业生产经营比较规范，但一出现食品安全问题，波及面就特别广、社会影响特别大，如三鹿奶粉的三聚氰胺事件、上海福喜的过期肉事件等。食品安全监管部门人员编制有限、执法人员数量有限，不可能每个食品企业派驻一个监管员，监管员也不可能 7×24 小时盯着食品企业。

现代政府是一个有限政府。政府部门不能大包大揽。维护社会主义市场经济秩序，必须联合消费者、社会组织、新闻媒体、专业机构等社会力量。维护社会主义市场经济秩序，也要走群众路线，要充分发动群众、依靠群众，打一场"人民战争"。维护社会主义市场经济秩序，有关职能部门的理念要从"市场监管"转变到"市场治理"。

延伸阅读：管理和治理的区别

管理主体是一元的，治理主体是多元的。市场管理的主体是市场监管部门，而市场治理的主体除了市场监管部门，还包括社会组织、新闻媒体和消费者等。

管理是垂直的，治理是扁平化的。管理是上级部门对下级部门、政府对市场主体的发号施令，而治理是政府部门与政府部门之间相互配合，政府部门与社会组织、新闻媒体和消费者之间相互协作，共同应对公共事务。

管理是制度化的，治理是法治化的。管理是某个政府部门自己制定规章制度，发布红头文件，有一定的随意性。治理则体现依法治国、依法行政，法无授权不可为。

从市场监管走向市场治理，有关职能部门要做好如下三个方面的工作：

第一，深化政府信息公开，开放公共数据资源。获取所需相关信息是社会力量有效参与市场治理的前提。有关职能部门要贯彻落实《政府信息公开条例》、国务院《关于进一步加强政府信息公开回应社会关切提升政府公信力的意见》等政策文件，充分发挥政府网站、微博、微信、App、政务服务自助终端机等在政府信息公开中的作用，提高政府信息公开的广度和深度，提高社会公众获取政府信息的便捷性，推行"阳光政务"，打造"透明政府"。

《国务院关于促进信息消费扩大内需的若干意见》提出"制定公共信息资源开放共享管理办法，推动市政公用企事业单位、公共服务事业单位等机构开放信息资源"。《国务院关于积极推进"互联网＋"行动的指导意见》提出"推动数据资源开放。建立国家政府信息开放统一平台和基础数据资源库，开展公共数据开放利用改革试点，出台政府机构数据开放管理规定。推进政府和公共信息资源开放共享"。目前，北京、上海、浙江等地方政府已经开通了政府数据网站，通过互联网开放公共数据资源供社会公众下载使用。

有关职能部门要在保护市场主体商业秘密和个人隐私的前提下，向社会开放与消费者权益密切相关的市场主体信息，如登记注册或备案信息、证照信息、资质信息、信用记录等，保障消费者的知情权；向社会开放相关政策法规、行政执法、抽检和检测检验报告等信息，便于社会监督。

第二，利用互联网促进公众参与，加强与社会力量的协同。市场秩序的好坏，与消费者切身利益相关。有关职能部门可以借助微信建立投诉举报平台，或组织开发网上投诉举报App，让消费者可以通过手机随时随地上传投诉举报文字、图片，并利用手机定位功能，使有关职能部门可以掌握在什么时间什么地点发生了什么事情，以便按图索骥式地开展执法。当数据积累到一定数量，可以大数据分析掌握规律，再有针对性地配备执法人员、采取防范措施。目前，一些地方在这方面进行了探索。例如北京微信城市服务开通了环境污染事件举报功能。此外，还可以利用电子商务平台的商品或服务评价功能，让用户对市场主体进行点评。

充分发挥行业协会在行业自律等方面的作用，通过互联网实现有关职能部门和行业协会的双向信息交互。采用大数据加强市场舆情分析，及时发现不良事件苗头。充分发挥专业机构在产品和商品检测、检验、鉴定等方面的作用，及时通过互联网向社会公布检测、检验、鉴定结果。

第三，加快社会信用体系建设，提高违法者的机会成本。简政放权之后，对市场主体加强事中事后监管，开展市场治理，在很大程度上需要借助信用工具。2013年3月出台的《国务院机构改革和职能转变方案》提出"推进商务诚信建设"。

2014年6月国务院发布的《社会信用体系建设规划纲要（2014—2020年）》提出"深入推进商务诚信建设"。有关职能部门要做好市场主体不良信用记录的采集工作，社会信用体系建设主管部门要做好市场主体不良信用记录的归集工作，建立企业信用库，以组织机构代码为唯一标识关联相关职能部门提供的企业不良信用记录，实现对企业从"注册"到"注销"的全生命周期信用管理。企业不良信用记录来自政府部门的行政执法、消费者的投诉举报、征信机构的信用服务和新闻媒体的曝光等。

在食品安全等领域，市场主体违法犯罪屡禁不止，在很大程度上是由于违法成本低而收益特别大。在巨大的金钱利益面前，许多市场主体抛弃了道德。为此，要提高违法者的机会成本，研究制定针对市场主体的黑名单公示制度和信用联合惩戒措施。许多违法企业不怕罚，就怕曝光。曝光之后，销售额会受到影响，老板声誉也会受到影响。要改变"以罚代管"的传统市场监管模式，多个政府部门对失信企业开展联合惩戒，让失信企业处处受到制约直至重新建立良好的信用。

随着智能手机的普及和"互联网+"的发展，市场监管向市场治理转变的时机已经成熟。互联网是个连接器，可以把政府部门、消费者、社会组织、新闻媒体、专业机构等市场治理相关方紧密连接起来，共同维护良好的市场秩序，促进我国经济健康发展和社会和谐安定。

四、"互联网+监管"政策与实践

（一）相关政策

2017年1月，国务院印发了《"十三五"市场监管规划》，提出以市场监管信息化推动市场监管现代化，充分运用大数据等新一代信息技术，增强大数据运用能力，实现"互联网+"背景下的监管创新，降低监管成本，提高监管效率，增强市场监管的智慧化、精准化水平。

1.加强大数据广泛应用

加强大数据综合分析，整合工商登记、质量安全监管、食品安全、竞争执法、消费维权、企业公示和涉企信息等数据资源，研究构建大数据监管模型，加强对市场环境的监测分析、预测预警，提高市场监管的针对性、科学性和时效性。加强对市场主体经营行为和运行规律的分析，对高风险领域建立市场风险监测预警机制，防范行业性、系统性、区域性风险。在工商登记、质量安全监管、竞争执法、消费维权等领域率先开展大数据示范应用，建设市场监管大数据实验室，推进统一的市场监管综合执法平台建设。加强市场监管数据与宏观经济数据的关联应用，定期形成市场环境形势分析报告，为宏观决策提供依据。运用大数据资源科学研究制定市场监管政策和制度，对监管对象、市场和社会反应进行预测，并就可能出现的风险提出预案。加强对市场监管政策和制度实施效果的跟踪监测，定期评估并根据需要及时调整。

2. 加强大数据基础设施建设

适应大数据监管趋势要求，推动"互联网＋监管"信息化建设，提高政府信用监管的信息化水平。加强国家企业信用信息公示系统建设，按照"全国一体、纵向贯通、横向互联、资源共享、规范统一"的要求，强化顶层设计，结合地方实际，建立完善企业信用信息汇集、共享和利用的国家级一体化信息平台。加强大数据资源体系建设，加快建设国家法人单位基础信息库、全国动物疫病监测和疫情系统，完善市场监管平台建设。依托全国信用信息共享平台和国家企业信用信息公示系统，健全部门信息共享交换机制，进一步加强"信用中国"网站建设。建立大数据标准体系，研究制定有关大数据的基础标准、技术标准、应用标准和管理标准等。加快建立政府信息采集、存储、公开、共享、使用、质量保障和安全管理的技术标准。引导建立企业间信息共享交换的标准规范。建立健全信息安全保障体系，切实保护国家信息安全以及公民、法人和其他组织信息安全。

3. 发展大数据信用服务市场

积极稳妥推动市场监管数据向社会开放，明确政府统筹利用市场主体大数据的权限及范围，构建政府和社会互动的信息应用机制。加强与企业、社会机构合作，通过政府采购、服务外包、社会众包等多种方式，依托专业企业开展市场监管大数据应用，降低市场监管成本。发展各类信用服务机构，鼓励征信机构、消费者协会、互联网企业、行业组织等社会力量依法采集企业信用信息，建立覆盖各领域、各环节的市场主体信用记录，提供更多的信用产品和服务，扩大信用报告在市场监管和公共服务领域中的应用。加强信用服务市场监管，提高信用服务行业的市场公信力和社会影响力，打击虚假评价信息，培育有公信力、有国际影响力的信用服务机构。通过政府信息公开和数据开放、社会信息资源开放共享，提高市场主体生产经营活动的透明度，为新闻媒体、行业组织、利益相关主体和消费者共同参与对市场主体的监督创造条件。

（二）典型案例

2018 年以来，重庆市两江新区市场监管局以"信用＋大数据"为抓手，建立智慧监管和精准监管的市场主体监管平台，取得明显成效。

重庆市两江新区市场主体监管平台以市场主体信用数据为核心，地理空间库为基础，通过整合两江新区工商、质监、食药监现有业务系统信息，形成市场主体监管信息一张网，建成市场主体的空间网格化与分级分类监管平台。平台运用大数据技术及三维地理信息技术，构建全区地名地址数据库，将地理信息数据库与法人库进行全面融合，建立基于空间坐标的市场监管一张图。按照市场主体行为规则，构建相应的市场主体信用分级分类办法，将市场主体分为 A、B、C、D 四类，并分别用绿、黄、红、黑四种颜色进行表示，以强化监管重点，明确监管中心。通过地理空间的数据挖掘技术，构建智能预警模型，构建登记预警、消费预警、监管预警和安全预警在内的预警模型，并在地图上进行可视化展示，使监管重点一目了然。

重庆市两江新区市场主体监管平台通过与市工商、税务等行政部门市场主体的数据对接实行联合惩戒机制，有效提高辖区内市场主体的法律意识，规范了市场环境，2017年度辖区共26039户企业按时报送年报，增长率为30.6%，其中，外资企业年报率突破90%，达91.91%。累计有3406户违规企业被列入经营异常名录。市场主体监管平台还整合市场主体信息，通过数据交换引擎，实现市场监管局与各级主管部门单位之间的数据共享与交换。通过平台分类监管机制，帮助企业融资动产抵押206.3亿元，营造良好的营商环境，市场主体年增长速度达25%以上。对诚信守法的A类市场主体实行"双随机、一公开"机制，2016年以来，抽查市场主体2329户市场主体，2015年以来依法清理"僵尸企业""空壳企业"，注吊销4157户，清理整顿投资类企业1259户。

第十三章　政务数据资源整合、共享与开放

推进政务数据资源整合、共享和开放，是深化政务大数据应用，发展大数据产业的重要途经。政务数据资源分散在各个部门，需要由大数据主管部门对政务数据资源进行归集、整合。推进政务信息共享和业务协同，是构建整体政府的根本要求。开放公共数据资源，可以让专业机构对公共数据资源进行开发利用，促进大数据产业和数字经济发展。

一、政务数据资源整合

（一）建设六大基础信息库

《国家信息化领导小组关于我国电子政务建设指导意见》提出启动人口基础信息库、法人单位基础信息库、自然资源和空间地理基础信息库、宏观经济数据库（简称"四大基础信息库"）的建设。此外，电子证照库、社会信用数据库也是基础信息库。

1. 人口基础信息库

人口基础信息库由公安部牵头，人力资源和社会保障部、民政部、国家税务总局等部委参加建设，包括 19 项基本信息。目前，覆盖 13 亿人口的国家人口数据库初步建成，为各级公安机关提供查询服务 1.3 亿次，协助破案 227 万起，挽回经济损失 40 多亿元。

2014 年 7 月，国务院印发了《关于进一步推进户籍制度改革的意见》，提出健全人口信息管理制度。建立健全实际居住人口登记制度，加强和完善人口统计调查，全面、准确掌握人口规模、人员结构、地区分布等情况。建设和完善覆盖全国人口、以公民身份号码为唯一标识、以人口基础信息为基准的国家人口基础信息库，分类完善劳动就业、教育、收入、社保、房产、信用、卫生计生、税务、婚姻、民族等信息系统，逐步实现跨部门、跨地区信息整合和共享，为制定人口发展战略和政策提供信息支持，为人口服务和管理提供支撑。

2. 法人单位基础信息库建设

法人单位基础信息库由国家质检总局牵头，国家工商总局、国家税务总局、民政部、中编办、国家统计局等部委参加建设。

法人单位基础信息库建设目标是围绕各政府部门对法人监管业务的实际需求，制

定法人库标准规范体系，依托国家电子政务内外网，整合编办、民政、税务、工商、质检、统计的法人信息资源，建设一个逻辑集中、全国统一、信息全面、准确一致、动态更新、真实反映法人现状的法人单位基础信息数据库，为各部门加强对法人的监管及社会公众对法人的社会监督，构建社会主义和谐社会提供支撑。

法人单位基础信息库建设内容包括法人单位基础信息标准规范体系建设、网络系统建设、数据处理与存储系统建设、法人单位基础信息数据库建设、应用支撑平台建设、数据交换平台建设、法人库应用系统建设及信息安全体系建设。

法人单位基础信息分为基本元素信息和扩展元素信息两大类。基本元素信息是指法人库基础信息（目录索引信息），包括组织机构代码、法人名称、法人状态、法人类型、法人住所、法定代表人姓名、成立日期、批准机关、注册或登记号等9项。扩展元素信息是指除法人基本信息外部门间共享需求较为普遍的法人信息，包括组织机构代码信息、注册或登记信息、税务登记信息、统计信息34项4大类。

2015年6月，国务院办公厅出台了《关于加快推进"三证合一"登记制度改革的意见》，提出通过"一窗受理、互联互通、信息共享"，将由工商行政管理、质量技术监督、税务三个部门分别核发不同证照（工商行政管理部门核发的工商营业执照、质量技术监督部门核发的组织机构代码证、税务部门核发的税务登记证），改为由工商行政管理部门核发一个加载法人和其他组织统一社会信用代码的营业执照，即"三证合一、一照一码"登记模式。充分利用统一的信用信息共享交换平台，推动企业基础信息和相关信用信息在政府部门间广泛共享和有效应用。积极推进"三证合一"申请、受理、审查、核准、公示、发照等全程电子化登记管理，最终实现"三证合一"网上办理。

2017年，湖南省委书记杜家毫在湖南省"互联网＋政务服务"平台建设专题会上强调坚持大平台、大系统、大数据的理念，构建六大公共服务支撑平台，其中湖南省法人信息大平台是六大平台之一。

湖南省法人信息大平台依托省电子政务外网云和数据共享交换平台，打破传统法人库建设模式，基于政务数据中台，通过"一库两平台"建设，构建法人数据中枢和业务服务中枢，实现法人相关信息汇集、治理、建库和应用。

数梦工场利用自身在政务信息化方面的沉淀，助力湖南省法人信息大平台建设，重点打造"一库两平台"。即以法人的生存周期为主线，以法人统一社会信用代码为主关键字，整合各部门法人单位信息资源，建设标准统一、数据集中、信息共享、动态更新、安全可靠的法人基础数据库；以法人基础数据库为基础，以城市发展需求为导向，构建数据服务支撑平台和综合应用支撑平台。

湖南法人信息大平台建成后，在深化"放管服"改革、优化营商环境、提升政府服务效能等方面发挥了重要作用。在市场监管方面，基于法人大数据分析，对法人进行多维画像，主动发现企业违法、违规线索，为"双随机"提供数据支撑，让"双随机"更有效。在政府服务领域，实现法人信息全网搜索，支撑法人"一件事一次办"，让数据多跑路，企业少跑腿。同时，通过对全省法人发展趋势分析，全面监测全省经济运行情况，为省领导决策提供科学依据。

建设过程中，数梦工场与项目承担单位共同制定法人数据标准规范，实现法人数据的标准化治理，从而形成全省法人信息统一视图，为全省电子政务提供无差异的标准化数据服务。

目前，湖南法人信息大平台为互联网＋政务服务、互联网＋监督、省财税综合信息办公室、省公安厅、省直公积金中心、省金融办及大部分市州提供了数据服务，支撑了相关厅局、地市业务协同发展。

3. 自然资源和地理空间基础信息库建设

国家自然资源和地理空间基础信息库由国家发展改革委牵头，国土资源部、水利部、国家林业局、国家气象局、国家海洋局、国家地理信息和测绘局、中科院、中国航天科技集团等 11 个有关部门和单位参加建设，主要建设内容包括基础性自然资源信息库、基础性地理空间信息库、自然资源和地理空间综合信息库、自然资源和地理空间信息交换系统。

自然资源和地理空间基础信息库采用分布式与集中式相结合的建设及运行服务模式，包括 1 个数据主中心和 11 个数据分中心。数据主中心建设内容包括综合信息库、数据主中心网络系统及运行环境、交换系统、安全系统和基础性工作等。分中心建设任务包括专题信息库、数据分中心网络系统及运行环境、交换系统、安全系统和基础性工作等。

2014 年 8 月，国家自然资源和地理空间基础信息库项目通过竣工验收。该项目遵循跨部门应用共享模式，采取集中式与分布式相结合推进工程建设，数据主中心和数据分中心互促发展；项目采取"边建设边运行边出成果"的原则，通过对跨部门信息资源整合，为政府决策部门和社会公众提供应用产品服务。

运用国家自然资源和地理空间基础信息库，有关部门发布了《京津冀协同发展高分影像图集》《中国重大自然灾害图集》《全国自然资源开发利用综合分析图集》《中国区域规划与可持续发展图集》《海洋资源与海洋经济发展图集》等 17 本跨部门、长时间系列的综合图集与研究报告，为国民经济和社会发展提供了重要的决策信息支撑。

4. 宏观经济基础信息库建设

国家发展改革委在实施金宏工程过程中，建立了一批宏观经济数据库。工业和信息化部、商务部、中国人民银行等部委也都建立了一些与宏观经济有关的数据库。国务院发展研究中心、人民日报、国家信息中心等单位建立了宏观经济信息库。

5. 电子证照库建设

电子证照是指由各单位依法出具的、具有法律效力的各类证照、证明、批文、鉴定报告、办事结果等文件，如有身份证、结婚证、营业执照等。

2018 年 11 月，国家市场监督管理总局、国家标准化管理委员会、国家电子文件管理部际联席会议办公室（国家密码管理局）正式发布《电子证照总体技术架构》《电子证照目录信息规范》《电子证照元数据规范》《电子证照标识规范》《电子证照文件技术要求》和《电子证照共享服务接口规范》等 6 项国家标准，自 2019 年 1 月 1 日起实施。

2013 年底，福建省直部门涉企电子证照库上线运行，推动了跨部门证件、证照、证明的互认共享。截至 2015 年 9 月，福建省电子证照转换工作已基本覆盖所有省直部门的涉企电子证照，累计生成电子证照 150 多万本。福建省工商局、质监局、地税局、住建厅等部门通过实施系统对接，保证了电子证照实时不断生成，并且有组织地对全省存量证照进行集中批量转换，在较短时间内完成了几类基础证照的存量电子化，为电子证照的应用奠定了基础。福州市、泉州市行政服务中心已经在许多行政审批事项受理环节利用电子证照库对申报材料进行核验；泉州市在公共资源交易中开始使用电子证照；人民银行福州中心支行利用电子证照开展企业账户网上年检，企业通过政务通平台提交营业执照、组织机构代码证以及税务登记证等电子材料，实现全流程网上年检，切实方便了企业办事，节省了纸张耗费。

6. 社会信用数据库建设

信用是指遵守诺言、实践成约，从而取得别人的信任。不同学科对信用的解读不一样。从经济学角度来看，信用是在得到或提供货物或服务后并不立即而是允诺在将来付给报酬的做法。从社会学角度来看，信用是一种价值观念以及建立在这一价值观念基础上的社会关系。从伦理学角度来看，信用是参与社会和经济活动的当事人之间所建立起来的、以诚实守信为道德基础的践约行为。

社会信用体系以法律、法规、标准和契约为依据，以健全覆盖社会成员的信用记录和信用基础设施网络为基础，以信用信息合规应用和信用服务体系为支撑，以树立诚信文化理念、弘扬诚信传统美德为内在要求，以守信激励和失信约束为奖惩机制，目的是提高全社会的诚信意识和信用水平。

健全社会成员信用记录是社会信用体系建设的基本要求。2014 年 6 月，国务院印发了《社会信用体系建设规划纲要（2014-2020 年）》，提出各部门要以数据标准化和应用标准化为原则，依托国家各项重大信息化工程，整合行业内的信用信息资源，实现信用记录的电子化存储，加快建设信用信息系统，加快推进行业间信用信息互联互通。

2018 年，江苏省社会法人信用基础数据库新增归集 33 家省级部门和 13 个设区市约 6365.9 万条信息，入库率 96.3%，较 2017 年提高 1.2 个百分点，在库数据约 6 亿条；省自然人库新增归集 14 家省级部门和 13 个设区市 5.16 亿条信用信息，在库信息约 31 亿条。

（二）推进政务信息系统整合

2017 年 5 月，国务院办公厅印发了《政务信息系统整合共享实施方案》，提出加快推进政务信息系统整合共享的"十件大事"。

1. "审""清"结合，加快消除"僵尸"信息系统。

结合 2016 年国务院第三次大督查、2015 年审计署专项审计的工作成果，组织开展政务信息系统整合共享专项督查，全面摸清各部门政务信息系统情况。2017 年 6 月底前，通过信息系统审计，掌握各部门信息系统数量、名称、功能、使用范围、使用频度、审批部门、审批时间、经费来源等（审计署牵头，国务院各有关部门配合）。2017 年 10 月底前，基本完成对系统使用与实际业务流程长期脱节、功能可被其他系统替代、所占用资源长期处于空闲状态、运行维护停止更新服务，以及使用范围小、频度低的"僵尸"信息系统的清理工作。

2. 推进整合，加快部门内部信息系统整合共享。

推动分散隔离的政务信息系统加快进行整合。整合后按要求分别接入国家电子政务内网或国家电子政务外网的数据共享交换平台。2017 年 6 月底前，国务院各部门根据自身信息化建设实际情况，制定本部门政务信息系统整合共享清单。2017 年 12 月底前，各部门原则上将分散的、独立的信息系统整合为一个互联互通、业务协同、信息共享的"大系统"，对以司局和处室名义存在的独立政务信息系统原则上必须整合。

3. 设施共建，提升国家统一电子政务网络支撑能力。

加快推进国家电子政务内网政府系统建设任务落实。完善国家电子政务外网，健全管理体制机制，继续推进国家电子政务外网二期建设，拓展网络覆盖范围，逐步满足业务量大、实时性高的网络应用需求。2018 年 6 月底前，基本具备跨层级、跨地域、跨系统、跨部门、跨业务的支撑服务能力。除极少数特殊情况外，目前政府各类业务专网都要向国家电子政务内网或外网整合。

4. 促进共享，推进接入统一数据共享交换平台。

加快建设国家电子政务内网数据共享交换平台，完善国家电子政务外网数据共享交换平台，开展政务信息共享试点示范，研究构建多级互联的数据共享交换平台体系，促进重点领域信息向各级政府部门共享。2017 年 9 月底前，依托国家电子政务外网数据共享交换平台，初步提供公民、社会组织、企业、事业单位的相关基本信息，同时逐步扩大信息共享内容，完善基础信息资源库的覆盖范围和相关数据标准，优化便捷共享查询方式。2018 年 6 月底前，各部门推进本部门政务信息系统向国家电子政务内网或外网迁移，对整合后的政务信息系统和数据资源按必要程序审核或评测审批后，统一接入国家数据共享交换平台。

5. 推动开放，加快公共数据开放网站建设。

依托国家电子政务外网和中央政府门户网站，建设统一规范、互联互通、安全可控的数据开放网站（www.data.gov.cn）。基于政务信息资源目录体系，构建公共信息资源开放目录，按照公共数据开放有关要求，推动政府部门和公共企事业单位的原始性、可机器读取、可供社会化再利用的数据集向社会开放，开展中国数据创新系列活动，鼓励和引导社会化开发利用。

6. 强化协同，推进全国政务信息共享网站建设。

依托国家电子政务外网，建设完善全国政务信息共享网站（data.cegn.cn），将其作为国家电子政务外网数据共享交换平台的门户，支撑政府部门间跨地区、跨层级的信息共享与业务协同应用。2017 年 7 月底前，全国政务信息共享网站正式开通上线，按照"以试点促建设、以普查促普及、以应用促发展"的工作思路，加强共享网站推广。2017 年 12 月底前，实现信用体系、公共资源交易、投资、价格、自然人（基础数据以及社保、民政、教育等业务数据）、法人（基础数据及业务数据）、能源（电力等）、空间地理、交通、旅游等重点领域数据基于全国政务信息共享网站的共享服务。2018 年 6 月底前，实现各部门政务数据基于全国政务信息共享网站的共享服务。

7. 构建目录，开展政务信息资源目录编制和全国大普查。

落实《政务信息资源共享管理暂行办法》有关要求，加快建立政务信息资源目录体系。2017 年 6 月底前，出台《政务信息资源目录编制指南》。组织完成面向各地区、各部门的政务信息资源目录体系建设试点和信息共享专题培训工作。2017 年 12 月底前，开展对政务信息系统数据资源的全国大普查。逐步构建全国统一、动态更新、共享校核、权威发布的政务信息资源目录体系。

8. 完善标准，加快构建政务信息共享标准体系。

建立健全政务信息资源数据采集、数据质量、目录分类与管理、共享交换接口、共享交换服务、多级共享平台对接、平台运行管理、网络安全保障等方面的标准，推动标准试点应用工作。2017 年 10 月底前，完成人口、法人、电子证照等急需的国家标准的组织申报和立项。

9. 一体化服务，规范网上政务服务平台体系建设。

加快推动形成全国统一政务服务平台，统筹推进统一、规范、多级联动的"互联网＋政务服务"技术和服务体系建设。加快推动国家政务服务平台建设，着力解决跨地区、跨部门、跨层级政务服务信息难以共享、业务难以协同、基础支撑不足等突出问题。各地区、各部门要整合分散的政务服务系统和资源，2017 年 12 月底前普遍建成一体化网上政务服务平台。按照统一部署，各地区、各部门政务服务平台要主动做好与中央政府门户网站的对接，实现与国家政务服务平台的数据共享和资源接入。

10. 上下联动，开展"互联网＋政务服务"试点。

围绕"互联网＋政务服务"的主要内容和关键环节，组织开展培训交流和试点示范。加快实施信息惠民工程，在 80 个城市大力推进"一号一窗一网"试点。2017 年 7 月底前，完成试点城市 2016 年工作评价。2017 年 12 月底前，试点城市初步实现跨地区、跨部门、跨层级的政务服务。

2017 年 10 月，中编办、国家发展改革委、教育部、公安部、民政部、人力资源和社会保障部、国土资源部、住房和城乡建设部、交通运输部、水利部、国家卫生计生委、国资委、海关总署、国家税务总局、国家工商总局等 15 个国家部委以及北京市、江苏省、浙江省、福建省、山东省、河南省、广东省、四川省、贵州省等 9 个省市开展了政务信息系统整合共享应用试点。

二、政务数据资源共享

（一）建立政务信息资源目录与交换体系

政务信息资源目录体系是指用于组织、存储、管理政务信息资源目录元数据，通过对元数据信息的发布、查询、定位和管理机制，实现政务信息资源目录元数据的共享。事实上，政务信息资源目录体系来源于图书馆目录体系。虽与图书馆目录体系类似，但由于资源主体和性质的多样性，比图书馆的目录体系要复杂得多。一般来说，政务信息资源目录是指对政务信息资源内容和形式特征进行描述的工具，通过明确信息资源的本质、范围、管理要求和共享要求，实现对信息资源的组织、存储、查找和定位；政务信息资源目录体系是由多个政务信息资源目录所构成的体系，是实现信息资源物理分散、逻辑集中的框架，以政务信息资源交换、共享和查找利用为基本目标。

政务信息资源交换体系是指由服务模式、交换平台、信息资源、技术标准与管理机制组成的整体，实现政务信息资源交换与共享。如果说目录体系明确了信息资源的范围和关系，那么交换体系则主要解决的是信息资源传递的问题。没有传递就无法体现信息资源之间的关系，也无法实现共享和利用。

政务信息资源目录体系与交换体系两者密不可分。事实上，体系的构建过程是对信息资源进行编目和分类的一体化过程，同时也是依托技术构建信息资源管理体系的过程。建成目录体系和交换体系的同时，在政府机构范围内，将形成内部信息资源的管理架构，在特定的区域范围内，将形成跨部门信息资源共享和交换的体系。总体来讲，政务信息资源目录体系和交换体系既是一套体现各种政务资源内在关联的有机整体，也是一套实现信息资源共享和服务的工具，同时还是一套为信息资源检索、定位和共享的应用服务体系。

1. 目录体系

政务信息资源目录体系是为整合利用各类政务信息资源而建设的信息服务体系。根据业务需求，按照统一的信息资源目录体系标准，对相关政务服务信息资源进行编目，生成政务服务公共信息资源目录，记录政务服务信息资源结构和政务服务信息资源属性。政务服务信息资源结构通过树状的目录结构，展示政务服务信息资源之间的相互关系，政务服务信息资源属性则描述信息资源的管理属性。

政务服务公共信息资源目录信息包含 6 类信息：自然人基本信息、法人信息、证照信息、投资项目信息、政务服务事项信息、办件信息。

2. 交换体系

交换体系是为消除部门间、地域间、层级间政务服务信息共享困难、信息不一致、信息实时性不强而建设的信息服务体系。按照政务服务信息资源交换标准，根据各地区各部门应用系统的需求，科学规划共享信息，为部门内的业务应用系统和跨部门的综合应用系统提供信息定向交换服务和信息授权共享服务。

3. 相互关系

目录体系和交换体系既相对独立，可独立建设，又相互依赖，可互相提供服务。一方面，通过目录体系建立起的政务信息资源目录及接口，可对政务信息资源进行查询和检索，从而为政务信息交换奠定基础；另一方面，通过交换体系，可对政务信息资源编目进行传送和对信息资源进行访问、获取。应用系统根据需要可以选择目录体系提供的目录服务，或交换体系提供的交换和共享服务，也可选择两个体系提供的所有服务。

4. 层次结构

可采用集中与分布相结合的方式进行信息资源目录服务和数据交换服务，其体系主要分为国家、省、地市三级节点，实现国家、省、市、县级数据交换。在国家级节点存储和提供政务信息资源总目录和国家级政务数据交换服务；在省级节点存储和提供相关省级政务信息资源分目录和省级交换服务；在地市级节点存储和提供地市级及以下政务信息资源分目录和地市级及以下交换服务。下级节点应当利用上级节点进行本级政务信息资源的注册和跨区域的数据交换，如图 13-1 所示。

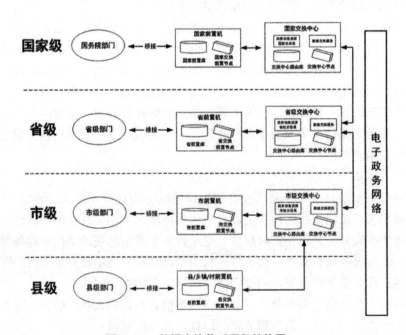

图 13-1　数据交换体系层级结构图

采用统建模式、分建模式的地区可根据实际情况组织各层级数据交换平台建设。

5. 交换方式

国家级、省级、地市级节点内部采用集中交换和分布交换相组合的形式。

集中交换模式将信息资源集中存储于共享信息库中，信息资源提供者或使用者通过访问共享信息库实现信息资源交换。对于信息共享程度较高的信息资源，可采用集中交换模式。在集中交换的基础上进行数据清洗、加工、整合，并为其他部门提供服务，便于各类主题信息的统计分析和提高信息查询效率。分布交换模式将信息资源分别存储于各业务信息库中，以目录的方式进行数据共享，信息资源提供者和使用者通过交换节点提供的交换服务实现信息资源的跨部门共享，实现一数一源、一源多用、跨部门共享。集中与分布相结合，从而支持多种服务模式。国家级、省级、地市级节点之间通过国家级政务服务平台和省级政务服务平台实现数据跨域交换。

统一数据交换平台均可根据不同的场景提供数据库表、Web Service、文件等数据交换方式。

（1）数据库表方式。在统一数据交换平台能直接访问前置机数据库的情况下，数据交换双方均将数据推送至前置机数据库表中，并从前置机数据库表读取交换给本方的数据。

（2）Web Service方式。数据交换双方通过 Web Service 发布数据读写接口，并通过调用该接口完成数据的双向交换。

（3）文件方式。对于非结构化的信息资源，统一数据交换平台可以读取非结构化信息资源，通过消息中间件实现非结构信息资源的数据交换。

（二）制定政务数据共享需求清单

2016 年 9 月，国务院印发了《政务信息资源共享管理暂行办法》，提出以共享为原则，不共享为例外。

地方政府在推进政务数据共享时，可以让每个政府部门提出政务数据共享需求，即需要哪些部门的哪些数据，由政务数据主管部门汇总后形成《政务数据共享需求清单》，以政府内部文件形式印发执行。

《政务数据共享需求清单》一般包括如下内容：（1）共享服务方式：查询、批量交换、核验；（2）数据提供方式：数据库、服务接口（API）；（3）数据更新周期：实时、准实时、每日、周度、月度、季度、年度、不定期。

（三）构建政务数据交换平台

统一数据交换平台是交换体系建设的基础，通过统一数据交换平台建设能够为政府各部门提供跨层级、跨部门的数据共享交换支撑。

1. 平台架构

统一数据交换平台由平台前置层、共享交换层、平台支撑层、基础资源层组成，如图 13-2 所示。

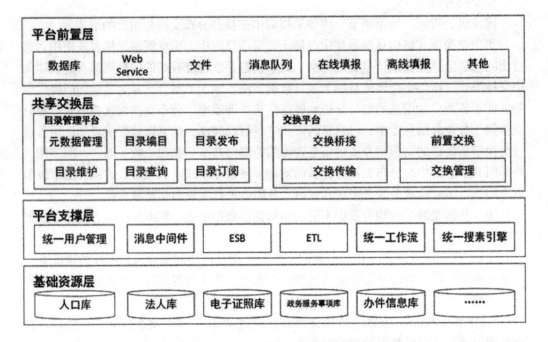

图 13-2 统一数据交换平台架构图

（1）基础资源层。汇聚政务服务事项库、办件信息库，共享利用人口、法人、电子证照、信用信息等基础资源库。

（2）平台支撑层。主要提供消息中间件、ESB、ETL、调换调度等工具，实现接口封装、数据抽取、数据清洗、数据转换、数据关联、数据比对等功能。

（3）共享交换层。由资源目录平台和交换平台构成。目录管理平台提供元数据管理、目录编目、目录注册、目录发布、目录维护、目录订阅等功能；交换平台提供交换桥接、前置交换、交换传输、交换管理等功能，为信息定向交换传输和形成基础信息资源库提供支撑。

（4）平台前置层。平台前置层是指跨地区、跨部门、跨层级交换共享的政务信息数据前置区域，承担着整个平台对外服务，包括数据库、文件、消息队列、在线填报、离线填报、Web Service、Web 浏览等交换方式。

2. 主要功能

（1）目录管理平台功能。目录管理平台包括元数据管理、目录编目、目录发布、目录维护、目录查询、目录订阅等功能。

①元数据管理。对政务信息资源的标识、内容、分发、数据质量、数据表现、数据模式、图示表达、限制和维护等信息进行统一管理，提供元数据的定义、存储、查

询及维护等功能，以利于发现与定位信息资源、管理与整合信息资源，改进系统有效存储、检索和移动数据的能力。

②目录编目。对目录数据进行管理，提供目录的生成、注册、查询及维护等功能，以利于跨部门、跨层级以及部门内部进行信息共享的索引。

③目录发布。对已生成目录信息进行审核发布，包括对目录类别、目录项、目录文字等审核发布，形成可查询显示的目录内容和访问地址。

④目录维护。对已发布的目录信息进行维护管理，包括对目录删除、停用、更新、重组、备份、恢复等功能。

⑤目录查询。对已发布的目录提供多维度的目录查询、列表查询等功能。

⑥目录订阅。分权限对已发布的目录信息进行订阅查询。

（2）交换平台功能。统一数据交换平台包括交换适配、前置交换、交换传输、交换管理等功能。

①交换适配。主要完成部门业务办理系统与数据交换系统之间的信息桥接，与部门业务办理系统为松耦合结构，可以在保证部门审批业务信息系统可靠、安全的前提下，实现部门业务办理信息数据库与前置交换信息库之间在线实时交换。

②前置交换。为确保各部门现有系统的运行不被资源整合所影响，保障现有系统的数据安全，以前置交换作为各部门与数据交换平台进行数据交换的窗口，一方面从各业务系统提取数据，向数据中心提交；另一方面从数据中心接收数据，并向业务系统传递数据。

③交换传输。在前置交换之间构成信息交换通道，根据部署的交换流程，实现交换信息的打包、转换、传递、路由、解包等功能。通过消息总线模式，实现部门前置交换信息库之间的信息处理和稳定可靠、不间断的信息传递。

④交换管理。作为交换平台的中心管理模块，应提供图形化的配置工具，实现对整个信息交换过程的流程配置、部署、执行和整个交换平台运行进行监控、管理。具体包括数据交换适配管理、交换节点管理、交换流程管理等。

三、公共数据资源开放

（一）国外公共数据资源开放情况

目前，全球已经有50多个国家或地区开通了政府数据网站，既有美国、英国、澳大利亚等发达国家，也包括肯尼亚、智利等发展中国家，如表13-1所示。

此外，欧盟以及联合国、世界银行、经济合作与发展组织（OECD）等国际组织也加入了数据开放运动，建立了数据门户网站。

1.美国

2009年1月，美国总统奥巴马签署了《开放透明政府备忘录》，要求建立更加

表 13-1　已开通政府数据网站的国家和地区①

洲名	国家/地区
欧洲	英国、德国、法国、意大利、奥地利、比利时、丹麦、芬兰、荷兰、挪威、西班牙、希腊、爱尔兰、爱沙尼亚、摩尔多瓦
北美洲	美国、加拿大
南美洲	秘鲁、乌拉圭、智利
亚洲	韩国、新加坡、沙特、阿联酋、巴林、东帝汶、中国香港
大洋州	澳大利亚、新西兰
非洲	肯尼亚、摩洛哥

开放透明、参与、合作的政府。

2009 年 5 月，美国联邦政府宣布实施"开放政府计划"（Open Government Initiative），提出利用整体、开放的网络平台，公开政府信息、工作程序和决策过程，以鼓励公众交流和评估，增进政府信息的可及性，强化政府责任，提高政府效率，增进与企业及各级政府间的合作，推动政府管理向开放、协同、合作迈进。与此同时，美国联邦政府开通了美国政府数据网站（www.data.gov）。只要不涉及隐私和国家安全的相关数据，均需全部在该网站公开发布。截至 2019 年 11 月，Data.gov 有 25 万个数据集。

建立 Data.gov 的目的是使美国民众更容易获取联邦政府各行政部门所产生的高价值的、机器可读的数据集。作为美国奥巴马政府提出的"开放政府动议"的优先项目之一，Data.gov 可以提升美国民众发现、下载和使用数据集的能力。这些数据集是联邦政府产生和拥有的。美国政府数据网站提供联邦政府数据集的描述（即元数据）、关于如何访问数据集的信息、使用政府数据集的工具。随着数据集的增加，数据目录将不断增长。

公众的参与和协作是美国政府数据网站成功的关键。Data.gov 通过提供可下载的联邦政府数据集，美国民众可以以此建立应用，开展分析和研究，使他们能够更好地参与到政府工作中去。美国政府将依据民众的反馈、评论和建议对 Data.gov 进行持续改进。

Data.gov 的一个主要目标是改善美国民众访问联邦政府数据的条件，打破政府和公众之间的数据壁垒，通过鼓励创新的想法（如 Web 应用）拓展对这些数据创造性地使用。Data.gov 努力使美国政府更加透明，并致力于使美国政府的开放程度达到前所未有的水平。来自 Data.gov 的开放性将增强美国的民主，提高美国政府的效率和效

---

① 参见涂子沛：《大数据：正在到来的数据革命》，广西师范大学出版社 2012 版，第 280 页。

能。

Data.gov 是可交互的、可探索的、社会化的政府数据网站。该网站提供了一个社区论坛，在这个论坛大家可以相互交流数据检索和使用心得。美国老师可以在教学过程中使用 Data.gov 提供的数据，丰富学生的知识。Data.gov 具有语义网功能，方便美国民众获取所需的数据。该网站提供应用程序接口（API），美国民众可以开发自己的 App。

2013 年 5 月，美国总统奥巴马签署第 13642 号总统行政令，提出在保护好隐私安全性与机密性的同时，把数据公开化、可读写化纳入政府的义务范围。

2014 年 5 月，美国政府发布了《美国开放数据行动计划》，阐述了美国政府作为开放数据的主导者应承担的义务，介绍了美国政府在推动开放数据的工作中所做的大量工作。提出应主动承诺开放，并逐步开放数据资源的原则。发布的数据应做到方便社会公众使用和查找，根据社会公众反馈不断完善开放的数据，使其更容易被使用和理解。对还没有发布的数据应开放数据列表，供社会公众申请开放，由专业机构及相关领域代表确定发布的优先级别。

2019 年 1 月，美国总统特朗普签署了《开放政府数据法案》，规定所有政府部门都要向公众开放"非敏感"政府数据。该法案要求联邦机构必须以"机器可读"格式，发布任何不涉及公众隐私或国家安全的"非敏感"信息，同时确保数据可以通过智能手机和其他电子设备轻松访问。该法案还要求各联邦机构任命一名首席数据官来监督所有开放数据的工作。

2. 英国

英国政府也开通了政府数据网站（www.data.gov.uk）。该网站具有搜索功能，使数据容易获取。这意味着英国人民可以在详尽的信息基础上对政府政策做出决定或提出建议，从首相那里听到更多的透明政府议程。

英国政府数据网站罗列了各个数据发布者的数据集，提供了数据发布者索引。用户也可以在线搜索数据发布者。网站对每个数据集的浏览次数进行了排名。排名在前 20 名的列为"受欢迎的数据"（Featured Dataset）。用户可以在网站上申请新数据，开发 API。

英国政府数据网站上的数据不只是涉及公共信息，还有大量原始数据。这些原始数据可以被用来建立有用的应用程序以帮助社会，或者审视随着时间的推移政府的有效政策是如何变化的。截至 2012 年 11 月底，英国政府数据网站拥有 8776 个数据集。

2013 年 11 月，英国政府发布了《八国集团开放数据宪章 2013 年英国行动计划》，作出了六项承诺：发布《八国集团开放数据宪章》中明确的高值数据集；确保所有的数据集都通过 www.data.gov.uk 来发布；通过与社会、机构、公众沟通来明确应该优先公布哪些数据集；通过分享经验和工具来支持国内外开放数据创新者；为英国的开放数据工作设定一个清晰的前进方向，所有政府部门将在 2014 年 6 月前更新其部门的开放数据战略；为政府数据建立一个国家级的信息基础设施。

3. 澳大利亚

为了鼓励社会公众获取和利用政府数据，依据澳大利亚政府的《开放政府申明》（Declaration of Open Government），在政府 2.0 工作组（Government 2.0 Taskforce）的要求下，澳大利亚金融和放松管制部（Department of Finance and Deregulation）开通了政府数据网站（www.data.gov.au），为查找、访问和利用来自澳大利亚各级政府的公共数据集提供了一个简单的方法。

截至 2012 年 12 月 10 日，澳大利亚政府数据网站有 30 个领域的 3000 多个数据集。这些数据集由不同的政府机构创建。

澳大利亚政府数据网站既提供可直接下载的数据集，在某些情况下，也链接到其他数据目录或来源。用户可以通过在数据页上留下评论或评级的方式留下对数据的反馈意见，也可以建议还有哪些数据网站需要提供。该网站显示各个数据集的格式，根据数据集下载情况显示哪个最受欢迎的数据集。

4. 韩国

2013 年 6 月，韩国政府发布了"政府 3.0 时代"计划。该计划的核心是韩国政府将自己拥有的信息在国民提出要求之前进行公开，每年公开的信息数量从 2012 年的 31 万件增加到 1 亿件。除了安保和私生活保护等法律规定禁止公开的领域以外，剩下的信息都以整体原文的形式进行公开。2014 年 7 月，韩国"政府 3.0 推进委员会"正式成立。

从发达国家经验来看，开放政府数据可以有效促进现代服务业（特别是咨询行业）的发展。例如，美国海洋和大气管理局（NOAA）免费向社会开放气象数据，仅 2008 年为发电厂就节省 1.66 亿美元。由于采取气象数据免费开放政策，2000 年美国天气风险管理行业的产值是欧洲的 60 倍，亚洲的 146 倍。这是因为在欧洲虽然开放但仍然需要支付一定的费用购买气象数据，而亚洲许多国家则不开放气象数据。

（二）国内公共数据资源开放情况

《国务院关于促进信息消费扩大内需的若干意见》提出"制定公共信息资源开放共享管理办法，推动市政公用企事业单位、公共服务事业单位等机构开放信息资源"。

国家发展改革委等八部委《促进智慧城市健康发展的指导意见》提出"大力推动政府部门将企业信用、产品质量、食品药品安全、综合交通、公用设施、环境质量等信息资源向社会开放，鼓励市政公用企事业单位、公共服务事业单位等机构将教育、医疗、就业、旅游、生活等信息资源向社会开放"。

《国务院关于积极推进"互联网+"行动的指导意见》提出"推动数据资源开放。研究出台国家大数据战略，显著提升国家大数据掌控能力。建立国家政府信息开放统一平台和基础数据资源库，开展公共数据开放利用改革试点，出台政府机构数据开放管理规定。按照重要性和敏感程度分级分类，推进政府和公共信息资源开放共享，支持公众和小微企业充分挖掘信息资源的商业价值，促进互联网应用创新"。

2014 年 12 月 10 日，国家知识产权局开通了专利数据服务试验系统，免费向创新者开放原始的专利基础数据资源，并提供中、美、欧、日、韩 5 个国家和地区现档专利数据的下载和更新，数据约占世界专利现档数据的 80%。

目前，北京、上海、广东、香港、浙江、贵州、青岛、武汉、无锡、湛江等省市都已经开通了政府数据网站。

1. 北京

北京市政务数据资源网（www.bjdata.gov.cn）于 2012 年 10 月开始试运行，提供北京市政务部门可开放的各类数据的下载与服务，为企业和个人开展政务信息资源的社会化开发利用提供数据支撑，推动信息增值服务业的发展以及相关数据分析与研究工作的开展。

2. 上海

上海市政府数据服务网（http://data.sh.gov.cn）由上海市政府办公厅、上海市经济和信息化委员会牵头建设，相关政府部门共同参与，由上海市智慧城市建设促进中心负责日常运营管理[①]。

2015 年 8 月，上海首次向社会开放超过 1000G 的交通数据，希望吸引民间力量开发"互联网 + 交通"产品，为解决道路拥堵、优化公交线路等寻找对策。

3. 浙江

2015 年 9 月，浙江政务服务网"数据开放"专题子网站（http://data.zjzwfw.gov.cn/）开通，开放的公共数据资源包括 68 个省级单位提供的 350 项数据类目，涉及经济建设、环境资源、城市建设、道路交通、教育科技、文化休闲、民生服务、机构团体等多个领域。

依托法人、空间地理基础数据库和信用浙江、电子证照库等成果，推出了电子证照、档案数据、财政专项资金、空间地理、法人信息、统计数据、信用信息、政府公报等 8 个专题的数据应用板块。例如，在"电子证照"专题，用户可查询到浙江全省政府机关面向个人、法人单位核发的 102 种证照信息，包括教师证、导游证、营业执照等信息。在"档案数据"专题，可查询浏览浙江省档案馆所有已公开的电子档案，包括十余万卷民国时期、清代档案。在"信用信息"专题，用户可查询全省企业、政府机关、事业单位、社会组织和个人等不同信用主体的信用信息。在"政府公报"专题，可查询、下载 2008 年以来出版的所有浙江省政府公报。

4. 青岛

2015 年 9 月，青岛市公共数据开放网站（http://data.qingdao.gov.cn）及其移动客

---

① 参见徐瑞哲：《上海率先实行政府大数据资源开放 免费供全民共享》，《解放日报》2014 年 5 月 15 日。

户端（App）上线试运行。

该网站包含数据目录、地图服务、API 服务、App 应用、开发者中心、互动交流等栏目，提供数据资源的浏览和下载、接口调用、App 应用发布等服务，用户可以在线对数据资源进行统计分析，生成可视化图表，并对数据做出评价，提出数据开放建议等。首批发布了 307 个有再利用价值的数据集，如蔬菜批发零售价格、便民早餐网点、收费停车场等。截至 2016 年 5 月，该网站开放了经济发展、道路交通、卫生健康等 12 类共计 380 个数据集。

延伸阅读：中国林业数据开放共享平台

2013 年开始，国家林业局率先尝试建设行业数据库，根据社会需求建立了中国林业数据库。2015 年，国家林业局建成了中国林业数据开放共享平台，对各司局、各直属单位以及全国各级林业主管部门多年形成的各类数据成果资料、国内外各类公开的林业信息资源进行了整合，并上传到该平台。2016 年 2 月，中国林业数据开放共享平台（data.forestry.gov.cn）正式上线，成为中国林业大数据中心建设的又一个亮点。该平台包括数据统计图、数据统计表、专题分布图、数据预测分析、按行政区划、按业务类别、重点数据库、数据定制采集、我的数据库等栏目，内容涉及政策法规、林业标准、林业文献、林业成果、林业专家、林业科研机构等多个领域。

（三）公共数据资源开放对策

1. 加快公共数据资源开放的立法工作

制定国家层面的《公共数据资源开放条例》及其实施细则。开放公共数据资源，有利于深化政府信息公开，促进政府部门依法行政；有利于促进公共数据资源开发利用，发展信息服务业。国务院明确要求开放公共数据资源。2013 年 8 月出台的《国务院关于促进信息消费扩大内需的若干意见》提出"制定公共信息资源开放共享管理办法，推动市政公用企事业单位、公共服务事业单位等机构开放信息资源"。《国务院关于积极推进"互联网 +"行动的指导意见》提出"推动数据资源开放"。《促进大数据发展行动纲要》提出"稳步推动公共数据资源开放"。

关于公共数据资源开放，现在的问题不是要不要开放，而不是怎么开放。这就需要立法，制定国家层面的《公共数据资源开放条例》，科学界定什么是公共数据资源，明确公共数据资源开放的范围、方式和程序，并建立监督和保障机制。在实施细则中，要明确哪些部门的哪些公共数据资源要对外开放，是全部开放还是部分开放？是面向所有人开放还是面向特定人群？是免费开放还是收取一定的费用？是直接开放还是依申请开放？

目前，北京、上海、浙江等省市已经通过政府网站开放部分公共数据资源，广东、沈阳成都等地成立了大数据局。《公共数据资源开放条例》及其实施细则，将是全国各级政府通过网站开放公共数据资源的法律依据。

2.建设政府数据网站

党中央、国务院非常重视信息资源开发利用和政府信息公开工作。早在2004年12月12日，中共中央办公厅、国务院办公厅就印发了《关于加强信息资源开发利用工作的若干意见》，明确提出"加强政务信息资源的开发利用"。2007年1月17日，国务院第165次常务会议通过了《中华人民共和国政府信息公开条例》，该条例自2008年5月1日起施行。由于种种原因，《关于加强信息资源开发利用工作的若干意见》并没有得到有效的贯彻落实。虽然目前全国各级政府部门都制定了《政府信息公开指南》和《政府信息公开目录》，但政府信息公开的内容还多局限于组织机构、政策文件、工作动态等行政信息。为此，需要借鉴国、英国、澳大利亚的先进经验，建设"中国政府数据网站"，进一步推进政府信息公开，促进政府信息资源的开发利用。

政府数据网站建设应以用户为中心。美国、英国、澳大利亚等国家的政府数据网站都强调如何方便用户获取所需的数据集，用户可以对数据集进行评论，提出自己对数据集的需求。为此，应坚持以人民为中心，改变过去政府网站建设"以部门为中心"的做法，"中国政府数据网站"应"以用户为中心"。一是建立系统的数据集分类体系，如按数据集所涉及的领域分、按数据发布单位分、按数据格式分，以方便用户查询和检索；二是网站应允许用户对数据集进行评论，提出数据集申请，以提高数据集质量，贴近用户需求；三是根据数据集的浏览量、下载量，对数据集进行排名，让用户知道哪些是深受用户喜欢的数据集。

政府数据网站建设应采用新一代信息技术。近年来，物联网、云计算、移动互联网、大数据等新一代信息技术飞速发展，不断成熟。中国政府数据网站建设应积极尝试采用新一代信息技术，以提高政府的技术水平。物联网是数据自动采集的一种新手段。对于气象、水文等政府监测类的数据，可以用物联网进行采集，使数据可以快速更新。中国政府数据网站的访问量必然很大，采用云计算技术则可以很好地满足网站的性能要求。目前我国手机已经超过电脑成为第一大上网终端。开发移动App供手机用户下载、使用，可以满足人们随时随地获取政府数据的需求。大数据的发展为政府数据开发利用带来了契机。通过对政府数据的挖掘、分析，可以使政府数据创造新的价值。

建设政府数据网站是政府信息公开和信息资源开发利用工作的重要抓手。根据初步估算，政府部门掌握着80%以上的数据资源。在保护国家安全、商业机密、个人隐私等基础上，借鉴发达国家的先进经验，以"政府数据网站"为渠道，向社会开放可公开的数据资源，促进这些数据资源的开发利用，使之转变为社会财富，是新时期电子政务建设的重点内容之一。

3.加强个人数据保护

制定国家层面的《数据保护法》。对个人来说，数据泄露不仅会扰乱正常生活，而且可能诱发电信诈骗、入室盗窃等。对企事业单位来说，有些数据涉及商业秘密，数据也是一种重要资产。对政府来说，敏感数据泄露可能引发经济社会危机，一些机密数据泄露还会威胁到国家安全。

　　在我国，个人信息被非法买卖情况十分普遍，导致垃圾短信、电信诈骗泛滥。在互联网行业，我国已经发生多起用户信息大规模泄露事件。因此，在大数据时代，除了强调"网络安全"，还要强调"数据安全"。许多欧美发达国家早在 20 世纪七八十年代就制定了隐私法、数据保护法，而我国还缺乏数据保护方面的法律法规，亟待制定《中华人民共和国数据保护法》，把情节严重的数据泄露、侵权等行为纳入刑法修正案，以加强对政府机密、企业商业秘密和个人隐私的保护，避免大数据被滥用。

第十四章　新型智慧城市与智慧政府

智慧城市是指通过广泛采用物联网、云计算、移动互联网、大数据、人工智能等新一代信息技术，提高城市规划、建设、管理、服务的自动化、智能化水平，使城市运转更高效、更敏捷、更低碳。建设新型智慧城市，智慧政府要先行。

一、新型智慧城市概述

（一）主要内涵

随着物联网、云计算等新一代信息技术的快速发展，2009 年 1 月，IBM 公司的首席执行官彭明盛（Sam Palmisano）在一次美国工商业领袖圆桌会议上提出了"智慧地球"（Smart Planet）这一概念。与当年"数字地球"传到国内出现"数字城市"概念类似，"智慧地球"传到国内就出现了"智慧城市"（Smart City）的概念。

智慧城市是指通过广泛采用物联网、云计算、移动互联网、大数据、人工智能等新一代信息技术，提高城市规划、建设、管理、服务的自动化、智能化水平，使城市运转更高效、更敏捷、更低碳。智慧城市是城市信息化发展的新阶段，建设新型智慧城市是解决或缓解各类"城市病"、推进城市治理体系和治理能力现代化、促进城市可持续发展的重要举措。

值得指出的是，由于"智慧地球"概念是 IBM 公司提出的，一些领导干部对使用"智慧城市"这个词存在顾虑，因而改用"智能城市"、"感知城市"等词。实际上，智慧城市是城市信息化的发展方向。即使 IBM 公司不提出"智慧地球"概念，城市信息化也会发展到智慧城市阶段。而且，在 IBM 公司提出"智慧地球"概念以前，新加坡早就提出了"智能岛"的概念，韩国 U-city 的发展目标也是智慧城市。此外，还有"智能建筑"、"智能交通"等类似概念。从字面意思来看，"智慧城市"比"感知城市"这个词要好，因为信息化不能停留在"感知"层面，感知之后还要进行数据处理，要采取相应的行动。

城镇化和信息化是当前和今后一个时期中国经济、社会发展的重要内容，智慧城市建设成为新时期中国城市发展的重要主题。2018 年，中国城镇化率达到 59.58%，并将继续快速提高。目前，我国许多城市发展面临诸多难题。建设智慧城市，是解决或缓解各类"城市病"，促进城市经济发展和社会进步，保障城市可持续发展的重要途径。为此，应加强智慧城市理论方法研究，推进智慧城市建设所需相关产品的国产化进程。

（二）总体架构

智慧城市包括新一代信息基础设施、智慧政府、智慧经济、智慧社会、智慧城市发展环境五大部分，如图 14-1 所示。

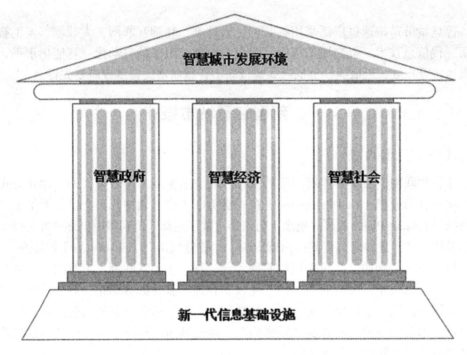

图 14-1　智慧城市的五大组成部分

众所周知，城市包括政治、经济、社会三个主要方面。相应地，智慧政府、智慧经济、智慧社会是智慧城市的三大领域。

1. 新一代信息基础设施

随着物联网、移动互联网等应用的快速发展，要求城市的网络基础设施的性能也要相应提高。新一代城市信息基础设施主要包括超大带宽的城市骨干网、无处不在的无线接入。要建设新一代城市信息基础设施，有关城市应配合国家的"宽带中国"计划，实施"宽带城市"计划，建设城市光网，建设无线城市和 U-City。

2. 智慧政府

现代政府事务日益复杂，传统政府的智能水平已经难以应付这种新的形势。随着物联网、云计算、移动互联网、Web 2.0 等新一代信息技术飞速发展，电子政务正由电子政府到智慧政府转变。智慧政府是指利用物联网、云计算、移动互联网、人工智能、数据挖掘、知识管理等技术，提高政府办公、监管、服务、决策的智能化水平，形成高效、敏捷、便民的新型政府。智慧政府是电子政务发展的高级阶段。与传统电子政务相比，智慧政府具有透彻感知、快速反应、主动服务、科学决策等特征。

3. 智慧经济

智慧经济的载体是智慧产业。智慧产业是指数字化、网络化、信息化、自动化、智能化程度较高的产业。智慧产业是智力密集型产业、技术密集型产业，而不是劳动密集型产业。2011年6月，美国政府确立了智慧制造（Smart Manufacturing）四个方面的优先行动计划，包括为智能制造搭建工业建模与仿真平台，可负担的工业数据采集和管理系统，业务系统、制造工厂和供应商企业级集成，以及智慧制造的教育和培训。在我国，工业和信息化部、科技部、财政部、商务部、国资委联合印发的《关于加快推进信息化与工业化深度融合的若干意见》把"智能发展，建立现代生产体系"作为推动两化深度融合的基本原则之一。

智慧经济的主体是智慧企业。智慧企业是指生产经营智能化水平较高的企业，是企业信息化发展的高级阶段。智慧企业在研发设计、生产制造、经营管理、市场营销等关键环节以及综合集成的智能化程度较高，商业智能（BI）系统、知识管理系统等在企业得到应用，企业仿佛拥有"数字神经系统"。与传统企业相比，智慧企业具有学习和自适应能力，能够灵敏地感知到企业内外环境变化并快速做出反应。

4. 智慧社会

智慧社会是指高度智能化的社会。智慧社会主要包括两个方面的内容：一是社会事业的智能化，如智慧教育、智慧医疗、智慧学校、智慧医院等；二是市民生活的智能化，如智慧社区、智慧家居。智慧社会是社会信息化发展的高级阶段。构建智慧社会，是保障和改善民生的重要内容。

5. 智慧城市发展环境

智慧城市发展环境主要包括三个方面的内容：一是与智慧城市相关的政策法规、标准规范、人才队伍等；二是与智慧城市相关的信息安全情况；三是与智慧城市相关的新一代信息通信技术产业发展情况。智慧城市发展环境的好坏，直接影响智慧城市建设的进度和质量。因此，有关城市应理顺智慧城市建设的体制机制，构建良好的发展环境。

值得指出的是，如果智慧城市建设完全由政府主导，那政府就错位、越位了。智慧城市包括智慧政府、智慧经济、智慧社会三大领域。智慧政府建设应由政府主导，而智慧经济建设则应发挥企业的主体作用，智慧社会建设需要社会各界的力量和参与。

二、我国新型智慧城市建设情况

（一）发展现状

建设新型智慧城市已经成为许多城市的共识，住房和城乡建设部等部委开展的国家智慧城市试点工作取得了明显成效，智慧城市发展环境不断改善。

1. 建设智慧城市成为许多城市的共识

面对城市病和城市经济社会转型发展问题，越来越多的城市选择建设智慧城市。截至 2018 年 11 月，全国已有 600 多城市计划建设或正在建设智慧城市。这其中包括直辖市、副省级城市、地级市、县级市等。值得一提的是，近年来，越来越多的中西部地区城市加入了建设新型智慧城市的行列。

作为城市发展的新方向，智慧城市受到越来越多市领导的重视。例如，北京市委书记蔡奇提出精心打造智慧城市，为构建有效的超大城市治理体系提供有力支撑。天津市委书记李鸿忠提出全面推进智慧城市建设，深化"互联网＋政务服务"，坚决破除数据壁垒，坚持信息惠民，打通便民服务"最后一公里"。

2. 智慧城市试点工作推广了建设经验

2012 年 12 月，住房和城乡建设部启动了国家智慧城市试点工作。截至目前，住房和城乡建设部相继公布了三批国家智慧城市试点名单，包括 290 个城市或城区。2016 年 7 月，住房和城乡建设部对国家智慧城市试点工作进行了总结。

2013 年 10 月，科技部和国家标准委员会在大连、哈尔滨、大庆等全国 20 座城市开展为期三年的智慧城市试点示范工作，组织物联网、云计算、移动互联网等方面的国家科技计划项目与上述各试点城市对接，形成我国智慧城市技术与标准体系，并向全国其他城市推广。

此外，中央网信办、国家发展改革委、工业和信息化部等国家部委也在积极推进新型智慧城市建设。国家发展改革委、中央网信办牵头成立了新型智慧城市建设部际协调工作组，2016 年 11 月，国家发展改革委办公厅、中央网信办秘书局、国家标准委办公室联合印发了《关于组织开展新型智慧城市评价工作务实推动新型智慧城市健康快速发展的通知》，组织开展 2016 年新型智慧城市评价工作。

3. 智慧城市政策法规体系越来越完善

在国家层面，《国家新型城镇化规划（2014 — 2020 年）》提出推进智慧城市建设。2014 年 8 月，国家发展改革委、工业和信息化部等八部委联合印发了《关于促进智慧城市健康发展的指导意见》。2016 年 12 月，国家标准委发布了《新型智慧城市评价指标》国家标准（GB/T 33356–2016）。

在地方层面，目前，许多地方政府制定了智慧城市方面的指导意见、发展规划和行动计划等政策文件，如《上海市推进智慧城市建设"十三五"规划》《天津市智慧城市专项行动计划》《菏泽市人民政府关于加强智慧城市建设的意见》。

（二）存在问题

从调研情况来看，目前我国智慧城市建设过程中还存在如下一些问题：

1. 智慧城市理论方法研究滞后于实践

智慧城市是一个 2009 年才出现的新生事物，虽然目前全国成立了一批智慧城市研究机构，但智慧城市相关理论方法研究明显滞后于实践。智慧城市建设是一个复杂的系统工程，智慧城市涉及的学科包括计算机科学、信息工程、地理信息系统、公共管理学、区域经济学、城市社会学等，是典型的交叉学科，属于城市信息学（Urban Informatics）的学科范畴。目前智慧城市理论方法研究还比较零散，不成体系。

我国大学学科之间往往相互分割，难以培养出跨学科的复合型人才。虽然许多大学成立了公共管理学院，但公共管理专业教师往往是文科背景，不懂物联网、云计算、移动互联网、大数据、人工智能等新一代信息技术，无法深入开展智慧城市研究。而大学的信息科学技术学院教师虽然懂新一代信息技术，但对城市规划、城市建设、城市管理等缺乏了解，也难以开展智慧城市研究。

2. 智慧城市关键技术和产品储备不足

与智慧城市密切相关的关键技术包括物联网、云计算、移动互联网、大数据等新一代信息技术以及遥感、地理信息系统、卫星导航定位系统等空间信息技术。这些技术几乎都是欧美发达国家率先提出并研发的，我国与欧美发达国家相比从技术上落后很多年。我国虽然在 CPU、操作系统、数据库管理系统等核心技术有所突破，但国产 CPU、国产操作系统、国产数据库管理系统离大规模商用还有很长一段时间。

在我国，与智慧城市相关的新一代信息通信技术产业尚处于起步阶段，智慧城市建设所需高端、核心产品还掌握在国外 IT 厂商手里，这使我国智慧城市建设存在一定的安全隐患。国内虽然有一批从事智慧城市建设的 IT 厂商，但产品往往比较单一，难以提供智慧城市整体解决方案。

3. 智慧城市的建设管理体制没有理顺

改革开放 40 年多来，我国信息化建设管理体制不断变化，至今还没有完全理顺，尤其缺乏各部门之间的横向协调机制。在国家层面，中央网信办、国家发展改革委、工业和信息化部、住房和城乡建设部、科技部等部委都在开展智慧城市相关工作，没有一个明确的、统一的智慧城市建设主管部门。

智慧城市建设是区域层面的信息化，更需要有一套切实可行的横向协调机制。从全国 100 多个城市调研情况来看，智慧城市主管部门设置情况五花八门：有的成立了专门的智慧城市领导小组和办公室，有的在工业和信息化部门，有的在发展改革部门，有的在住房和城乡建设部门，有的在科技部门，有的在市府办，有的在大数据局。许多城市的相关政府部门在智慧城市建设方面缺乏协调、联动机制。

（三）发展对策

建设新型智慧城市，要把握好四大方面，即基础设施、应用创新、产业发展和体制机制。

1. 建设智慧的城市基础设施

建设智慧的城市基础设施有两层含义：一是城市道路以及给排水管网、燃气管网、路灯等市政基础设施要智慧。例如，道路能够根据干燥度自动启动洒水装置；燃气管道能够探测压力等参数，出现异常时自动关闭并通知维修，以防爆裂；路灯根据周围明暗程度自动开启或关闭。

二是网络基础设施、计算基础设施、数据基础设施、安全基础设施等城市信息基础设施要智慧。在网络基础设施方面，建设无线城市，推进三网融合。在计算基础设施方面，建设城市云计算中心，用户使用计算资源象用水、用电一样方便。在数据基础设施方面，建设城市大数据中心，建立和完善城市人口基础信息库、法人单位基础信息库、自然资源和地理空间基础信息库、宏观经济信息库、电子证照库和社会信用数据库等。在安全基础设施方面，建设公钥基础设施（PKI）、统一身份认证系统和异地灾备中心等。城市信息基础设施应该作为城市基础设施的一部分，纳入城市规划建设范畴。

2. 开展智慧城市创新应用

利用物联网、云计算、移动互联网、大数据、人工智能等技术，推进智慧政府、智慧经济、智慧社会三大领域的创新应用。

在智慧政府方面，重点围绕市场监管、应急管理、社会治理、公共服务等专题领域，加强电子政务信息共享和业务协同。将物联网技术应用于城市公共安全管理、城市交通管理、城市环境管理等领域，对监管对象进行自动监控。加强建设政务云，把各个城市政府部门的信息系统迁移到政务云平台。运用大数据技术对市场主体实行分类分级监管，科学配置执法资源，提高市场监管水平，对市场进行精准治理。建设政务智能系统，提高对市领导的决策支持能力，促进政府决策科学化。建设政府知识管理系统，提高公务员的业务水平和综合素质。

在智慧经济方面，大力发展工业物联网，推进互联网与制造业深度融合。将物联网技术应用到物流管理、生产过程控制、生产设备监控、产品质量溯源、节能减排和安全生产等领域，建设互联工厂、数字化工厂。通过进料设备、生产设备、包装设备等的联网，提高企业生产效率和产能。实施"企业上云"计划，降低中小企业信息化门槛。推动大数据在研发设计、生产制造、经营管理、市场营销、售后服务等关键环节的应用，发展工业大数据。把智能制造作为两化深度融合的主攻方向，着力发展智能装备和智能产品，推进生产过程智能化，全面提升企业研发、生产、管理和服务的智能化水平。鼓励企业使用工业机器人，在东南沿海地区推行"机器换人"，解决人口老龄化和产业转移带来的招工难、招工贵问题。引导企业采用物联网、云计算、移动互联网、大数据、人工智能等新一代信息技术构建智慧企业。

在智慧社会方面，深化新一代信息技术在教育、卫生健康、文化旅游、人力资源和社会保障、民政等领域的应用，促进社会事业发展。在教育方面，重点办好网络教育，促进优质教育资源共享。在卫生健康方面，推行"电子病历"，建立远程关爱（Telecare）系统，把大数据应用到城市居民健康状况分析、医疗资源优化配置、疫情监测预警等领域。在文化旅游方面，建设智慧图书馆、智慧博物馆、智慧文化馆等，推动"互联网＋文化"发展。发展智慧旅游，为游客提供基于位置的一体化信息服务。在人力资源和社会保障方面，通过跨部门数据比对杜绝骗保、冒领养老金等违法违规行为，运用大数据分析就业形势、人才结构等。在民政方面，把大数据应用到社会救助核对、婚姻状况分析、社会养老服务、民政资金监管等领域，杜绝骗保、重婚、骗婚等违法违规行为。此外，还要建设智能社区、智能住宅和智能家居系统。

3. 发展智慧城市相关产业

实践表明，一个地方的信息化发展水平与当地信息通信技术（ICT）产业发达程度存在一定正相关性。也就是说，一个地方的 ICT 产业越发达，该地方的信息化发展水平往往越高。在建设新型智慧城市过程中，要注重培育和发展当地物联网产业、云计算产业、移动互联网产业、大数据产业、人工智能产业、虚拟现实产业等新一代信息技术产业。把新型智慧城市建设和发展新一代信息技术产业等数字经济结合起来，以用促业。此外，还要发展智慧城市教育培训、IT 咨询等相关服务业。

4. 理顺智慧城市体制机制

新型智慧城市建设涉及方方面面，需要有一个统筹协调部门，统一负责智慧城市规划、建设、管理和运营等工作。为此，要理顺智慧城市管理体制机制，成立智慧城市领导小组，由市长担任组长，分管副市长担任副组长，各局委办一把手担任小组成员，协调解决智慧城市建设过程中遇到的重大事项。设立智慧城市领导小组办公室，把市府办、市工业和信息化、发展改革、科技、住建等部门的信息化职能统一划入智慧城市领导小组办公室，统筹推进智慧城市建设。充实人员配备，健全规章制度，做好智慧城市建设统筹协调、组织推进和考核督导等工作。市委网络安全和信息化领导小组办公室、市政府智慧城市领导小组办公室、市大数据管理局可以采取"三块牌子、一套人马"的做法。

值得指出的是，"智慧城市"涉及城市政治、经济、社会等方方面面，建设内容很多，不可能一蹴而就。因此，"智慧城市"建设要"大处着眼，小处着手"，围绕市委、市政府的中心工作，结合本地实际情况，统筹规划，分步实施。

要着力推进跨部门、跨地区、跨层级政务信息共享和业务联动，构建整体政府。推行"互联网＋政务服务"，构建服务型政府。通过互联网促进社会组织、社会公众等社会力量参与城市治理，形成社会共治局面，实现从城市管理到城市治理的转变。有序开放公共数据资源，深化大数据应用，促进城市治理精细化、精准化。

2017年，浙江省衢州市启动"城市数据大脑"2.0建设工作，以"雪亮工程"为核心，从社会治理、交通运输、生态环境等领域入手，积极推进城市治理体系和治理能力现代化。

在数梦工场的支撑下，衢州"城市数据大脑"建设分为四个步骤：第一步是顶层设计。结合衢州实际情况，因地制宜，量体裁衣，规划设计具有衢州特色的"城市数据大脑"。第二步是平台搭建，构建"城市数据大脑"底层平台。第三步是数据治理，应用创新。在充分汇聚、治理各行业、各领域数据资源基础上，开发各类创新应用。第四步是智慧运营，产业引领，通过数据的融合创新，再反哺业务，推动数字产业化。

截至2019年12月，基于城市数据大脑，衢州汇聚了41个部门，303类数据，1400亿条数据总量，日增数据量达到2.4亿条。数据驱动衢州智慧城市建设，并在社会治理、交通等领域孵化了一批智慧应用。

在社会治理领域，通过全域感知体系建设，实时掌握衢州全城范围内人口、车辆、关系、事件等城市生命体征。针对重点人员、重点车辆、重点场所等进行大数据分析，全方位提高政府决策指挥能力。通过机器视觉智能分析平台，实时分析案件现场、智能串联案件关系、快速查找重点目标，在侦查破案、治安防控、应急处置、社会治理等方面发挥了重要作用。通过建立基层治理信息系统及协同平台，横向打通各部门基层专业信息系统，实现多渠道信息集中共享，实现了"收集研判、指挥调度、监管考核、共建共治共享"的建设目标。整合全市政务、公安、交通、环保等数据资源，训练流动人口管理、关系亲密度、吸毒指数、交通、环保分析等人工智能算法，给衢州"雪亮工程"安上"大脑"，在刑事案件侦查、不文明行为曝光、隐性吸毒人员排查、流动人口和出租房管理精准化等方面起到重要作用，改变了以往因图侦警力成本高导致案件侦破受阻搁置的情况。目前（截至2019年11月），"城市数据大脑"已累计协助破获侵财案36起，查找人员走失5起，曝光不文明现象近万次，曝光一个月后数量下降36%，分析疑似出租房2.3万户，召回率达96%，效率提升652%。

在智慧交通领域，以城市数据大脑2.0为技术支撑，衢州建立了"公交优先"系统，公交行程时间比以前平均节省超过15%的时间。通过数据智能技术，能够精准地计算出全市有多少在途车辆，道路的通行效率如何，道路拥堵情况如何，信号灯应该如何优化。

三、智慧政府概述

（一）主要内涵

智慧政府是指利用物联网、云计算、移动互联网、大数据、人工智能、知识管理等技术，提高政府办公、监管、服务、决策的智能化水平，形成高效、敏捷、便

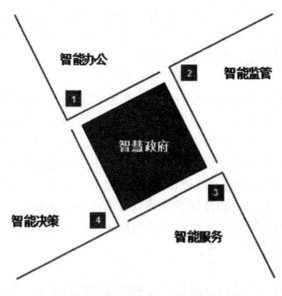

图 14-2　智慧政府的四个方面

民的新型政府。智慧政府是电子政务发展的高级阶段，是提高党的执政能力的重要手段。

与传统政府相比，智慧政府具有透彻感知、快速反应、主动服务、科学决策等特征。在智慧政府中，政府信息化建设模式将从"以政府部门为中心"向"以企业和居民为中心"转变，整合有关部门的信息资源，开展面向企业和居民的全生命周期管理和服务。

建设新型智慧城市的首要任务是建设智慧政府。"智慧政府"先行，带动智慧经济、智慧社会等其他领域的建设，是建设新型智慧城市的基本思路。

（二）总体架构

众所周知，政府的四大职能是经济调节、市场监管、社会管理和公共服务。智慧政府就是要实现上述职能的数字化、网络化、智能化、精细化。从政府工作内容来看，智慧政府内容包括智能办公、智能监管、智能服务、智能决策四个方面，如图 14-2 所示。

1. 智能办公

在智能办公方面，采用人工智能、知识管理、移动互联网等手段，将传统办公自动化（OA）系统改造成为智能办公系统。智能办公系统对公务员的办公行为有记忆功能，能够根据公务员的职责、偏好、使用频率等，对用户界面、系统功能等进行自动优化。智能办公系统有自动提醒功能，如待办件提醒、邮件提醒、会议通知提醒等，公务员不需要去查询就知道哪些事情需要处理。智能办公系统可以对待办事项根据重要程度、紧急程度等进行排序。智能办公系统具有移动办公功能，公务员随时随地可以进行办公。智能办公系统集成了政府知识库，使公务员方便查询政策法规、办事流程等，分享他人的工作经验。

2. 智能监管

在智能监管方面，智能化的监管系统可以实现对监管对象的自动感知、自动识别和自动跟踪。例如，在主要路口安装具有人脸识别功能的监视器，就能够自动识别在逃犯等；在服刑人员、嫌疑犯等身上植入生物芯片，就可以对他们进行追踪。智能化的监管系统可以对突发性事件进行自动报警、自动处置等。例如，利用物联网技术对山体形变进行监测，可以对滑坡进行预警；又如，当探测到火情后，建筑立即自动切断电源。智能化的监管系统可以自动比对企业数据，发现企业偷税、逃税等行为。智能化的移动执法系统可以根据执法人员的需求自动调取有关材料，生成罚单，方便执法人员执行公务。

3. 智能服务

在智能服务方面，能够自动感知、预测民众所需的服务，为民众提供个性化的服务。例如，如果某个市民想去某地，智能交通系统可以根据交通情况选择一条最优线路，并给市民实时导航。在斑马线安装传感器，当老人、残疾人或小孩过马路时，智能交通系统就能感知，适当延长红灯时间，保证这些人顺利通过。政府网站为民众提供场景式服务，引导民众办理有关事项。

4. 智能决策

在智能决策方面，采用数据仓库、数据挖掘、知识库系统等技术手段建立智能决策系统，该系统能够根据领导的需要自动生成统计报表，开发用于辅助政府领导干部决策的"仪表盘"系统，把经济运行情况、社会管理情况等形象地呈现在政府领导干部面前，使他们可以像开汽车一样驾驭所赋予的本地区、本部门职责。

四、智慧政府发展对策

发展智慧政府，要建设集中统一的政务云，大力发展移动电子政务，推进"数据大集中"，深化政府信息公开，选好切入点，大力培育和发展新一代信息技术产业。

（一）建设集中统一的政务云

云计算技术正好切合我国当前一些城市政府的"数据大集中""信息系统平台化"等实际需求。目前，许多城市的各个部门在电子政务建设方面各自为政，分别建有自己的机房，计算资源闲置的现象特别普遍。OA、人事管理软件、财务管理软件、后勤管理软件、网站管理软件等通用软件也是自行采购，造成标准不统一和不必要浪费。建议各市加快建设基于云计算的政府数据中心，推进政府部门机房大集中，实现软硬件统一采购、统一运维。建设基于云计算技术的政府网站群，形成以政府门户网站为主网站、各政府部门网站为子网站的政府网站群。推进政府 OA 系统等通用软件的 SaaS 化，建设政务云服务平台，进一步促进信息共享和业务协同。值得指出的是，政务云是推进电子政务集约化建设的重要手段，需要建立与之配套的电子政务管理体制机制。

（二）大力发展移动电子政务

目前，手机已超越台式计算机成为我国第一大上网终端，中国移动互联网正进入"井喷"发展阶段。与传统电子政务相比，移动电子政务使公务员摆脱了网线的束缚，实现随时、随地处理公务。人们通过移动智能终端随时、随地获取政府信息或电子化公共服务。为此，各市政府部门应对现有政务信息系统进行改造，增加移动数据通信接口；组织开发政府 App，把一些公共服务事项打包成 App，供企业或居民用户下载、使用。香港政府信息科技总监办公室新推出了"香港政府通知你"和"政府 App 站通"两个 App，值得大陆各个城市学习。通过"香港政府通知你"App，香港政府以第一时间向香港市民的智能手机发送重要或紧急的信息。"政府 App 站通"类似 App Store，供香港市民搜寻和下载政府部门发布的 App。

（三）推进"数据大集中"，深化政府信息公开。

随着信息化建设的深入，许多城市的政府部门积累了海量数据，迫切需要进行处理、分析和数据挖掘。利用大数据技术对政府海量数据进行管理和挖掘，是提高公共管理和公共服务智能化水平的重要手段。政府信息公开的范畴，不应只局限于政府工作动态、政策文件、办事指南等，还应公开政府部门掌握的数据（涉密的除外）。政府数据网站是一种新的政府信息公开方式，美国、英国、澳大利亚都开通了政府数据网站。因此建议有条件的城市应建设政府数据网站，进一步推进政府信息公开，促进社会各界对政府数据的开发利用。为了实现政府数据的规范、有序开放利用，建议全国人大制定一部旨在强化公民个人隐私和企业商业秘密保护的国家法，以避免政府、企业、公民数据被滥用。各政府部门应采取有效的信息安全保障措施，以避免发生涉密数据泄密事件。

（四）选好智慧政府建设的切入点

各市政府部门应根据实际需求选取智慧政府建设的切入点。例如，对于行政办公部门，可以选取智能办公系统、政府知识管理系统、政务智能（GI）系统、场景式服务网站等作为智慧政府的切入点。对于行政执法部门，可以选取智能视频监控系统、智能移动执法系统等作为智慧政府的切入点。对于信息化主管部门，可以选取智能市民卡、智能应急联动系统、智能食品安全监管系统等跨部门应用系统作为智慧政府的切入点。对于其他专业管理部门，可以根据自身职能实施"智慧工程"，建设智能化的信息系统，如智慧交通、智慧旅游、智慧教育、智慧医疗等。

（五）大力培育和发展新一代信息技术产业

　　智慧政府的关键技术是物联网、云计算、移动互联网、大数据等新一代信息技术。建设智慧政府应与培育和发展新一代信息技术产业相结合，使两者形成良性互动，实现"以用促业，以业促用"。鼓励 IT 企业积极研发实用的智慧政府产品和解决方案，参与智慧政府试点示范工程项目建设。通过举办展览、论坛、研讨会等活动，促进智慧政府产品和服务的供需对接。通过政府采购等手段对国产 IT 产品和服务提供商进行扶持，在同等条件下优先采购国产软硬件设备和信息化服务，逐步实现智慧政府的"全国产化"，提升政府信息安全自主可控水平。

第十五章　保障政府网络安全

　　网络安全是指通过采取必要措施，防范对网络的攻击、侵入、干扰、破坏和非法使用以及意外事故，使网络处于稳定可靠运行的状态，以及保障网络数据的完整性、保密性、可用性的能力。习近平总书记在中央网络安全和信息化领导小组第一次会议上指出，没有网络安全就没有国家安全。在互联网时代，采取有效措施，切实保障政府网络安全至关重要。

一、网络安全关系国家安全

　　网络安全包括意识形态安全、数据安全、技术安全、应用安全、资本安全、渠道安全和攻防安全等七个方面。网络安全既是国家安全的重要组成部分，又是国家安全的基石。网络安全关系到政治安全、经济安全、军事安全、核安全等方面的国家安全。

（一）政治安全

　　目前，互联网已经成为意识形态斗争的主战场。一些西方国家利用互联网对他国进行意识形态渗透和攻击，干涉别国内政，甚至颠覆他国政权。在许多国家和地区的颜色革命和街头政治中，互联网起到了推波助澜的作用。

　　颜色革命是指 21 世纪初期一系列以颜色命名的以和平的、非暴力方式进行的政权变更方式。近年来，东欧、中亚、中东、北非等地区出现了一系列颜色革命，如格鲁吉亚的玫瑰革命、乌克兰的橙色革命、吉尔吉斯斯坦的柠檬革命。在这些颜色革命中，以美国为首的西方势力利用互联网手段煽动当事国民众推翻政府。

　　美国不仅在国务院设立了网络民主行动办公室，协调 Facebook、Twitter，研制翻墙软件、绕道技术，还在全球秘密筹建影子网络系统，通过手提箱互联网、栅栏计划、边境手机等，全力推进所谓的民主化进程[①]。美国情报机构为了配合在全球范围内进行"非暴力政权更迭"策划的机构——"爱因斯坦研究所"的活动，针对年轻人利用互联网、手机的偏好，专门开发各种最新通信工具。美国兰德公司把这种战术称之为"蜂拥而至"，意指年轻人通过发送短信或互联网互相联系，蜂拥聚集在一起，听从更迭政权的命令。

　　自互联网在中国发展以来，以美国为首的西方国家一直通过互联网向中国渗透，传输西方的价值观和意识形态，影响网民的思想和行为。他们在网上对我国进行负面

---

① 参见马利：《互联网：治国理政新平台》，人民日报出版社 2012 年版，第 202 页

报道，对我国政府工作中的不足夸大其词、横加指责，坚持从西方价值观角度来解读我国政策；抓住"台独""港独""藏独"和"疆独"等问题，干涉我国内政；散布谣言，捏造事实，直接攻击我国的政治制度和中国共产党的执政理念。

互联网是一把"双刃剑"，它既强烈冲击着我党意识形态安全，又为加强和改进意识形态工作提供了难得的机遇和新的技术手段。因此，要坚持"趋利避害，为我所用"的方针，积极适应新形势，尽快掌握新技术、新业务，使互联网成为传播主流意识形态的重要渠道。

（二）经济安全

随着互联网的发展，越来越多的经济活动都在网上进行。互联网平台积累了大量数据，一旦泄露或被盗取，就会威胁到国家的经济安全。一旦受到黑客攻击，网络瘫痪，许多经济活动就无法正常开展。随着工业互联网的发展，病毒、木马等威胁正在向工业控制系统扩散，工业控制系统网络安全问题日益突出。

近年来，针对特定工业系统的攻击越来越多，并多与传统攻击手段结合，针对国家工业控制系统的攻击日益呈现出定向性特点。例如，恶意软件 Trisis 利用施耐德 Triconex 安全仪表控制系统零日漏洞，攻击了中东某石油天然气工厂，致其工厂停运。恶意软件 GreyEnergy 主要针对运行数据采集与监视控制系统（SCADA）软件和服务器的工业控制系统工作站，可进行后门访问、窃取文件、抓取屏幕截图、记录敲击键和窃取凭据等操作。2018 年，我国境内联网工业设备、系统、平台等遭受恶意嗅探、网络攻击的次数显著提高，虽未发生重大安全事件，但需提高警惕，引起重视。

我国工业、金融等领域大量采用欧美、日本等国的进口设备，如数控机床、ATM机等。这些进口设备大多都是数控的，可以通过远程控制。一旦发生战争，就可能造成我国工厂停工、金融系统瘫痪。例如，我国银行 ATM 机 70% 以上需要从日本、美国、德国等国进口，其中进口的银行 ATM 机中，90% 以上来自日本[①]。一旦中日发生冲突，我国金融系统将受到影响。

数据采集与监控（SCADA）、分布式控制系统（DCS）、过程控制系统（PCS）、可编程逻辑控制器（PLC）等工业控制系统广泛运用于工业、能源、交通、水利以及市政等领域，用于控制生产设备的运行。一旦工业控制系统出现安全漏洞，将对工业生产运行和国家经济安全造成重大隐患。2010 年发生的"震网"病毒事件，充分反映出工业控制系统网络安全面临着严峻的形势。

目前，我国工业控制系统信息安全管理工作中仍存在不少问题，主要是对工业控制系统网络安全问题重视不够，管理制度不健全，相关标准规范缺失，技术防护措施不到位，安全防护能力和应急处置能力不高等，威胁着工业生产安全和社会正常运转。

2011 年 9 月底，工业和信息化部信息安全协调司发出了《关于加强工业控制系统信息安全管理的通知》，明确了重点领域工业控制系统信息安全管理要求，提出建立工业控制系统安全测评检查和漏洞发布制度。

① 参见于萍：《银行业发展点亮金融机具业"钱途"》，《中国证券报》2011 年 12 月 2 日。

此外，中国许多互联网企业都有外资的身影，不少已经被外资控股。例如，百度的最大股东是美国的德丰杰风险投资公司（DFJ），阿里巴巴的最大股东是日本的软银公司。

国际垄断资本为绕开中国法律控制中国互联网企业专门发明了一种特殊的公司组织方式——VIE 架构，即采用非控股方式也就是协议控制方式。这使中国处于两难境地：把这些公司收归国有，由于这些公司的资产在海外，中国一分钱都得不到；如果不收归国有，中国财富将大量外流，而且越来越威胁到国家安全。

（三）核安全

核武器、核电站等核设施都包含一定数量的信息化装备。如果信息安全得不到保障，即便拥有核武器，核威慑也会失去作用。而核电站如果被病毒攻击、远程控制，造成核泄漏，后果也非常严重。

伊朗首都德黑兰以南 100 公里的布什尔核电站从 2007 年 9 月奠基动工之日起，就是由伊朗国防军参与保卫的机密地带。2010 年 7 月的一天，核电站里正在工作的 8000 台离心机突然出现故障，电脑数据大面积丢失，其中的上千台离心机被物理性损毁。侵犯者不是能行走的特工，也不是成群结队的士兵，而是被命名为"震网"（Stuxnet）的网络病毒。这种病毒可以悄无声息地潜伏和传播，并对特定的西门子工业电脑进行破坏。震网病毒导致伊朗纳坦兹铀浓缩工厂大约 1/5 的离心机报废，拖延了伊朗的核计划。

（四）军事安全

互联网引发了新军事变革，改变了战争形态。网络战成为新的战争形式，"网军"成为新的军事力量。随着越来越多的武器系统通过网络连接，战场信息通过网络传输，武器通过网络遥控。军事网络一旦被敌方突破并控制，必败无疑。

美军"电脑病毒武器计划"耗资 15 亿美元，其中一项任务是把"病毒源"固化在出口的计算机或电器中。一旦发生经济、外交、军事冲突，就远程激活"病毒源"，使敌方雷达失控，指挥失灵，甚至自相残杀[①]。

在第一次海湾战争期间，美国中央情报局获悉伊拉克从法国购得一批网络打印机，就派特工将一块固化病毒程序的芯片与某打印机中的芯片调了包，并且在空袭发起前，以遥控手段激活了病毒，使得伊拉克防空指挥中心主计算机系统瘫痪，战斗机无法正常起飞，结果让伊军陷入了极度的被动。

美军的"舒特"系统是网络空间和电磁空间一体化作战的典型手段。2007 年 9 月 6 日傍晚，以色列 18 架 F-16I 战斗机突破俄制"道尔 -M1"导弹防御系统，进入叙利亚纵深，成功轰炸了位于土叙边境的疑似核设施建筑，并原路返回，整个过程完全未被叙军防空系统发现。据分析，以军在此次行动中使用了美军的"舒特"系统，成功侵入叙军防空雷达网，"接管"其控制权，使之完全处于失效状态。

---

① 参见贾宗智：《聚焦网络战》，《解放军报》2000 年 4 月 12 日。

2008年8月8日,俄罗斯与格鲁吉亚发生武装冲突,俄军在越过格鲁吉亚边境的同时,展开了全面的"蜂群"式网络阻瘫攻击行动。除了俄军之外,俄罗斯网民均可从网站下载黑客软件,安装后点击"开始攻击"按钮即可加入"蜂群"进行攻击,大大增加了网络攻击的规模。大规模网络攻击导致格方电视、金融和交通等重要网络系统瘫痪,社会陷入混乱之中。急需的军用物资无法及时运抵指定位置,战争力被严重削弱[①]。

2011年3月25日,北约联军动用大量网络战武器,对利比亚实施了"无线网络入侵"作战计划。卡扎菲直接统领的第32和第9特种旅是北约联军网络渗透、攻击的关键部门。美国通过向接收天线发送数据串的方式侵入网络,利用嵌入式程序窃取了网络中的情报信息,并以系统管理员的身份接管整个网络,为北约空袭提供了准确信息,为指导反政府武装作战提供了依据,并干扰了卡扎菲政府的指挥和决策[②]。

一些军事领域的专家认为,网络战争在几秒钟甚至更短时间内造成的破坏作用不亚于核弹。2012年5月,一种名为"火焰"的计算机病毒攻击了伊朗等国家的许多计算机。这是迄今为止威力最大的网络炸弹,其威力是2010年网络炸弹"震网病毒"的20倍。

延伸阅读:棱镜门事件

2013年6月,前美国中央情报局(CIA)职员爱德华·斯诺登将两份绝密资料交给英国《卫报》和美国《华盛顿邮报》,并告之媒体何时发表。按照设定的计划,2013年6月5日,英国《卫报》披露:美国国家安全局(NSA)有一项代号为"棱镜"的秘密项目,要求电信巨头威瑞森公司必须每天上交数百万用户的通话记录。6月6日,美国《华盛顿邮报》披露,在过去6年间,美国国家安全局和联邦调查局通过进入思科、IBM、谷歌、高通、英特尔、苹果、甲骨文、微软、雅虎等公司的服务器,监控美国公民的电子邮件、聊天记录、视频及照片等秘密资料。美国舆论随之哗然,并引发了世界各国的关注。

棱镜计划(PRISM)是一项由美国国家安全局自2007年小布什时期起开始实施的绝密电子监听计划,该计划的正式名号为"US-984XN"。美国国家安全局通过互联网、通信网、企业服务器等多种渠道以及采用网络入侵手段,实施信息监听和收集,监听内容包括互联网元数据、互联网通信内容、社交网络资料、电话和短信息等多种数据类型,监控对象包括多国政要、外交系统、媒体网络、大型企业网络和国际组织等。仅2013年3月,美国国家安全局就在全球搜集了970亿条用户数据。德国总理默克尔、巴西总统迪尔玛·罗塞夫、墨西哥总统潘尼亚尼托等35个国家的政要被监听。20国集团首脑峰会、联合国总部等重要政治活动和机构都在美国的监视之中。

据斯诺登披露,从2009年起,美国国家安全局就入侵华为总部的服务器,寻找

---

① 参见张烨:《透视外军的网络攻击》,《解放军报》2011年10月25日。
② 参见苏进昌、王东华:《利比亚再成试验场 无线网络入侵开联军网战先河》,《中国青年报》2011年10月16日。

华为与中国军方之间联系的证据，监控华为高管的通信，收集华为产品信息，利用华为产品的安全漏洞入侵华为生产的网络设备，对相关用户进行监控。

二、网络安全问题的技术原因

目前，网络安全问题主要源于恶意程序、网络攻击、网络泄密、钓鱼网站等。网络安全问题对政府部门、企事业单位和个人都产生了严重的危害，亟待加强网络安全治理工作。

（一）恶意程序

恶意程序通常是指带有不良意图所编写的一段程序，主要包括计算机病毒、蠕虫、木马、僵尸网络等。近年来，不同类别的恶意程序之间的界限逐渐模糊，木马和僵尸程序成为黑客最常利用的攻击手段。

2003 年 8 月 11 日，一种名为"冲击波"（WORM_MSBlast.A）的电脑病毒从境外传入国内，短短几天内影响到全国绝大部分地区的用户。2006 年底，"熊猫烧香"病毒爆发，全国数百万台计算机遭到感染和破坏。2013 年，我国境内感染"飞客"蠕虫的主机 IP 数量月均超过 175 万个。

木马是以盗取用户个人信息和文件数据，甚至是以远程控制用户计算机为主要目的并尽可能隐藏自身的恶意程序。由于它像间谍一样潜入用户的电脑，与特洛伊战争中的"木马"战术十分相似，因而得名"木马"。按照功能分类，木马程序可进一步分为：盗号木马、网银木马、窃密木马、远程控制木马、流量劫持木马、下载者木马等类型木马。随着木马程序编写技术的发展和网络攻击技术的演进，一个木马程序往往同时包含上述多种功能。

僵尸网络是被黑客集中控制的计算机群，其核心特点是黑客能够通过一对多的命令与控制信道来操纵感染僵尸程序的主机执行相同的恶意行为，如可同时对某目标网站进行分布式拒绝服务攻击，或发送大量的垃圾邮件等。

2018 年，CNCERT 全年捕获计算机恶意程序样本数量超过 1 亿个，涉及计算机恶意程序家族 51 万余个。我国境内受计算机恶意程序攻击的 IP 地址约 5946 万个，约占我国 IP 总数的 17.5%。我国境内感染计算机恶意程序的主机数量约 655 万台。

（二）网络攻击

网络攻击是指利用网络存在的漏洞和安全缺陷对网络系统的硬件、软件及其系统中的数据进行的攻击。

网络攻击已经成为一种新的作战手段。目前，美国、日本等许多国家组建了网络攻击部队[1]。2013 年 3 月，在美韩军事演习期间，韩国多家广播电视台和银行遭受历史上最大规模的恶意代码攻击，导致这些重要机构网络系统瘫痪，引发韩国社会一片混乱。

---

[1]　参见柯江宁：《五角大楼已组建 13 支网络攻击部队》，《科技日报》2013 年 3 月 19 日。

近年来，我国域名系统遭受拒绝服务攻击（DDoS 攻击）的现象日益严重。2013 年 8 月 25 日，黑客为攻击一个以 .CN 结尾的网游私服网站，对我国 .CN 顶级域名系统发起大规模的拒绝服务攻击，导致大量政府网站、新浪微博等重要网站无法访问或访问缓慢。

2018 年，CNCERT 抽样监测发现我国境内峰值超过 10Gbps 的大流量分布式拒绝服务攻击事件数量平均每月超过 4000 起，超过 60% 的攻击事件为僵尸网络控制发起。

（三）网络泄密

互联网已成为泄密的主要渠道。根据全国人大内务司法委员会公布的调查数据，中国网络泄密占泄密事件的 70% 以上，且正呈高发态势。

2013 年 2 月，中国人寿的意外险代理商成都众宜康健科技有限公司网站发生信息泄露。外泄的客户保单多达 80 万页，涉及客户信息 79.227 万条。

2014 年 3 月，国内知名旅游网站——"携程网"被爆安全支付日志可遍历下载，导致大量用户银行卡信息泄露。

值得指出的是，目前许多手机 App 在安装的时候都要求允许此程序获取个人信息、读取、写入联系人数据，获取位置信息（包括粗略的手机定位信息和精确的 GPS 定位信息），接收短信，掌握手机网络通信情况（即访问互联网情况），修改或删除手机存储内容，更改手机音频设定，录音，拍摄照片和视频，读取手机状态，修改手机系统设定等。这是典型的霸王条款，应注意保护个人隐私，避免个人数据被滥用。

网络泄密影响金融业发展。随着互联网金融和移动支付的快速发展，互联网公司通过所运营的在线交易系统掌握了大量用户资金、真实身份、经济状况、消费习惯等个人信息，这些系统若出现安全问题，发生信息泄露，风险会随之传导至关联行业，产生连锁反应。

网络泄密成为收集军事情报的主要渠道。2005 年 11 月，美国中央情报局组建了"开源情报中心"，专门负责搜集其他国家在互联网上发布的军事信息。透过网上信息，结合已掌握情况，美军不仅能了解他国基本军事动态，还能获取武器装备数据、军事人员信息等机密信息。在美国国防部撰写的《中国军事与安全态势发展报告》中，有相当一部分信息来自中国军迷们在网上发布的信息。

（四）网络漏洞

网络漏洞是指网站、信息系统等存在安全漏洞。"漏洞"有两种，一种是编程过程中无意留下的，可以在系统升级时"查漏补缺"；另外一种则是预先蓄意设置，就是通常说的"后门"。"后门"通过预设密码或隐蔽通道获得用户通信模块的管理权，操控设备，泄露敏感信息。

2014 年 4 月 7 日，一个代号叫"心脏出血"的重大互联网安全漏洞被国外黑客曝光。这次发生漏洞的是国际著名安全协议 OpenSSL，目前世界上大概有 2/3 的网络服务器正在使用，包括购物、网银、社交、邮箱等。据统计，在 4 月 7 日、4 月 8 日两天时间，共计约 2 亿网民访问了存在漏洞的网站。他们登录服务器时显示的用户名、密码和信用卡等信息很有可能会被人盗取。

2014 年以来，国家信息安全漏洞共享平台（CNVD）收录安全漏洞数量年平均增长率为 15%。2018 年收录安全漏洞 14201 个，高危漏洞收录数量为 4898 个，占 34.5%；"零日"漏洞收录数量为高达 5381 个，占 37.9%，同比增长 39.6%。应用程序漏洞最多，占 57.8%。

（五）钓鱼网站

钓鱼网站就是模仿一个有固定用户群体，访问量较高，有潜在消费者的网站，通过这种方式来诱骗这类用户群体访问虚假的恶意钓鱼网站，窃取用户的账号密码或其他私人信息，从而窃取或欺诈用户资金来获取收益的一种恶意网站。

2018 年，CNCERT 自主监测发现约 5.3 万个针对我国境内网站的仿冒页面，页面数量较 2017 年增长了 7.2%。其中仿冒政务类网站数量明显上升，占比高达 25.2%。

在传统互联网的钓鱼网站之外，黑客还结合移动互联网，利用仿冒移动应用、移动互联网恶意程序、伪基站等多种手段，实施跨平台的钓鱼欺诈攻击，危害用户经济利益。例如，一些钓鱼网站在盗取用户银行账号和密码等信息时，还大量传播仿冒相应手机银行安全插件的恶意程序，劫持用户收到的短信验证码，从而使黑客进一步完成网银支付、转账等交易操作，牟取经济利益。

一些不法分子仿冒金融机构官方服务号码向周围用户发送钓鱼短信，致使一些大型银行被迫调整部分手机银行业务。或冒充基础电信企业客服电话或手机充值号码联系用户，实施充值诈骗。此类事件对金融、电信等相关行业的健康发展造成了不良影响。

（六）伪基站

伪基站一般由主机和笔记本电脑组成，通过短信群发器、短信发信机等相关设备能够搜取以其为中心、一定半径范围内的手机卡信息，通过伪装成运营商的基站，任意冒用他人手机号码强行向用户手机发送诈骗、广告推销等短信息。

犯罪嫌疑人通常将"伪基站"设备放置在汽车内，驾车缓慢行驶或将车停在特定区域，进行短信诈骗或广告推销。短信诈骗的形式主要有两种：一是嫌疑人在银行、商场等人流密集的地方，以各种汇款名义向一定范围内的手机发送诈骗短信；二是嫌疑人筛选出"尾数较好"的手机号，以这个号码的名义发送短信，在其亲朋好友、同事等熟人中实施定向诈骗。

利用伪基站设备实施违法犯罪是一种新型犯罪，涉及地域广、社会危害大，严重危害国家通讯安全，扰乱社会公共秩序，影响人民群众安全感。例如，2012 年 9–11 月，汪某团伙在深圳宝安机场利用一台伪基站设备发送机票广告短信，非法获取 62 万部手机信息，导致机场众多手机用户无法通话，造成区域手机通话业务量损失达 100 余万元。

2014 年以来，中央宣传部、中央网信办、最高人民法院、最高人民检察院、公安部、工业和信息化部、安全部、国家工商总局、国家质检总局等九部委在全国范围内开展了打击"伪基站"专项整治行动，严打非法生产、销售和使用"伪基站"设备的违法犯罪活动。公安部会同最高人民法院、最高人民检察院、安全部等专门出台了《关于依法办理非法生产销售使用"伪基站"设备案件的意见》。

三、国内外网络安全发展情况

（一）国外网络安全发展情况

1. 制定网络安全国家战略

目前，美国、英国、法国、德国、俄罗斯、澳大利亚、加拿大、韩国、新西兰等50多个国家都制定了网络安全战略。

2003年2月，美国政府发布了《保障网络空间安全的国家战略》（National Strategy To Secure Cyperspace），强调一旦有国家、恐怖组织或敌对势力通过网络攻击美国时，美国的反映无需再局限于犯罪起诉，而有权以适当方式反击。

2011年5月，美国白宫、国务院、国防部、国土安全部、司法部、商务部联合发布了《网络空间国际战略》。这是第一份明确表达主权国家在国际网络空间中的行动准则的文件。同年制定的《网络空间行动战略》提出从国家战略层面统一部署网络安全，全面提升在网络空间的行动力和控制力。

2013年2月，欧盟委员会发布了《欧盟网络安全战略：公开、可靠和安全的网络空间》。该文件由概论、战略优先和行动、角色与责任、结论与建议4个部分组成。"概论"部分介绍了战略出台的背景、动机及战略原则。"战略优先和行动"部分提出了战略优先发展项目和具体的网络安全建设行动方案。"角色与责任"部分阐释了欧盟、成员国与私营企业在网络安全中的角色和责任。"结论与建议"部分高度总结了战略目标、任务和行动举措，提出了实现战略构想的相关建议。

《欧盟网络安全战略》的目标是构建一个开放、自由和安全的网络空间，使欧盟及其成员国免于受到事故影响和人为蓄意破坏，有效地保护和促进公民的基本权利，将欧盟建设成一个世界上最安全的网络空间环境。《欧盟网络安全战略》确定了5项原则，即坚持欧盟核心价值，保护公民基本权利，全面开放，多元治理和责任共担。该战略还提出了五大任务：实现网络抗打击能力；大规模减少网络犯罪；在欧盟共同防务框架下制定网络防御政策，增强网络防御能力；发展网络安全相关产业和技术；加强政府、私营企业及公民之间在网络安全的多方合作。

2011年2月，德国政府发布了《网络安全战略》，提出德国联邦政府应重点保护关键信息基础设施，确保德国信息技术安全，加强网络安全领域机构和人才队伍建设等十大战略举措。2011年11月，英国政府发布了《网络安全战略》，提出建立更加可信和适应性更强的数字环境，以实现经济繁荣，保护国家安全及公众的生活所需；加强政府与私有部门的合作，共同创造安全的网络环境和良好的商业环境。

2016年，英国政府发布了其第二个国家网络安全五年战略，旨在将该国建成全世界开展网络商务最安全的地方之一。与其第一次战略相比，新战略将对网络安全的投入增加至原来的两倍。其主要目标包括提高英国应对网络攻击的弹性、增强稳定的网络空间以支持开放社会和为网络经商创建一个稳定、安全的空间。所有这些目标都与进一步发展电子政务和加强网络安全直接相连，并需要私营和公共部门的参与。

2009 年 11 月，澳大利亚政府发布了《信息安全战略》，详细描述了澳大利亚政府将如何保护经济组织、关键基础设施、政府机构、企业和家庭用户免受网络威胁，明确提出信息安全政策的目的是维护安全、恢复能力强和可信的电子运营环境，从而促进澳大利亚的国家安全并从数字经济中最大限度地获取收益。

2003 年 10 月，日本通产省制定了《日本信息安全综合战略》，提出建设"事故前提型社会系统"（确保高恢复力，最大限度减轻已发生伤害），强化公共对策以实现"高信赖性"，通过强化内阁的功能整体推进信息安全。2010 年 5 月，日本政府发布了《日本保护国民信息安全战略》，旨在保护日本民众日常生活正常运转不可或缺的关键基础设施的安全，降低民众在使用信息技术时所面临的风险。2013 年 6 月，日本政府发布了《日本网络安全战略》，提出了创建"领先世界的强大而有活力的网络空间"，实现"网络安全立国"的目标。

2. 重视网络安全立法工作

目前，美国、德国、英国、日本、印度、澳大利亚、新加坡、韩国等许多国家的立法部门或政府都制定了与网络安全有关的法律法规，以打击网络犯罪，保护网络用户特别是未成年人的权益。

美国是互联网的发源地，在网络安全领域的立法起步最早，数量最多，覆盖面最宽。近年来，由于担心网络攻击，美国国会加快了网络安全立法进程。据美国国会研究部统计，1984-2009 年，美国通过成法、含有网络安全相关条文的法律有 36 部。这些相关法律大致分为网络基础设施保护、网络泄密与数据保密、打击网络恐怖主义、网络色情等犯罪活动治理、惩治网络信息滥用与欺诈、网络知识产权保护等 6 类。2009-2012 年，美国国会提出涉及网络安全的法案、决议案 100 多件。2012 年，美国国会通过了《网络安全法案》。

总的来看，美国国会在网络安全立法方面的主要做法包括：明确网络安全定义，确定保护对象，界定犯罪行为；建立权责统一、层级分明、分工协作的执行体系和应急机制；完善网络安全的硬件和软件；加强信息和情报共享；加大研发投入，加强专业人才培养和交流；根据形势发展推出新的法律、整合修订旧的法律等。

1997 年，德国制定了《为信息与通讯服务确立基本规范的联邦法》。这是世界上第一部网络专门法，规定了网络服务提供商的责任，对未成年人保护作了明确规定。

2000 年，英国制定了《通信监控权法》，规定在法定程序条件下，为维护公众的通信自由和安全以及国家利益，可以动用皇家警察和网络警察。该法规定了对网上信息的监控。"为国家安全或为保护英国的经济利益"等目的，可截收某些信息，或强制性公开某些信息。2014 年 7 月，英国政府召开特别内阁会议，通过了《紧急通信与互联网数据保留法案》，允许警察和安全部门获得电信及互联网公司用户数据，以进一步打击犯罪与恐怖主义活动。

2014 年 11 月,日本国会众议院表决通过了《网络安全基本法》,规定电力、金融等重要社会基础设施运营商、网络相关企业、地方自治体等有义务配合网络安全相关举措或提供相关情报,旨在加强日本政府与民间在网络安全领域的协调和运用,更好应对网络攻击。

2000 年 5 月,印度政府内阁议会通过了《信息技术法》,已于 2000 年 8 月 15 日正式生效。该法的立法目的之一是规范电子商务活动,防范与打击针对计算机和网络犯罪。《信息技术法》规定未经许可侵入他人计算机、计算机系统和网络,私自下载他人计算机或系统中的数据信息,制造和散播计算机病毒等 8 类行为构成"破坏计算机和计算机系统"犯罪,一经查实,犯罪者的民事赔偿金额最高可达 1000 万卢比,篡改计算机源文件即故意隐瞒、销毁、破坏、更改计算机源代码的行为可判处 3 年监禁或多达 2 万卢比的罚款。印度设立"网络上诉法庭"用以专门受理计算机和互联网领域的争议案件。《信息技术法》详细规定了网络上诉法庭的人员组成、法庭组成、管辖范围、审理程序和权限。

此外,新加坡制定了《国内安全法》规定了互联网服务提供商的报告义务以及为了维护国家安全,国家机关拥有的调查权与执法权以及对网络内容进行管制。澳大利亚制定了《互联网审查法》,建立了互联网内容分级体系。韩国制定了《促进利用信息和通讯网络法》,规定由国家信息通信部负责推广和发展过滤软件,对未成年人有害的网络内容划分等级。

3. 健全网络安全组织机构

建立健全网络安全方面的组织机构,是许多国家保障网络安全的共同做法。例如,在美国,与网络安全相关的联邦政府部门包括商务部、国土安全部、国防部、司法部、国家安全局、联邦调查局、国家科学基金会、国家标准与技术研究院等。其中商务部下属的国家标准与技术研究院负责制订网络安全标准和指导原则,并通过白宫管理和预算办公室颁布实施。国土安全部、国家科学基金会、国家标准与技术研究院负责网络安全研发。司法部负责网络安全执法。国家安全局为国家安全设施网络安全的主管部门。国土安全部为民用设施网络安全的主管部门。国防部下属的网络司令部负责指挥网络作战。

2005 年,美国国家安全局接管了在圣安东尼奥市西部的索尼电脑芯片工厂。这家工厂的两栋主楼中的一座拨给了获取特定情报行动办公室(Office of Tailored Access Operations,TAO)。TAO 的主要职责是网络窃听和网络攻击。在过去十年里,该部门成功地进入到了 89 个国家的 258 个目标。TAO 的工作人员大多数都非常年轻。他们的工作就是闯入、操控和利用计算机网络,是官方的黑客。TAO 还负责拦截运送途中的物品以便在电子产品中植入后门。如果一个目标人物或机构订购了电脑或其他电子产品,TAO 可以将运送途中的物件转移到自己的秘密车间,打开包装把恶意程序加载到电脑或其他电子产品中,甚至把为情报部门提供后门通道的硬件成分装进去,所有后续步骤可以通过网络进行远程操作。

2009 年，美国政府设立了白宫网络安全协调官，专门负责政府部门间网络安全事务的协调，其工作重点包括建立对联邦信息系统的自动监控、制定统一的网络安全战略、建立联邦计算机事故反应制度以及加强政府与私营部门的合作等。

欧盟成立了欧洲网络与信息安全局（ENISA），负责收集和分析网络安全威胁，向欧盟和各成员国提供分析结果；促进欧盟和各个成员国之间的合作，提供相关咨询和帮助；协助欧盟开展国际合作等。2013 年 1 月，欧盟委员会在荷兰海牙成立欧洲网络犯罪中心，以应对欧洲日益增加的网络犯罪案件。

英国的网络安全管理机构包括国家网络安全办公室和网络安全行动中心等。其中国家网络安全办公室直接对首相负责，主要负责制定战略层面的网络战力量发展规划和网络安全行动纲要。网络安全行动中心隶属于国家通信情报总局，负责监控互联网和通信系统、维护民用网络系统，以及为军方网络战行动提供情报支援。

澳大利亚联邦政府具有保障网络安全职能的部门包括司法部、联邦警察局、安全情报局、国防部、财政和改革部、通信与媒体管理局、宽带通信和数字经济部等。其中宽带通信和数字经济部的主要职责包括：（1）以提升改善网上行为和习惯为切入点，协同互联网行业和社会提高对网络安全风险的关注。（2）协同互联网服务商提高用户的安全意识。（3）通过部门文件指导网络安全活动，确保与整个政府的信息安全政策目标一致。（4）通过国际合作来解决网络安全问题，确保宽带通信和数字经济部的国际活动与政府的整体目标一致。

2005 年 4 月，日本成立了隶属于信息技术安全局的"国家信息安全中心"。2013 年 5 月，通产省下属的日本控制系统安全中心（CSSC）在宫城县建立了"东北多贺城总部"，用以培训黑客维护工场、发电站等工业控制系统安全的技能。这个场所是日本首个实景网络攻击的模拟攻防场所，培训人员通过体验网络攻击，了解系统的弱点，从而掌握防御技能。2014 年，日本政府成立了以内阁官房长官为首的"网络安全战略本部"，协调各政府部门的网络安全对策，与日本国家安全保障会议、IT 综合战略本部等其他相关机构加强合作。2015 年，日本政府组建了网络安全中心。

4. 注重网络安全技术研发和人才培养

美国、英国等许多国家的政府非常重视网络安全技术和装备的研发、产业化以及网络安全专业人才的培养。

2002 年，美国国会通过的《网络安全研发法》赋予国家科学基金会和国家标准与技术研究院开展网络安全研究的职责。2003 年，美国政府发布了《保障网络空间安全的国家战略》，提出增加网络安全研究经费，加强高科技业者与联邦调查局等政府机构的联系。鼓励银行、公用事业等产业部门强化自身的网络安全标准。

2012 年 3 月，美国政府启动大数据研发计划，其中美国国防部负责一个名为"多尺度异常检测"（Anomaly Detection at Multiple Scales，ADAMS）的项目。该项目包括网络威胁检测（Cyber-Insider Threat，CINDER）计划和洞悉（Insight）计划。网络威胁检测计划的研究内容包括大规模数据集的异常检测和特征化，开发新的方法来检测军事计算机网络与网络间谍活动，收集现实世界环境中各种数据线索，检测内部威胁以及在日常网络环境中的异常活动。洞悉计划主要针对现有情报、监视和侦察系统中的不足，进行自动化和人机集成推理，使其能够提前对更大规模的即时潜在威胁进行分析。

2012年9月，美国政府制定了"NICE战略计划"，明确提出对普通公众、在校学生、网络安全专业人员三类群体进行教育和培训，以提高全民网络安全的风险意识、扩充网络安全人才储备、培养具有全球竞争力的网络安全专业队伍。

2014年12月，奥巴马总统签署了《2014年网络安全加强法案》，要求白宫国家科技委员会（NSTC）利用其网络和信息技术研发（NITRD）项目制定一项网络安全研发战略规划，利用风险评估来指导联邦政府资助网络安全研发的方向。2016年2月，美国白宫国家科技委员会（NSTC）网络和信息技术研发分委会发布了《网络安全研发战略规划》，确定了网络安全研发的六个关键：科学基础、强调风险管理、人的因素、研究成果转化、人员开发和加强研究的基础设施。

美国政府重视发挥大学和智库的作用。目前，美国许多大学都设有与网络安全有关的学院和研究机构，如乔治敦大学的计算机信息安全研究所、海军研究生院的信息系统安全学习和研究中心、卡内基国际和平研究所的信息革命与国际关系研究项目等。麻省理工学院、卡内基－梅隆大学等大学开设了网络安全专业。

英国政府重视网络安全人才培养。2014年，英国情报机构政府通讯总部授权牛津大学、伦敦大学、兰卡斯特大学等六所英国大学提供训练未来网络安全专家的硕士文凭。2015年，英国还推出了"网络安全学徒计划"，鼓励年轻人加入网络安全事业。

在日本，东京大学、早稻田大学等大学都设有网络安全专业。日本还有专门培养网络安全人才的私立大学，如日本网络安全大学。从2007年起，文部科学省开展了"研究与实践结合培养高级网络安全人才项目"，3所大学和11家企业联合开展网络安全人才教育培训，并建立了网络安全优秀人才认证制度。

5. 对关键基础设施进行安全保护

美国政府高度重视关键基础设施的安全保护。2013年，美国第21号总统令确定了16类关键基础设施：化学、商业设施、通讯、关键制造、水利、国防工业基地、应急服务、能源、金融服务、食品和农业、政府设施、医疗保健和公共卫生、信息技术、核反应堆、材料和废弃物、运输系统、水及污水处理系统。

2010年出台的《国家网络基础设施保护法案》规定，国会应在网络基础设施保护领域设置"安全线"，以保障美国的网络基础设施安全，并在政府和私营部门之间建立起网络防御联盟的伙伴关系，促进私营部门和政府之间关于网络威胁和最新技术信息的信息共享。授权国土安全部对政府机构的信息系统进行维护监管，规定总统可宣布进入网络紧急状态，并强制私营业主对关键信息系统采取补救措施，以保护国家利益。

美国总统奥巴马曾签署行政命令，强调提高关键性基础设施网络安全，要求美国政府与运营关键基础设施的合作伙伴加强信息共享，共同建立和发展一个推动网络安全的实践框架。行政命令要求联邦机构"及时"向运营商提供非保密的网络威胁信息。

6. 把网络战部队作为新军事力量

目前，美国、英国、法国、日本、韩国、俄罗斯、印度等许多国家都成立了网络战部队，成为新的国家军事力量，负责网络空间的进攻和防御。

2003 年以来，美国在研制网络攻击武器方面大幅增加资金投入。2008 年初，美国总统小布什赋予国防部更大的网络战反制权，允许美军主动发起网络攻击。要求美军具备进入任何远距离公开或封闭的计算机网络的能力，然后潜伏在那里，保持"完全隐蔽"，并"悄悄窃取信息"，最终欺骗、拒绝、瓦解对方系统，兵不血刃地破坏敌方的指挥控制、情报信息和防空等军用网络系统，甚至可以悄无声息地破坏、控制敌方的商务、政务等民用网络系统。

2011 年，美国防部发布了美军网络空间行动战略。该战略包括五大行动计划：将网络空间列为与陆、海、空、太空并列的"行动领域"，国防部以此为基础对美军进行组织、培训和装备；变被动防御为主动防御，从而更加有效地阻止、击败针对美军网络系统的入侵和其他敌对行为；加强国防部与其他政府部门及私人部门的合作，在保护军事网络安全的同时，加强电网、运输系统等重要基础设施的网络安全防护；加强与美国的盟友及伙伴在网络空间领域的国际合作；重视高科技人才队伍建设并提升技术创新能力。

英国国防部成立了网络作战集团，主要负责英军网络战相关训练与行动规划，并协调军地技术专家对军事网络目标进行安全防护。2013 年度法国《国防与国家安全白皮书》明确网络防御力量是法国除陆、海、空军之外的第四支军队。目前，法国正在筹划一个网络防御行动链，由法国国防参谋长联合军种办公室的行动规划和指挥中心进行监督，并决定在 2019 年前为网络安全、防御和研发投入 10 亿欧元。

日本防卫厅已组建了一支由陆海空自卫队计算机专家组成的 5000 人左右的网络战部队，其主要任务包括：防止黑客和病毒对日军网络的入侵，研制开发可破坏其他国家网络系统的跨国性"网络武器"，负责自卫队计算机网络系统的防护、清除病毒、修复程序，研究网络战有关战术等。

2010 年，韩国成立网络司令部，主要负责网络战的筹划、实施、部队训练和技术研发等工作。网络司令部下设国防网络指挥控制中心，主要任务包括网络防护、网络心理战、网络情报收集等，用以应对全军网络威胁。韩军积极倡导军地合作，与韩国大学合作创办了网络防御学校，招募了一大批具备实战经验的民间黑客。此外，韩军每年组织与参与的"太极"军演、"关键决心""乙支自由卫士"联合军演，均把网络战作为重要内容。

在金砖国家中，俄罗斯建立了特种信息部队，负责实施网络信息战攻防行动。印度斥资 30 亿美元建设国家网络战司令部，并设立了体系化的网络安全分部，组建了 1.5 万人的网络战部队。

（二）保障我国网络安全对策

第一，掌握芯片、操作系统、数据库管理系统等核心技术并实现大规模商用。如果不掌握核心技术，就没有网络安全可言。信息化建设越深入，网络安全隐患越大。

从 2014 年起,芯片已经超过石油成为我国第一大进口商品。党政机关、企事业单位和个人的电脑几乎全部使用国外操作系统。许多重要信息系统的数据库也都采用国外产品。许多国外软硬件产品都留有后门。我国虽然已经拥有自主知识产权的芯片、操作系统、数据库管理系统,但许多还停留在实验室或小范围应用,而且功能、性能与国外同类产品存在不少差距。虽然投入了大量科研经费,但力量分散,没有形成"拳头"。为此,必须借鉴"两弹一星"的成功经验,发扬航天精神,建立新型举国机制,集中力量,在短时间内突破上述核心技术,并通过政府采购、市场化引导等方式实现大规模商用,筑牢网络安全防线。

第二,加强互联网治理,做好网络安全管理和防护工作。组织开展互联网法律法规清理工作,完善互联网法律法规体系,依法依规对互联网进行治理。许多法律法规在制定时没有考虑到互联网方面的新情况、新要求,已经与互联网时代不相适应,需要进行修订甚至废止。随着"互联网+"、大数据、分享经济等新业态的发展,需要及时制定新的法律法规、修订原来的法律法规,既要满足培育新动能的要求,又要依法打击新型网络违法犯罪活动。健全网络安全管理制度,提高网络安全保障水平。强化对关键信息基础设施的防护,做好网络安全风险评估、等级保护、预警监测、应急管理等方面的工作,实现全天候全方位感知和有效防护。采用先进技术和管理制度,确保大数据安全。

第三,壮大网络安全人才队伍,培育网络安全产业。许多网络安全问题都是人引起的,需要人去解决。支持高校成立网络安全相关院系,设置网络安全相关专业,开设网络安全相关课程,培养网络安全人才。有关单位在引进网络安全优秀人才时,要打破毕业院校、学历、专业、年龄、户口等限制,要"英雄不问出处",唯才是举,聚天下英才而用之。对于有天赋的黑客,要加强教育和激励,引导他们为国家做贡献。把网络安全纳入干部培训教学内容,提高领导干部的网络安全意识。保障我国网络安全,需要网络安全产业的支撑。通过政策倾斜、资金支持、政府采购等方式,让那些研发能力强、产品质量好、经营规范的网络安全民族企业做大做强。组建网络安全产业联盟,使网络安全企业抱团发展。建设一批网络安全产业园区或基地,促进网络安全产业集聚发展,完善网络安全产业链。

四、新一代信息技术应用带来的网络安全问题

众所周知,技术是把"双刃剑"。物联网、云计算、移动互联网、大数据等新一代信息技术在改变信息化建设方式、促进应用创新等的同时,也带来了许多网络安全问题。

(一)物联网

物联网给网络安全带来的最大问题就是安全从虚拟世界向现实世界扩散,并且可能出现"网络杀人"犯罪行为。随着物联网的发展,越来越多的设备接入互联网,网

络安全问题正逐渐蔓延到人类社会的各个角落。一些被黑客入侵、控制的医疗设备可能变成"杀人机器"，如心脏起搏器、胰岛素泵等。

随着物联网家电的出现，如果被黑客入侵并控制，微波炉、冰箱、热水器等家电也可能威胁人身安全。车联网、智能汽车方便了司机，但如果具有自动驾驶功能的汽车被黑客远程操控，后果不堪设想。特斯拉是典型的智能汽车。2014 年上半年，国内某网络安全团队的极客们公开展示了如何通过一台笔记本电脑远程打开特斯拉汽车的天窗，并且可以随意控制特斯拉起草的灯光与喇叭。

欧洲刑警组织认为，随着物联网安全漏洞的出现，黑客攻击正变得不可避免。由于恶意软件的侵袭，美国 300 多台用于分析高危妊娠孕妇的设备运行速度已经放缓。美国前副总统迪克·切尼的植入式心脏除颤器由于担心被黑客入侵，禁用了无线网络连接功能。

（二）云计算

云计算给网络安全带来的最大问题就是网络安全问题从分散向集中转变，影响由局部向全局转变。以前网络信息系统是分散部署的，一个网络信息系统被黑客攻击，只影响这个系统的用户。如果把许多网络信息系统都部署在一个云计算平台上，一旦云计算平台被黑客攻击或被计算机病毒感染，就会影响该平台的所有用户。

俗话说，把所有鸡蛋放在一个篮子是很危险的。何况这个篮子还是外国造的（这里打个比方，指目前国内绝大多数云计算中心、云计算平台采用的都是国外厂商的服务器、存储设备、网络设备等）。

在 2011 年索尼在线游戏平台——玩站网络（Play Station Network，PSN）信息泄露事件中，7700 万个用户的账户个人信息遭黑客窃取，引发了人们对云计算安全的担忧。该事件造成奥地利、德国、荷兰和西班牙的 1.07 万张借记卡记录失窃以及 1.27 万张非美国信用卡或借记卡号码被盗。之所以千万级的个人信息一下子被黑客窃取，就是因为这些信息都存储在索尼的云平台中。

根据 CNCERT 监测数据，虽然国内主流云平台使用的 IP 地址数量仅占我国境内全部 IP 地址数量的 7.7%，但云平台已成为发生网络攻击的重灾区，在各类型网络安全事件数量中，云平台上的 DDoS 攻击次数、被植入后门的网站数量、被篡改网站数量均占比超过 50%。同时，国内主流云平台上承载的恶意程序种类数量占境内互联网上承载的恶意程序种类数量的 53.7%，木马和僵尸网络恶意程序控制端 IP 地址数量占境内全部恶意程序控制端 IP 地址数量的 59%，表明攻击者经常利用云平台来发起网络攻击。云平台之所以成为网络攻击的重要目标是因为大量系统部署到云上，涉及国计民生、企业运营的数据和用户个人信息，成为攻击者攫取经济利益的目标。从云平台上发出的攻击增多是因为云服务使用存在便捷性、可靠性、低成本、高带宽和高性能等特性，且云网络流量的复杂性有利于攻击者隐藏真实身份，攻击者更多的利用云平台设备作为跳板机或控制端发起网络攻击。此外，云平台用户对其部署在云平台上系统的网络安全防护重视不足，导致其系统可能面临更大的网络安全风险。

在云计算时代，网络安全的主要责任在云计算服务提供商。因此，必须尽快制定相关法律法规，对云计算服务提供商的责任、云计算服务质量和安全保障做出明确规定。云计算服务提供商应提供基础性的网络安全防护措施并保障云平台安全运行，全面提高云平台的安全性和可控性。

（三）移动互联网

近年来，我国移动互联网恶意程序数量继续大幅增长，恶意程序的制作、发布、预装、传播等初步形成一条完整的利益链条，亟须有关政府部门加强监管，加大惩处力度。

2018年，通过自主捕获和厂商交换获得移动互联网恶意程序数量283万余个，排名前三的分别为流氓行为类、资费消耗类和信息窃取类，占比分别为45.8%、24.3%和14.9%。

（四）大数据

大数据给网络安全带来的最大问题就是数据泄露，个人隐私被侵犯。在大数据时代，网络泄密事件越来越多，造成的经济损失也越来越大。

根据美国非营利性组织开放安全基金会和威胁情报咨询公司RBS联合发布的研究报告，2013年全球共发生2164起数据泄露事件，超过8.22亿条记录被曝光，是2011年的两倍。

2018年Facebook信息泄露事件让我们重新审视个人信息和重要数据的泄露可能引发的危害，信息泄露不仅侵犯网民个人利益，甚至可能对国家政治安全造成影响。2018年我国境内发生了多起个人信息和重要数据泄露事件，犯罪分子利用大数据等技术手段，整合获得的各类数据，可形成对用户的多维度精准画像，所产生的危害将更为严重。

（五）区块链

近年来，区块链技术受到国内外广泛关注并快速应用，从数字货币到智能合约，逐步向文化娱乐、社会管理、物联网等多个领域延伸。随着区块链应用的范围和深度逐渐扩大，数字货币被盗、智能合约、钱包和挖矿软件漏洞等安全问题将会更加凸显。

2018年3月，虚拟数字货币交易平台"币安"遭攻击。攻击者盗取用户在该平台的交易接口密钥，通过自动化交易大幅拉升"维尔币（VIA）"的价格。攻击者提前在币安埋下VIA的高价卖单，利用其巨额涨幅获取暴利。同时黑客通过散播攻击的消息，导致短时间市场出现恐慌，市场价格大幅下跌，黑客也可在其他交易平台通过瞬时做空的形式获利；这种攻击方式通过盗取用户信息恶意操纵行情变化获利，方式新颖，防范难度大。

五、政府安全基础设施

（一）电子政务网络信任体系

电子政务网络信任体系包括公钥基础设施（Public Key Infrastructure，PKI）、授权管理基础设施（Privilege Management Infrastructure，PMI）和密钥管理基础设施（Key Management Infrastructure，KMI）。

1.公钥基础设施

PKI 采用证书管理公钥，通过证书认证中心 （Certificate Authority，CA），把用户的公钥和用户的其他标识信息（如姓名、E-mail、身份证号等）捆绑在一起，在互联网上验证用户的身份。

在 PKI 中，加密密钥与解密密钥各不相同，发送信息的人利用接收者的公钥发送加密信息，接收者再利用自己专有的私钥进行解密。这种方式既能保证信息的机密性，又能保证信息具有不可抵赖性。目前，PKI 已广泛用于 CA 认证、电子签名和密钥交换等领域。

PKI 由公钥密码技术、数字证书、CA 认证中心和公钥安全策略等组成。数字证书是一个经证书授权中心数字签名的、包含公钥拥有者信息和公钥的文件。最简单的证书包含一个公钥、名称以及证书授权中心的数字签名。一般情况下，证书中还包括密钥的有效时间、发证机关（证书授权中心）的名称、该证书的序列号等信息，证书的格式遵循 ITUT X.509 国际标准。

CA 认证中心是 PKI 的核心机构，负责验证并标识证书申请者的身份，对证书申请者的信用度、申请证书的目的、身份的真实性等问题进行审查，确保证书与身份绑定的正确性，确保 CA 用于签名证书的非对称密钥的质量和安全性，确保证书主体标识的唯一性，确保不使用过期或已作废的证书，监视已签发证书的使用过程，以便在发生争端时提供依据。概括地说，CA 认证中心的职责包括证书发放、证书更新、证书撤销和证书验证。

在电子政务领域，信息安全保证包括身份标识和认证、保密或隐私、数据完整性和不可否认性。采用建立在 PKI 基础之上的数字证书，通过把要传输的数字信息进行加密和签名，就可以保证信息传输的机密性、真实性、完整性和不可否认性，从而保证信息的安全传输。

2.授权管理基础设施

PMI 负责权限和证书的产生、管理、存储、分发和撤销等。PKI 与 PMI 的主要区别在于：PKI 证明用户是谁，而 PMI 证明这个用户有什么权限，能干什么。PMI 需要 PKI 为其提供身份认证。

PMI 技术通过数字证书机制来管理用户的授权信息，并将授权管理功能从传统的应用系统中分离出来，以独立的方式面向应用系统提供授权管理服务。与传统应用捆绑的授权管理模式相比，基于 PMI 的授权管理模式具有管理灵活性、授权操作与业务操作分离、对多授权模型的灵活支持等三个方面的优势。

3.密钥管理基础设施

KMI 提供统一的密钥管理服务，包括密钥生成服务器、密钥数据库服务器和密钥服务管理器等。

我国要加快建设跨地区、跨行业、跨部门的电子认证体系，为开展电子政务信息共享和业务协同奠定信息安全方面的基础。

(二) 电子政务灾难备份系统

随着电子政务建设的不断深入，特别是汶川大地震发生后，各级政府部门提高了对灾难备份系统建设的重视程度。《中华人民共和国网络安全法》第34条明确规定，关键信息基础设施的运营者应当对重要系统和数据库进行容灾备份。

灾难备份是指利用技术、管理手段以及相关资源，确保已有的关键数据和关键业务在灾难发生后，在确定的时间内可以恢复和继续运营的过程。

灾难备份系统一般由数据备份系统、备份数据处理系统、备份通信网络系统和灾难恢复计划组成。

1. 数据备份系统

数据备份是指通过一定的数据备份技术，在灾难备份中心保留一份完整的可供灾难恢复的数据。数据备份系统是灾难备份系统的基础，包括备份设备、备份软件、备份网络等。

2. 备份数据处理系统

备份数据处理系统是指在灾难备份中心配置的供灾难恢复使用的主机系统、存储系统、网络系统、应用软件。备份数据处理系统所需要达到的处理能力和范围应综合恢复目标及成本效益等因素，选择合适的产品来实现。在建立备份数据处理系统时可采用跨平台、系统集成及虚拟主机等技术来实现资源共享，达到低成本、高效益。

3. 备份通信网络系统

根据灾难恢复目标的要求，选择合适的通信技术与产品建立备份通信网络系统，提供安全快速的网络切换方案，保证灾难恢复和业务渠道对外服务的需要。

4. 灾难恢复计划

灾难恢复计划是为了规范灾难恢复流程，使组织机构在灾难发生后能够快速地恢复业务处理系统运行和业务动作；同时可以根据灾难恢复计划对其灾难备份中心的灾难恢复能力进行测试。灾难恢复计划应包含以下内容：灾难恢复目标、灾难恢复流程、灾难恢复队伍及联络清单、灾难恢复所需各类文档和手册等。

参考文献

[1] 高小平 . 政府管理与服务方式创新 [M]. 中国建筑工业出版社 ,2008.

[2] 戴维·奥斯本 , 特德·盖布勒 . 改革政府 : 企业家精神如何改革着公共部门 [M]. 上海译文出版社 ,2006.

[3] 珍妮特·V·登哈特 , 罗伯特·B·登哈特 . 新公共服务 : 服务 , 而不是掌舵 [M]. 中国人民大学出版社 ,2004.

[4] 拉塞尔·林登 . 无缝隙政府 : 公共部门再造指南 [M]. 中国人民大学出版社 ,2002.

[5] 达雷尔·韦斯特 . 数字政府 : 技术与公共领域绩效 [M]. 科学出版社 ,2011.

[6] 简·芳汀 . 构建虚拟政府 : 信息技术与制度创新 [M]. 中国人民大学出版社 ,2004.

[7] 金江军 , 郭英楼 . 互联网时代的国家治理 . 中共党史出版社 ,2016.

[8] 金江军 , 郭英楼 . 智慧城市 : 大数据、互联网时代的城市治理 (第 4 版). 电子工业出版社 ,2017.

[9] 金江军 . 电子政务理论与方法 (第四版). 中国人民大学出版社 ,2017.

[10] 金江军 . 互联网时代的新型政府 . 中共党史出版社 ,2017.

[11] 金江军 . 大数据党政领导干部一本通 . 中信出版社 ,2018.

[12] 金江军 . 领导干部的互联网思维 . 党建读物出版社 ,2018.

[13] 高新民 . 信息化发展大趋势 : 融合、整合、渗透 [J]. 信息化建设 ,2010(12).

[14] 孙迎春 . 现代政府治理新趋势 : 整体政府跨界协同治理 [J]. 中国发展观察 ,2014(09).

[15] 唐兴霖 . 论中国公共组织改革的官僚理性基础 [J]. 上海交通大学学报 (哲学社会科学版),2007,15(04).

[16] 杨丽萍 . 数据多跑腿 百姓少跑路——深圳推进 "织网工程" 探索城市治理新路径 [N]. 深圳特区报 ,2016-04-27.

[17] 曲成义 . 大力推进电子政务公共服务建设 [J]. 信息系统工程 ,2010(07).

[18] 念灿华 . 全球政府数字化转型启示与借鉴 . 数字中国建设通讯 .2018(2).

[19] 曾维和 . 当代西方 "整体政府" 改革 : 组织创新及方法 [J]. 上海交通大学学报 (哲学社会科学版),2008,16(05).

[20] 孙宇 . 构建面向公共服务的电子政务体系 : 理论逻辑和实践指向 [J]. 中国行政管理 ,2010(11).

[21] 孙巡 . 扬州在全国率先试点人口基础信息共建共享制 [N]. 新华日报 ,2006-04-25.

[22] 骆明 . 贵阳市社会治理大数据云平台启动建设 [N]. 贵阳日报 ,2015-06-25.

[23] 张立荣 , 曾维和 . 当代西方整体政府公共服务模式及其借鉴 [J]. 中国行政管理 ,2008(07).

[24] 中国行政管理学会课题组 . 以电子政务创新推进行政改革和政府管理创新 [J]. 中国行政管理 ,2011(11).

[25] 李宇 . 电子政务信息整合与共享的制约因素及对策研究 [J]. 中国行政管理 ,2009(04).

[26] 王丛霞 , 方洁 .Web 2.0 在电子政务中的应用领域及其问题研究 [J]. 图书馆理论与实践 ,2010(2).

[27] 金湘军 . 国外电子政务与政府管理创新研究概述 [J]. 国外理论动态 ,2010(05) .

[28] 王山琪 . 德国电子政府建设基本情况与主要特点 [J]. 通信管理与技术 ,2010-08-13.

[29] 陈士俊 , 柏高原 . 瑞典电子政务的发展对我国的启示 [J]. 电子政务 ,2010(09).

[30] 丁芸 . 电子政务在建构服务型政府中的作用和价值 [J]. 科技经济市场 ,2010(06).

[31] 戴昌桥 . 美国电子政务建设模式探析 [J]. 中国行政管理 ,2010(06).

[32] 张伟 . 探析当代政府再造运动 [J]. 中国党政干部论坛 ,2006(10).

[33] 谢力民 . 解析电子政务顶层设计 [N]. 国门时报 e 周刊 ,2005-08-22.

[34] 杨如年 . 以 "两手抓" 突破 "共享与协同" 瓶颈 [J]. 信息化建设 ,2010(12).

[35] 霍小军 .SaaS 模式在电子政务中的应用初探 [J]. 电子政务 ,2008(1).

[36] 王艳 . 电子政务助力公共服务型政府建设 [J]. 世纪桥·理论版 ,2009(7).

[37] 张锐昕 , 杨国栋 . 网络时代西方国家政府职能转变:动因、对策及启示 [J]. 兰州大学学报 (社会科学版),2007(03).

[38] 王亚宏 . 英国电子政务:以公众为中心 [J]. 信息系统工程 ,2011(07).

[39] 曾宇航 . 新公共管理语境下的中美地方电子政务理念解读 [J]. 中国管理信息化 ,2010(16).

[40] 李传军 . "整体政府" 视角下的电子政务建设 [J]. 学习论坛 ,2011-04-15.

[41] 李传军 . 领导干部亟须适应电子政务与网络民主 [J]. 领导科学 ,2010(12).

[42] 陈亚辉 . 整体政府视野下行政服务中心与电子政务协同发展研究 [J]. 电子政务 ,2015(04).

[43] 王天乐 , 施晓慧 . 新加坡推出 "智慧国家 2025" 计划 [N]. 人民日报 ,2014-08-19.

[44] 翟云 . 我国电子政务发展面临问题及其症结分析——以 2014 年电子政务省部调研数据为例 [J]. 中国行政管理 ,2015(08).

[45] 刘岩 . 构建服务型政府视角下的电子政务研究 [J]. 信息化建设 ,2015(10).

[46] 董蕙亚 . 新一代政府数据中心的探索与实践 [J]. 信息化建设 ,2010(6):49-51.

[47] 谭静 , 冯琳 , 郑中华 . 新公共管理与新公共服务理论比较 [J]. 学习月刊 ,2009(4).

[48] 王柏华 . 技术创新推动电子政务管理创新 [J]. 行政管理改革 ,2010(09).

[49] 赵红卫 . 论 "网络问政" 及其良性发展的路径选择 [J]. 法制与社会 ,2010(15).

[50] 王克照 . 中国电子政务 2.0 时代的到来 [J]. 信息化建设 ,2011(02).

[51] 姚国章 , 林萍 . 加拿大电子政务发展解析 [J]. 信息系统工程 ,2010(04).

[52] 董伟俊 , 赵一九 . 关于电子政务促进服务型政府建设的调查研究 [J]. 电子政务 ,2010(Z1).

[53] 周骁骏 , 童政 . 广西低保核对大数据平台实现精准救助 [N]. 经济日报 ,2016-06-22.

[54] 徐瑞哲 . 上海率先实行政府大数据资源开放 免费供全民共享 [N]. 解放日报 ,2014-05-15.

[55] 李卫玲 . 金税二期成效显著 扭转虚开增值税猖獗局面 [N]. 国际金融报 ,2003-02-19.

[56] 杨富 . 成都海关推出 "互联网 +" 通关模式 通关省时又省钱 [N]. 成都日报 ,2015-05-22.

[57] 孙中杰 , 宋晓霞 . 运用 "互联网 +" 创新质量监管 [N]. 中国质量报 ,2015-07-21.

[58] 刘子阳 . 中国 2014 年解救 4.3 万被拐妇女儿童 人贩被迫收手 [N]. 法制日报 ,2015-02-16.

[59] 周骁骏 , 童政 . 广西低保核对大数据平台实现精准救助 [N]. 经济日报 ,2016-06-22.

[60] 潘从武 . 不得利用互联网传播宗教极端思想 [N]. 法制日报 ,2014-12-13.

[61] 梁士斌 . "互联网 + 信访" 让堂前击鼓变网上传书 [N]. 法制日报 ,2015-07-25.

[62] 朱虹 . 天津整合政府服务热线：市民遇到麻烦事 只需拨打一个号 [N]. 人民日报 ,2015-05-20.

[63] 叶丹 . 广东全省上线微信城市服务 首创粤通卡空中充值 [N]. 南方日报 ,2015-09-13.

[64] 杨丽萍 . 数据多跑腿 百姓少跑路——深圳推进 "织网工程" 探索城市治理新路径 [N]. 深圳特区报 ,2016-04-27.

[65] 徐丽莉 . 互联网能否与环保互联？ [N]. 中国环境报 ,2015-03-09.

[66] 童思娜 . 南海发布污染源阳光地图 [N]. 南方都市报 ,2015-08-04.

[67] 史春 . "互联网 +" 给绿色生态带来什么？[N]. 中国环境报 ,2015-07-17.

[68] 张小玲 . 深圳利用 "互联网 +" 和大数据理念开展 "织网工程" [N]. 南方都市报 ,2015-04-27.

[69] 许宪春 . 大数据，政府统计的机遇与挑战 [N]. 中国科学报 ,2015-10-08.

[70] 杨峰 , 陈新武 . 统计的 "互联网 +"——福建 "正统网" 成为统计工作创新平台 [N]. 中国信息报 ,2015-10-13.

[71] 张晓 , 鲍静 . 数字政府即平台：英国政府数字化转型战略研究及其启示 [J]. 中国行政管理 ,2018(03).

[72] 王益民 . 全球电子政务发展现状与趋势 [J]. 行政管理改革 .2019(01).

[73] 高建进, 李晋荣, 刘成志. 电子政务的福州探索 [N]. 光明日报,2018-04-21.

[74] 吴德群. 深圳 "秒批" 改革让市民少跑腿 [N]. 深圳特区报,2019-07-24.

[75] 卞鹰. 德国电子政务建设经验及启示 [N]. 湖南日报,2018-01-30.